政治において正しいとはどういうことか

ポスト基礎付け主義と規範の行方

編著

田畑真一　玉手慎太郎　山本圭

keiso shobo

目次

序　章　ポスト基礎付け主義の問題関心

玉手慎太郎、田畑真一

はじめに

本書『政治において正しいとはどういうことか：ポスト基礎付け主義と規範の行方』は、「ポスト基礎付け主義（post-foundationalism）」という政治的態度を手掛かりに、「正しさ」を論じることが困難になった現代において、なおこれを論じうる政治理論を多面的に考察することを目的としている。

かつて政治は、その目指すべきところが明確に示されうるものとして、論じられてきた。もちろん何を目指すべきかについて論争はあったが、それは単一の結論に到達しうるであろうことが当然のこととして期待された上での論争であった（だからこその論争であったとも言える）。しかし今や私たちは、そのような政治の確固たる目標、いわば政治の「基礎付け」の存在を素朴に信じることができない。ポスト構造主義と呼ばれた諸思想、プラグマティズム、言語論的転回以降の分析哲学などをふまえれば、いまや私たちはいかなる本質も真理も、そして価値も、自明のものとして前提することができない時代に生きている。だとすれば、こうした状況下において、あらゆる主張が等価であるということになるのだろうか。いかなる規範も決定的なものではあり得ず、問い直しの可能性に開かれていると、ただ距離を置いた視点に立つことしかできないのだろうか。現代においてなお「政治における正しさ」を語ることができるのか、できるとすればどのような形でありうるのか――こうした一連の問いに答えることを執筆者らは試みている。

もちろん現代社会において、誰も政治における正しさを論じていないということではない。むしろこれまで以上に、誰もが正しさを論じているのだが、それがただ各人の自己主張に過ぎないものとして扱われうる事態を、私たちは問題視する。現代では、差別に反対する主張もまた一方での批判にさらされ、抑圧であると受け取られる場面が生じている。挙句、堂々と差別的な主張を行う、いわゆるヘイトスピーチさえも等しく一見解に過ぎないと主張されることさえある。確かに、ある意味では、いずれも恣意的な根拠に基づく政治的主張であるかもしれない。しかしそのように結論するとすれば、私たちは（いかに人々が「自分は正しい」と主張していようとも）「政治における正しさ」を語ることに失敗しているのではないだろうか。[1]

本書は、規範をめぐる本質主義の瓦解のあとで、いわゆる相対主義に諦観することのない、新しい哲学・規範・政治のあり方を構想する試みである。そのような試みは政治理論の領域に属するものであるだろうが、同時に哲学的に根本から考え直すこと、また周辺領域にまたがって思考することを要求すると私たちは考える。それゆえ本書の論考には狭い意味での政治理論にとどまらない様々な論考が含まれている。とはいえこれらの論考は、本書が鍵概念とする「ポスト基礎付け主義（post-foundationalism）」の問題関心によって、緩やかでありつつも密につながっている。そこで、各論考に進む前準備として、ポスト基礎付け主義の問題関心を明らかにすることが、この序章の目的となる。

ポスト基礎付け主義は、あらゆる規範的主張の根拠に疑問が付されうる現代の状況を前提としつつ、政治理論を考察・構想する一つの態度であり、特定の政治理論を指すものではない。それは政治理論を組み立てる際の問題関心のレベルで捉えられるべきものである。しかしながら、ポスト基礎付け主義の問題関心を理解することは一筋縄ではいかない。ポスト基礎付け主義という態度は、ある問題に焦点を当ててその解決を試みる、というような明快な構造を取らないからである。むしろ、ある問題の解決を試みることそれ自体がまた問題となって返ってくる、そのような構造の下においてなお問題の解決を求めるものとなる。しかしながらポスト基礎付け主義のこのような、ある意味で矛盾をはらんだ態度は、以下述べていくように、現代の社会状況に真摯に向き合うならば必然的に要求されざるをえない態度であると私たちは考える。

一　ポスト基礎付け主義とは何か[2]

はじめに、ポスト基礎付け主義を最初にまとまった形で定式化したオリヴァー・マーヒャルトを参照しつつ、その定義を確認しよう。[3] マーヒャルトはポスト基礎付け主義を「いかなる究極的な根拠も――いかなる超越的な正当化原理も、異論の余地のないようなアルキメデスの点も――決して利用可能ではない」(Marchart 2011: 172. 傍点は原文イタリック)という状況理解を前提し、その上で政治理論を考察・構想しようという立場であるとする。ここで強調されているのは、ポスト基礎付け主義が政治理論をなんらかの目的によって「基礎付ける」ことを避けるという点である。[4] 他方、注意しなければならないのが、ポスト基礎付け主義が基礎付けの単純な拒否ではない点である。ポスト基礎付け主義は、「基礎付け主義」と「反‐基礎付け主義

（anti-foundationalism）」の間に位置している。[5] 以下この点を簡単に確認しよう。

　そもそも、いかなる究極的な根拠も存在しないという理解は決して新しいものではない。過度の単純化の危険を承知でまとめれば、近代の課題とは前近代の知恵、慣習あるいは政治制度の根拠が決して絶対的ではないことを理性の力によって暴き出すことであり、そしてまた近代の危機（＝ポスト近代の課題）とは、そのような種々の根拠の批判的検討の先に、自らの示した理性の根拠さえも決して絶対的でないことを明らかにしてしまったことにある。[6] この危機において、端的にあらゆる意味での根拠付けが説得力を失ったと考えるのが「反基礎付け主義」である（その主要な論者としてしばしば指摘されるのはリチャード・ローティである）。[7]

　ポスト基礎付け主義は、反基礎付け主義へと進むことをよしとしない。マーヒャルトによれば、反基礎付け主義が「すべての確たるものが空中へと消え去ってしまい、われわれに共通のものを打ち立てるための何らの基盤も残されていない」（Marchart 2011: 172）と考えるのに対抗しつつ、ポスト基礎付け主義は「常に根拠は設定されるが、しかしいずれの根拠もただ多元性のうちにのみ生起し、そしてまた一時的にのみ保持される」（同、傍点は原文イタリック）と考える。ここには、反基礎付け主義を受け入れることがたとえ事態の認識として正しいとしても（正しいかどうかにはもちろん論争がありうるが）、それが規範的に言って、私たちにとって望ましいものとはならないのではないか、という逡巡がある。

　しかし、先に「基礎付け主義」と「反基礎付け主義」の間にあると述べたように、ポスト基礎付け主義はここで単純な基礎付け主義に戻ることも同時によしとしない。[8] この両者の狭間で基礎の不確かさを受け入れつつなお正しい政治のあり方を考えよう（この「正しい」の根拠こそがまさに問題となるのだが）とするのが、ポスト基礎付け主義である。この意味でポスト基礎付け主義は、望ましさの根拠などないという（ポスト近代の）現状理解と、「正しさ」や「望ましさ」を求める（近代的な）規範的要請に引き裂かれていると言うことができる。乙部延剛が述べるように、その試みは「政治を成り立たせる基盤を求めつつ、その基盤こそがまさに不可能であることを明らかにするという、逆説的な企図たらざるを得ない」（乙部 2018: 106）のである[9]。

こうした問題関心をマーヒャルトは次のように述べている。

> ポスト基礎付け主義は最終的な基礎の不在を受け入れたところで立ち止まりはせず、それゆえ反基礎付け主義的なニヒリズム、実存主義、多元主義に転じることもない。それらはどれもみな、なんらの基礎も存在しないとみなし、全くの無意味、無制限の自由あるいは全面的な自己決定に帰結するだろう。しかしポスト基礎付け主義はまた、ある種のポストモダンの多元主義に転じることもない。そこではあらゆるメタ物語は等しく空中へ消え去ってしまう。なんらかの基礎は必要なのだ、ということをポスト基礎付け主義は今なお受け入れているからである。（Marchart 2007: 14、傍点は引用者付記）

基礎付け主義と反基礎付け主義のはざまで、基礎付けをめぐるこのような困難な課題を引き受ける態度が、ポスト基礎付け主義である。

こうした態度としてポスト基礎付け主義を理解するとき、通常考えられている以上の広がりがそこにあることに留意すべきであろう。ポスト基礎付け主義は、ポスト・マルクス主義やアゴニズム[10]といった特定の学派のみに固有の理論的態度ではない。プラグマティズム[11]、政治的リベラリズム[12]、批判理論[13]といった多くの議論が、そうした理論的態度を引き受けているとみなしうる。本論集は、そうした理論的態度を共有することで、狭義の政治理論に留まらない広がりの内で、展開される。

二　ポスト基礎付け主義における規範

ポスト基礎付け主義が、究極的な根拠の不在を受け入れつつなお反基礎付け主義を規範的に拒否すること、これを前節で確認した。次に問題となるのが、ここまでの議論では「正しさ」「望ましさ」といった仕方で漠然と捉えてきた「規範」の位置付けである。ポスト基礎付け主義において、そもそも規範はどのように位置付けられるのであろうか。

規範が一般に何を意味するのかという点から確認すれば、規範とは、現にある状況と理想とされる状況との距離を示し、その状況を批判的に問い直すことを可能にするものでなければならない。現実への批判力がなければ、規範は規範でありえない。言い換えれば、現状を常に追認するのでは規範としての意味をなさない。規範は時として現状に対して否を唱えることができる必要がある。

ただし、規範がそのような「批判」を可能にする方法は、一つではない。そこには、相対立する二つの方法がある。一つは、現に生きている人々の考えとは独立したなんらかの根拠や基準に基づいて現実を批判する方法である。もう一つは、現実の人々の意見に基づいて現実を批判する方法である。

第一の方法は、前節での議論を踏まえるならば、あらゆる究極的な根拠が消失した現代においては明らかな困難に陥っている。現実を批判する上で、その根拠を現実の人々の直観や意見とは別の何らかの価値から導こうとすれば、その根拠は常に不安定なものになる。ある行為を規範的に非難する際の根拠付けを、神や常識や人間本性といったものに求めることは、今ではもはや容易なことではない[14]。

確かな基礎が見当たらないとはいっても、もちろん、人々の行為の望ましさの尺度について、その根拠を社会の外部の何らかの基準から問い直すことによって、人々の生活が改善されることは少なくないのであり、そしてそれは実際に行われてきたことである。たとえば抑圧的な伝統的慣習があったとして、それを当の慣習の外側からみればまっとうな根拠などないと指摘することには重要な意義がありうる。しかし、問題はその先に、いかに生きるべきかを示す段階でより先鋭的に生じる。伝統的な規範の根拠があやふやだとして、ではいったいどんな規範ならば確かなものであると言えるのか。ここで、確かなものなど何もないという考えに行き着いてしまえば、私たちの議論は現実への批判力を失い、望ましい状況への移行（あるいは事態の悪化への抵抗）は望むべくもなくなる。

これに対して、第二の方法は、現実の人々の直観や意見に依拠している点で、根拠付けの問題をひとまず回避している。この方法で問題となるのは、そこから導かれる批判が本当に批判としての力を持つのかという点である。言い換えれば、どんな不正や危害であっても、仮に当の社会の人々が問題だと認識していなければ、批判を免れることになるのではないかという問題である。人々の現時点での価値判断を所与として考える限り、人々の直観や意見それ自体が規範的に問い直されることはない[15]。極端な例ではあるが、仮に当の社会に生きているすべての人々が（男性も女性も含めて）男性中心の文化を望ましいものと考えているならば、人々の意見を集約した結果は男性中心の文化を肯定するものになるだろう[16]。ここで男性中心文化を批判する平等や人権といった価値は、現実の人々の外部からやってこなければならない[17]。

こうした規範の二つの役割は、ユルゲン・ハーバーマスによる妥当性（Gültigkeit）と妥当（Geltung）の区別に対応するものと言える。ハーバーマスは、普遍性を軸として妥当性と妥当とを区別する（Habermas 1982）。この区別の意味は、現に社会で妥当している規範はそれ自体（普遍的に）妥当性があることを意味しないという言葉に端的に表されるだろう。そうした規範は、現に社会に通用しており、多くの人がその妥当性を認めているとは言えるが、それ自体が本当に妥当性を持つものかどうかは常に問い直しうる[18]。

　以上の議論を素朴な形で言い換えるならば、次のようになる。社会において自分の考える正しさや望ましさ、あるいはこれまで受容されてきた正しさや望ましさを、さも当然のもののように振りかざすことは危険だが、それと同様にあらゆる正しさや望ましさには根拠がないとし、例えば正義とは所詮パワーゲームなのだ（力こそが正義だ）と述べることもやはり危険だということである。

　一方で基礎なき規範の相対化とそれに伴う現実の実践へのコミットメントがあり、他方でそうした相対化の拒絶と個々の実践を超えた理想へのコミットメントがある。ポスト基礎付け主義は、まさにこの両者の間で揺れ動き、戸惑わざるをえない[19]。これがポスト基礎付け主義の袋小路である。もしここで私たちが基礎なき倫理の一切を排し、すべてを現実に還元して、そこから何が生まれてこようがその結果に優越などつけられないとするならば、それは反基礎付け主義となる。これとまったく逆に、私たちがすべてを現実に還元することを拒否し、その帰結として生じる様々な不幸を考慮の外に置くことをやめ、なお守るべき倫理を独断的に提示するならば、それは基礎付け主義への単純な回帰となる。いずれの道も明快であり、確かに魅力的である。しかし同時に、いずれの道も他方の問題に目をつむっているにすぎないとみることもできる。反基礎付け主義と基礎付け主義の両者がその正当化において抱え込んでしまう恣意性への警戒を、私たちは手放せない（手放すべきではない）とするならば、ポスト基礎付け主義という立場を引き受けざるをえないのである。

すぐに付け加えなければならないが、この「引き受けざるをえない」という主張がすでに規範的な主張であり、そしてまさにその根拠こそが問われなければならないという批判は当然ありうるし、正当な批判と言える。しかしこの点において、ポスト基礎付け主義は自らの態度を絶対的に正しいとしているわけではない。むしろ、自らの倫理的な態度を疑わなければならないことを理解しつつ、なおそれを放棄できないというアンビヴァレントな態度を正面から引き受けるのが、ポスト基礎付け主義である。ここでの「引き受け」の意味は、そのアンビヴァレントさに対して開き直ってしまうということではなく、そのアンビヴァレントさを不可避のものと捉え、しかしそのように捉えつつもなおかつ解答を求め続けようとすることとして、理解されるべきである。

三　ポスト基礎付け主義とデモクラシー

ポスト基礎付け主義が、恣意的な規範を相対化する政治の営みと、しかし政治の営みそのもののもつ恣意性との間で困難な思考を強いられていること、これを前節で確認した。この問題を考える上で、デモクラシーとの接点は一つの重要なトピックとなる。本節では、ポスト基礎付け主義の政治理論に対する関係を明確化するために、ポスト基礎付け主義とデモクラシーとの関係について論じていく。

デモクラシーは、特定の価値観を人々に押し付けることなく、人々が集団的営みによって自分たちのあり方を決めていく（その内実は話し合いであったり投票であったりする）ことを可能にする政治であると考えられ、受け入れられている。その背景にある論理を端的に示せば、「なにも究極的な根拠がないならば、人々が話し合って根拠を定めればよいのではないか」、そして「そうした営みを通じて望ましい政治がもたらされるのではないか」というものである。その前提（根拠の不確かさと多元性）および目的（望ましい社会の実現）は、ポスト基礎付け主義と極めて近いものであり、デモクラシー論はある意味では、すでにポスト基礎付け主義の課題に答えている、と考えられるかもしれない。

しかし、こうしたポスト基礎付け主義とデモクラシーとの接合には、まだ答えるべき課題が残されている。究極的な根拠の不在というポスト基礎付け主義の要請に対し、デモクラシーがその営みの内で根拠を定めていくことで応じうるとしても、デモクラシーには数々の問題が現在に至るまで指摘され続けていることを考慮せずに済ませるわけにはいかない。歴史的に見れば、デモクラシーには多数者の専制といった問題が提起されてきた。理論的にも、デモクラシーがどのような意味で「望ましい政治」なのかという問題が、近年広く問われている[20]。加えて、近代社会の基礎としてこれまで考えられてきたのは、個人の尊重を原理とするリベラリズムにより補完されたリベラル・デモクラシーと呼ばれる体制であり、デモクラシーそのものではないとも反論されるかもしれない[21]。さらには、デモクラシーは本当に人々の自由な意思決定であるのか[22]、デモクラシーは本人たちにとって望ましくない帰結をもたらしてしまうことはありえないのか[23]、といった問題も近年広く議論されている[24]。

デモクラシーが、近代という時代において、「望ましい」政治をもたらすために不可欠であると考えられてきたことは事実である。宗教的権威や君主の権威に代表される前近代的価値の根拠を疑い、私たち自身の手で自由に政治をなすという段階においては、確かにデモクラシーは有効な手立てであったかもしれない。

しかし、ポスト近代において、私たちは、前近代の価値のみならず近代の価値それ自体をも疑わざるをえない。このことは、デモクラシーの価値それ自体もまた疑問に付されうることを意味する。そもそも問題となるのは、ポスト基礎付け主義が問題としている「望ましい政治」とはどのようなものなのか、もう少し分節化すれば、まず政治が問題とすべき「望ましさ」とは何かという点である。その「望ましさ」を確定できたとして、それをデモクラシーが生み出しうるのかという点が次に問題となる。これらの点を明らかにできない限り、ポスト基礎付け主義の課題を前にしてデモクラシーを持ち出して話を終えることはかなわない。

しかし、ここでデモクラシーそれ自体もまた説得力を担保しえないとして端的にこれを捨て去ってしまうならば、私たちは反基礎付け主義の立場に接近することになり、それゆえその欠点を抱えることになる。すなわち、そうした仕方でのデモクラシーの否定は、一つの理路としてありうるものの、しかし実質的には現状の抑圧の維持、あるいは過度な文化的相対主義に依拠した抑圧の肯定につながりうると指摘されうるだろう。たとえばデモクラシーを西洋的価値とみなしてその一切を拒否することによって、そこに住まう人々の、人権保護を求める声が奪われてしまうようなことは十分に起こりうる。[25] このような反基礎付け主義の立場を避けようとするのであれば、やはり私たちはなんらかの根拠に基づいて批判をなさなければならない。

私たちはあらゆる究極的な根拠の不在を受け入れる点でデモクラシーそのものの根拠を疑いつつも、しかしデモクラシーを安易に放棄することにもまた慎重にならざるをえないのではないだろうか。そして、そうした相克の内でデモクラシーに留まることを「選択」するのであれば、その根拠は何かという点が問題となる。デモクラシーの根拠を巡る問いは、ポスト基礎付け主義の立場から取り組むべき主たる課題の一つであると言えよう。[26]

おわりに

この序章では、ポスト基礎付け主義の問題関心について明確化することを試みた。改めてまとめれば、ポスト基礎付け主義とは、あらゆる根拠が絶対的な基礎となり得ない中でなお望ましい政治を打ち立てようと試みる態度であり（第二節）、基礎なき倫理を相対化する政治の優位とすべてを政治に還元することを拒否する倫理の優位、この両者の間で引き裂かれたアンビヴァレントな態度を引き受けるものである（第三節）。そしてその課題は一つの重要なトピックとして、デモクラシーの望ましさをめぐる問題を提起するものである（第四節）。以上の問題関心を共有して、本書では九名の論者がそれぞれに、この困難な袋小路へと向き合ってゆく。以下、各章の概略を示そう。

本書の前半には、このポスト基礎付け主義の問題関心に対して直接的な応答を試みる論考が並ぶ。言い換えれば、いま政治的な正しさを論じるための方途が、各論者の関心に照らして多様な観点から提起される。はじめに山本論文（第1章）は、擬制論《フィクション》、およびウィリアム・コノリーの民主主義論に注目し、これをポスト基礎付け主義に対する「政治的な」回答として検討する。一方で政策志向の熟議民主主義、他方で秩序をその根底から問い直すラディカル・セオリー、これら両者の間でしばしば「中途半端」とされるアゴニズムの中に、存在論的な偶発性の認識と、開かれた形でなおそれを求める民主主義制度の両立の可能性が見出されるであろう。つづく玉手論文（第2章）は、完全な正義の実現ではなく「明白な不正義」の除去を求めるアマルティア・センの正義論に注目し、「正しさ」の最低限の基礎を探究する。そこでは、不正義をトップダウンに特定する基礎付け主義を避けつつ、人々が有する複数のアイデンティティの共通判断として明白な不正義を取り出すというセンの構想を一貫した形で練り上げることが試みられる。

田村論文（第3章）は、多様な制度や実践を組み合わせることで熟議民主主義を達成しようとする「熟議システム論」に焦点を当てる。熟議プロセスに内在的な「正しさ」への依拠、および現状への批判（正解を提示することなしに現状が誤っていることを指摘すること）の重視によって、外的な基準を一方的に引き合いに出すことなしに正しさと政治とを調停することが試みられる。この後者の「批判」という営みについて、より詳細な議論を展開するのが田畑論文（第4章）である。そこでは（批判する側ではなく）批判される側が有する規範的コミットメントに訴える「内在的批判」の方法、さらに批判される側の規範的コミットメントを新しく描写し直す「再構成」の手法が擁護される。その提案は、ハーバーマスのコミュニケーション論（とそこから導かれる討議倫理の構想）に依拠しつつ、最終的に「あえて」基礎付け主義に部分的に回帰する議論になっていると言えるかもしれない。

ポスト基礎付け主義を検討する上では、以上のような直接の応答のみならず、ポスト基礎付け主義の抱える問題を多角的な観点から捉え直すこともまた必要である。これを試みるのが後半に収められた諸論考である。寺尾論文（第5章）は、現実の政治において用いられるさまざまな概念から、どのように「正しさ」が構築されていくのかを分析する「イデオロギー分析」の手法に注目する。イギリスの自由主義についての事例分析を行うことを通じて、「政治における正しさ」の生成や闘争のプロセスを理解するにあたっての、イデオロギー分析の有効性が示される。市川論文（第6章）は、ポスト基礎付け主義と「教育」との関係について議論を展開する。ラディカル・デモクラシーを教育の場において展開する教育哲学としての「クリティカル・ペダゴジー」の観点から、教育と（それが本質的に抱えざるを得ない）基礎付けとの関係性について検討が加えられ、その困難な論点が描き出される。生澤論文（第7章）は、同じく教育のあり方を主題に置きつつ、さらにプラグマティズムへ焦点を当てる。プラグマティズムの思想がポスト基礎付け主義と非常に近い問題関心を有していることを明らかにしつつ、ジョン・デューイの哲学を軸にして、議論はさらに教育とデモクラシーとの関係に踏み込んでいく。

柿並論文（第8章）は、この「ポスト基礎付け主義」という考え方を提示したマーヒャルトの主張についてより詳細に検討を行うものである。とりわけマーヒャルトがジャン＝リュック・ナンシーの政治哲学に関して論じたことに注目し、なぜ私たちがこのような困難な課題を引き受け「なければならない」のかについて踏み込んだ検討がなされる。大河内論文（第9章）は、哲学における「基礎付け」の意味をカントに遡ることで明確にし、そこから基礎付けを乗り越える試みとして「反省的判断力」が検討される。しかし、そうした方向性を示したアレントの理解は、当のカントに従えば基礎付け的な「規定的判断」に他ならないとされ、ブランダムによる規範的語用論に新たな「反省的判断力」論が見出される。

最後にもう一度繰り返すことを許していただけば、ポスト基礎付け主義は何らかの基礎を見出そうと試みる自分自身を常にその基礎から引き剝がし続けることを論者に要求するものである。それは安易な解答を許すものではなく、それゆえ、本書に収められた諸論考もまた、明確な「答え」を示すものとはなり得ない（それゆえ誰が真に「正しい」のかを私たちは示すことができない）。だが、単純明快な単一の答えを求めることをせず、しかし答えを求めることを諦めないことが、ポスト基礎付け主義の問題関心であったことを心に留めていて欲しい。このことを積極的に捉えるならば、あるいは次のように言って良いかもしれない。常に自身の基礎を疑い徹底的に吟味する態度の上に、しかし解答の可能性をなお追求していくことこそが、ポスト基礎付け主義である、と。私たちはそのような立場から、いまこそ「政治において正しいとはどういうことか」を問い直したいのである。

注

1 この意味で、本書が論じる「政治における正しさ」はいわゆるポリティカリー・コレクトネス（PC）のことを指すわけではない。

2 本節の内容は、教育思想史学会第二七回大会（2017）にて開催されたコロキウム『ポスト基礎付け主義と規範の行方：政治と教育から問い直す』にて著者の一人（玉手）が行なった報告「ポスト基礎付け主義の問題関心」をもとにしている。報告内容は『近代教育フォーラム』二七号（2018）の一三六－一三七頁に掲載されている（コロキウム全体の内容についても同号を参照されたい）。

3 マーヒャルトはポスト基礎付け主義をフランスのハイデガー左派に、とりわけジャン＝リュック・ナンシー、クロード・ルフォール、アラン・バディウ、そしてエルネスト・ラクラウらに帰している。この点についてMarchart（2007）を見よ。マーヒャルトの議論については本書の柿並論文にてより詳細な検討がなされる。

4 ここで「基礎付け」を山本圭にならって、次のように定義したい。すなわち基礎付けとは、「伝統的な形而上学的真理、歴史の本質やその隠された意味を求める歴史哲学、あるいは啓蒙の伝統にある理性／合理性とそれを備えた主体観がそうであるように、まさに知のシステムの土台としてシステムそのものを支える、それ以上遡って根拠を問うことを禁じられた正統性の源泉」である（山本 2016: 77）。基礎付け主義とは「そのような基礎付けを土台として据えようとする態度」であり、これに対して「いかなる基礎付けをも峻拒する」態度が反基礎付け主義である（同78）。この「基礎付け」の意味については本書の大河内論文にてより踏み込んだ検討がなされる。

5 ここでは説明の便宜上、「AとBの間」という表現を用いたが、この議論を一次元的に把握することが適切なのかどうかは、さらなる議論がなされるべき問いである。

6 現代プラグマティズムの論者であるヒラリー・パトナムは次のように述べている。「〔…〕近代社会が一つの共有された包括的な世界観によって統合されてはいないということは事実である。近代社会はいずれかの一つの宗教によって統合されてはいない。また、たとえ依然共有された道徳的信念を持っているにしても、それは不可侵の道徳的信念ではない。〔…〕我々が啓蒙運動と呼ぶものは、大部分は、このような「開かれた社会」に理論的根拠を与えるために費やされた知的運動であった。〔…〕そして啓蒙運動によって生み出された諸問題は依然として我々の問題でもある。すなわち、我々は寛容や多元主義に価値を見出すが、その寛容や多元主義とともに現れた認識論上の懐疑主義に直面させられているのである」（Putnam1995: 2=2013: vi–vii, 傍点は原文イタリック）。あるいは広く知られた、ジャン＝フランソワ・リオタールによる「大きな物語の終焉」をめぐる議論もここで改めて想起される必要がある（リオタール 1979=1986）。

7 ローティは次のように論じる。「直観的実在論者は、哲学的真理なるものが存在すると考えている。なぜなら彼によれば、あらゆるテクストのはるか基底に、もはやそれ自体は単なるテクストではなく、かえってさまざまなテクストがそれに「適った」ものになろうとしている何ものかが存在するからである。プラグマティストは、そんなものが存在するとは考えない。それどころか彼は、「われわれがボキャブラリーや文化を構築することによって満たすべき目標」、そしてそれに照らしてさまざまなボキャブラリーや文化を検査しうる目標として、孤立した何かがあるとすら考えないのである。けれども彼は、さまざまなボキャブラリーや文化を対決させる過程で、われわれが話したり行動したりするための新しくてより良い方法を生み出すということは、確かに考えているのである。ただしそれは、あらかじめ知られていた基準に照らしてより良いのではなく、ただその方法が先人たちのものより明らかにより良いと思えるようになるという意味で、より良いものであるにすぎないのだ」（Rorty 1982: xxxvii=2014: 77-78, 傍点は原文イタリック）。ローティの反基礎付け主義的なプラグマティズムについてはRorty（1986）も参照のこと。またローティを現代の分析的哲学における反基礎付け主義の契機として位置付けるものとして伊藤（2015）を見よ。

8 ローティに対する批判においてサイモン・クリッチリーは、脱構築にはレヴィナスに依拠した倫理による基礎付けが必要だと主張しているが（Critchley et al. 1996, Ch.3）、これは反基礎付け主義に対する基礎付け主義的な応答の一例とみなすことができるだろう。ローティはクリッチリーへの応答において、「クリッチリーとちがって、私は「至高の倫理的原理」は必要ではないと考えている」と、まさにその基礎付け主義的な面を批判している（Critchley et al. 1996: 42=2002: 81）。

9 乙部は本稿と同様に、通常の「政治」のそもそもの基礎を揺るがす機能を有する「政治的なもの」の探求として「ポスト基礎付け主義」を位置付ける。乙部はそれに対して「望ましい社会形態や、それを担う行為者を、「政治的なもの」が十分に分節化できない」（同113）という問題を指摘し、政治理論領域において、実際の生活上・経済上の問題に取り組む「社会的なもの」への関心の移行がみられることを論じている。乙部によればポスト基礎付け主義的な議論には、現実の生活や経済とどういう関係にあるのかを明確に示さないこと、および規範的次元について論じられていないことの二つの問題があるとされる。

10 アゴニズムについては本書の山本論文にて詳細な検討が加えられる。

11 齋藤直子はプラグマティズムの立場から、私たちがここで論じるポスト基礎付け主義とほぼ全く同じ立場で問題に取り組んでいる。「その〔プラグマティズムの〕反基礎づけ主義は、基礎の徹底排除でもなく、固定した基礎に安住することでもないような第三の道を拓く可能性をもつ。その可能性を引き出すためにこそ、プラグマティズムは、あいまいさを引き受け、足場を揺さぶられつつ思考するという敢えて困難な道を歩み、反基礎づけ主義的な完成主義の生き様を選択することの「効用」を示すことを求められる」（齋藤 2015: 66-67）。ここにみられる曖昧さの引き受けや困難さの自覚は、本稿の論じた内容に大いに共鳴するものである。ポスト基礎付け主義とプラグマティズムの関係に関しては、本書の生澤論文にてより詳しく論じられる。

12 政治的リベラリズムは、理に適った多元性の事実の下で可能な政治的正統性を模索する（Rawls 2005）。理に適った多元性の事実とは、互いに間違っている、もしくは理性的でないと判断し合った結果生じる不和ではなく、互いが互いを理性的なものとして認めた上でもなお不可避に生じる差異を意味する。解消不可能な多元性を所与とした上で、反証的均衡と組み合わされた構成主義に基づき、市民の観点から私たちの社会が実際に依拠している（と想定される）諸要素を抽出し、そこを基点に政治的正義の導出が目指される。

13 近年批判理論内で、そもそも批判という営為がどのようにして可能なのかという点が注目を集めている（Cooke 2006, Kauppinen 2002）。次節以降の規範についての二つの理解は、そうした批判理論内での議論が下敷きとなっている。

14 それでもなお根拠を「あえて」問い直さないでいる、ということはありうる（なぜ人を殺してはならないのかと問われたときに、ダメなものはダメなのだ、と答えるように）。そして実際のところそれこそがかつての大衆道徳の中にあったことなのかもしれない。しかし、ひとたび問い直してしまえば、そこに絶対の根拠があるという感覚は二度と取り戻せないのであり、この点で私たちは以前の状況に立ち返ることはできないと考えられる（ダメなものはダメなのだ、というのはただの方便でしかないとひとたび気づいてしまえば、殺してはならないという理由付けを何かしら行うことはできても、理由付けなど必要なくただ端的に絶対に殺してはいけないのだという感覚は取り戻せないように思われる）。ただし哲学者の中には倫理の根拠の問題と日常的な倫理的行為とは分けて考えられるとする者もいる（たとえば Blackburn 1993, Rorty 1986 などを見よ）。

15 もちろん、人々の価値判断は変化しうるものであり、それがどのような形で形成・変化されていくかということそれ自体が、ここで論じられている問題を考えていく上で重要性を有することは間違いない。この点については本書の寺尾論文において詳細な検討がなされる。

16 この点について Okin（1989）, Ch.3 のウォルツァー批判を見よ。

17 熟議を通せば人々の直観や意見をそのまま集計システムに持ち込むことにはならないと言えるかもしれないが、熟議の結果があくまでオープンであるならば、そこに有効な批判が含まれることを熟議それ自体は担保しない（先の例で言えば、話し合った結果としてやはり自分たちは伝統的価値を擁護するのだ、という結論になることはありうる）。この問題に絡んで、熟議民主主義がいかに規範を担保するのかという問題については、本書の田村論文にて検討が加えられる。

18 ハーバーマスは、その問い直しの基準として普遍化原理に依拠しており、この点はポスト基礎付け主義という問題意識からすれば受け入れづらいものであるように思える。こうした論点については、批判とその基準という論点から本書の田畑論文で詳しく論じられる。

19 たとえばジョン・デューイは『民主主義と教育』において、社会生活の様式の価値を計る尺度を求める際には、次のような二つの極端を避けなければならない、と述べている（デューイ 1975: 上巻 135-142）。（1）自分が理想的な社会とみなすものを、自分の頭で考え出し、掲げてはならない。（2）現実に見いだされる諸特徴の単なる繰り返しであってはならない。これはポスト基礎付け主義の態度に一致すると考えられる。私たちは自分の理想を押し付けることなしに、現実の諸特徴を、批判しなければならない。そしてそのために、デューイは平等で自由な市民からなるデモクラシーを要求する。教育との関連において特に顕在化するこの問題は、本書の市川論文が検討を加えるものである。

20 「なぜデモクラシーは望ましいとされるのか」という問いについてはこれまで様々な議論が積み重ねられてきた。代表的な対立軸として、デモクラシーが内在的価値から擁護されるのか、道具的価値から擁護されるのかという対立が挙げられる。デモクラシーを道具的価値から擁護しようとする側は、デモクラシーが何らかの意味で「望ましい」結果を生み出すことに基づいてデモクラシーを擁護しようとする。特に、本論集が問題とする「正しい」決定という観点から、近年認知デモクラシーと呼ばれる一群の研究が盛んに行われている（Estlund 2008, Landemore 2012）。そうした議論の紹介として、田畑（2017）も参照。他方、デモクラシーを内在的価値から擁護しようとする側は、デモクラシーをそれが生み出す決定の質にではなく、民主的手続きが体現している何らかの価値（政治的平等、自律など）から擁護しようとする。

21 ここでリベラリズムとは、個人の尊重を基本原理とする考えを想定している。デモクラシーとの関係で言えば、決定原理としてのデモクラシーよりも、個人の人権を重視する。典型的には、ロナルド・ドゥウォーキンにみられるように、裁判所による人権の保護を重視する立場で、人権の基底性を前提として一定の枠内でデモクラシーが行われることが許容される（Dworkin 1996）。政治学においてリベラル・デモクラシーは議会制を中心とする民主的な政治体制のことを指すこともあるが、本稿でのリベラル・デモクラシーの用語法は、これとは区別される。

22 熟議にせよ投票にせよ、そのプロセスにおいて人々が真に自律的に行為しているとは限らないことが指摘されうる。

23 特に最近の議論としては、Caplan（2007), Somin（2013), Brennan（2016）を参照のこと。

24 これらの問題は第一には代表制というシステムの困難として論じられうるが、民主主義そのものの困難としてもとらえうる。

25 この点についてはアマルティア・センの議論を参照のこと（Sen 2009）。もちろん、単純な基礎付け主義への回帰を避けるならばここでいう人権の概念もまたデモクラシーを通じた再検討と変更とに開かれていなければならない。この点について玉手（2017）を参照のこと。アマルティア・センの政治哲学については、本書の玉手論文にてより詳細な検討がなされる。

26 こうした課題を正面から受け止めた論考として田村（2014）がある。田村は、民主主義という規範の存在論レベルでの基礎付けをあくまで拒否しつつ、これを現実の「政治」のレベルで擁護することが可能とする戦略を提示する。これは「政治」という次元に依拠することで変化を是とする規範を引き出し、そこからデモクラシーを擁護するという理路である。端的に言えば、田村の主張は、民主主義は、正しいものだと根拠づけることはできないが、アド・ホックに擁護しうる、というものであろう。ただし、基礎付けなしの政治的主張が説得力を持ちうるのかは、依然として問われねばならず、存在論的な基礎付けを本当に放棄できるかどうかはなお検討すべき問題であろう。

参考文献

Blackburn, Simon（1993）*Essays in Quasi-Realism*, Oxford University Press.（大庭健編・監訳『倫理的反実在論：ブラックバーン倫理学論文集』勁草書房、二〇一七年。）

Brennan, Jason（2016）*Against Democracy*, Princeton University Press.

Caplan, Bryan（2007）*The Myth of Rational Voter: Why Democracies Choose Bad Policies*. Princeton University Press.（長峯純一・奥井克美監訳『選挙の経済学：投票者はなぜ愚策を選ぶのか』日経ＢＰ社、二〇〇九年。）

Cooke, Meave（2006）*Re-Presenting the Good Society*, MIT Press.

Critchley, Simon, Jacques Derrida, Ernesto Laclau and Richard Rorty（1996）*Deconstruction and Pragmatism*, edited by Chantal. Mouffe, Routledge.（青木隆嘉訳『脱構築とプラグマティズム：来るべき民主主義』法政大学出版局、二〇〇二年。）

Dworkin, Ronald（1996）*Freedom's law: the moral reading of the American Constitution*. Harvard University Press.（石山文彦訳『自由の法：米国憲法の道徳的解釈』木鐸社、一九九九年。）
Estlund, David（2008）*Democratic Authority: A Philosophical Framework*, Princeton University Press.
Habermas, Jürgen（1982）*Moralbewußtsein und kommunikatives Handeln*, Suhrkamp Verlag.（三島憲一・中野敏男・木前利秋訳『道徳意識とコミュニケーション行為』岩波書店、二〇〇〇年。）
Kauppinen, Antti（2002）"Reason, Recognition, and Internal Critique," *Inquiry*, 45（4）.
Landemore, Helene（2012）*Democratic Reason: Politics, Collective Intelligence, and the Rule of the Many*, Princeton University Press.
Marchart, Oliver（2007）*Post-foundational Political Thought: Political Defference in Nancy, Lefort, Badiou and Laclau*, Edinburgh University Press.
——（2011）"Being With Against: Jean-Luc Nancy on Justice, Politics and the Democratic Horizon," in Hutchens, Benjamin（ed.）*Jean-Luc Nancy: Justice, Legality and World*, Continuum International Publishing Group.
Okin, Susan M.（1989）*Justice, Gender, and the Family*, Basic Books.（山根純佳・内藤準・久保田裕之訳『正義・ジェンダー・家族』岩波書店、二〇一三年。）
Putnam, Hilary（1995）*Pragmatism: An Open Question*, Blackwell.（高頭直樹訳『プラグマティズム：限りなき探究』晃洋書房、二〇一三年。）
Rorty, Richard（1982）*Consequences of Pragmatism*, University of Minnesota Press.（室井尚・吉岡洋・加藤哲弘・浜日出夫・庁茂訳『プラグマティズムの帰結』ちくま学芸文庫、二〇一四年。）
——（1986）*Contingency, Irony, and Solidarity*, Cambridge University Press.（齋藤純一・山岡龍一・大川正彦訳『偶然性・アイロニー・連帯：リベラル・ユートピアの可能性』岩波書店、二〇〇〇年。）
Sen, Amartya. K.（2009）*The Idea of Justice*, Harvard University Press.（池本幸生訳『正義のアイデア』明石書店、二〇一一年。）

Somin, Ilya（2013）*Democracy and Political Ignorance: Why Smaller Government Is Smarter*. Stanford University Press.（森村進訳『民主主義と政治的無知：小さな政府の方が賢い理由』信山社、二〇一六年。）

伊藤邦武（2015）「今日のプラグマティズムの一側面」『現代思想』四三（一一）、三三-四四頁。

乙部延剛（2018）「〈政治的なもの〉から〈社会的なもの〉へ？——〈政治的なもの〉の政治理論に何が可能か」松本卓也・山本圭編著『〈つながり〉の現代思想：社会的紐帯をめぐる哲学・政治・精神分析』明石書店、一〇一-一二三頁。

齋藤直子（2015）「際に立つプラグマティズム」『現代思想』四三（一一）、五四-七九頁。

玉手慎太郎（2017）「民主主義と自由への権利」田上孝一編著『権利の哲学入門』社会評論社、一九三-二〇七頁。

田村哲樹（2014）「構築主義は規範をどこまで語ることができるのか？——政治的構築主義・節合・民主主義」『名古屋大學法政論集』二五五、七一五-七五五頁。

田畑真一（2017）「デモクラシーは「正しい」決定を生み出す必要があるのか——David M. Estlund, Democratic Authority: A Philosophical Framework を読む」『政治思想学会会報』四四、七-九頁。

デューイ、ジョン（1916=1975）『民主主義と教育』松野安男訳、上下巻、岩波文庫。

山本圭（2016）『不審者のデモクラシー：ラクラウの政治思想』岩波書店。

リオタール、ジャン＝フランソワ（1979=1986）『ポスト・モダンの条件：知・社会・言語ゲーム』小林康夫訳、水声社。

第1章　アゴニズム再考——ポスト基礎付け主義と民主主義

山本　圭

今日、合意というパラダイムが実践をも、また政治理論をも支配しているが、そのことは、少なくとも西洋民主主義と同じほど古い内戦という現象に対する真面目な探求とは相容れないように思われる。（ジョルジョ・アガンベン『スタシス』）

はじめに

いわゆる近代普遍主義のメッキが剝がれ落ちたあと、それまで栄華と不遜を誇った「基礎付け」は徹底した不信のまなざしに晒されることとなった。これを政治思想的に見ると、前世紀末頃のリベラリズムへの告発と、アイデンティティ・ポリティクスや多文化主義の興隆に対応するだろう。この基礎付けへの蜂起、ある意味での相対主義をも辞さないこの立場を「反-基礎付け主義」と呼べるとして、しかしこれにもやはり一抹の不安が残るのも事実である。すなわち、あらゆる規範や社会構想が、少なくとも権利上等価とみなされるとき、私たちは何を手掛かりにそれらを評価すれば良いのだろう。たとえば自由と平等を基軸としたいわゆる自由民主主義を擁護する言説と、ほとんど妄言に等しい差別的言説が同じメニューに載って提示されるに到っては、わかりやすい「基礎付け」への郷愁に駆られてしまうのも無理はない。

基礎付けの不可能性と必要性、このようなジレンマにも似た難しい立場を、本書では「ポスト基礎付け主義」と呼んでいる。この立場が目指すのは、かつての基礎付け主義に立ち戻るのでもなく、あるいは現代の相対主義にも居直らないような仕方で、何か特定の社会構想を支持するための暫定的な尺度を持つことである。

同時に、ポスト基礎付け主義は、民主主義の問いでもある。ポスト基礎付け主義についてのまとまった研究書を著したオリヴァー・マーヒャルトが「すべてのポスト基礎付け主義的思想が民主主義的ではないにせよ、民主主義的な思想はつねにポスト基礎付け主義的である」(Marchart 2007: 161-62) と指摘しているように、民主主義は基礎付けの不可避性と不可能性という矛盾した性質を伴っている。とはいえ、こうしたマーヒャルトの言明が正しいとしても、だからといって「すべてのデモクラシー論がいずれも同じ程度にポスト基礎付け主義的」というわけではない。

本章の目的は、数多ある民主主義論のうち、アゴニズムの民主主義論をポスト基礎付け主義時代におけるデモクラシーの理論として位置付けることである。アゴニズムの民主主義論は最初、圧倒的なヘゲモニーを誇る熟議民主主義に対する果敢な挑戦者として現れた。しかし、いまではすっかり鎖沈してしまい、いわば住所不定の、ある意味で中途半端な位置付けを与えられているように思われる。つまり一方では、熟議民主主義とくらべ、政策への志向が弱く、対立を取り入れるための具体的な制度設計にもあまり熱心に取り組んでいないとされ、他方で、秩序の宙吊りや大文字の解放に関心を向けるラディカル・セオリーからすると、アゴニズムの理論はあまりにもリベラルに迎合した、いささか物足りない理論であると映っている。

本章で提起したいことは、この中途半端さこそ、アゴニズムをすぐれてポスト基礎付け主義的な理論にしているということである。アゴニズムのもつ半端さを欠点としてではなく、長所として読み替えること、言い換えればその煮え切らなさを、ポスト基礎付け主義に特有の両義性として読み解くこと、これを示すことができれば、政策志向的な政治理論とラディカルな理論のあいだで居心地悪く板挟みとなっているこの立場に、その適切な居場所を開いてやることができるかもしれない。これが本章のささやかな挑戦である。

一　ポスト基礎付け主義とデモクラシー――ルフォールとラクラウ

ポスト基礎付け主義とはなにか？

ほかのところでも議論したように、「基礎付け」とは、伝統的な形而上学的真理、歴史の本質やその隠された意味を求める歴史哲学、あるいは啓蒙の伝統にある理性／合理性とそれを備えた主体観のように、知のシステムの土台としてシステムそのものを支える、それ以上遡って根拠を問うことを禁じられた正統性の源泉であり、「基礎付け主義」とはそのような基礎付けを土台として据えようとする態度であると言える（山本 2016）。

そのような形而上学的な前提に異議を申し立て、基礎付けの不在を暴露し、その不毛な論争にピリオドを打とうとしたのが「反-基礎付け主義」であった。この立場を代表するリチャード・ローティが、反プラトニズムの観点から伝統的な形而上学的真理観を拒絶し、さらに近年のハーバーマスのような理性／合理性を信奉する啓蒙的な基礎付けを批判したことはよく知られている。しかしローティが基礎付けを解体したあとで、あまりに素朴な仕方で愛国主義を持ち出したことは、やはりこの立場の難しさをまざまざと示しているように思われる（Rorty 1994）。

さらに、ローティ的プラグマティズムとはおそらくは相性の悪いであろう、ラディカル・セオリーの系譜も、一箇の反-基礎付け主義として位置付けることができる。たとえばいっときのスラヴォイ・ジジェクに典型的なように、そのような議論は、大文字の〈行為〉を通じた座標軸そのものの転換、あるいは〈不可能なこと〉を要求することで、現在的なパースペクティヴを相対化しようとする（Žižek 2004）。しかしこれらの議論は、ある種の「解放のアプリオリズム」（Marchart 2007: 159）に陥っている。つまり、因果を断ち切るような奇跡的な〈行為〉を即座に〈解放〉と捉える代償として、行為の〈以後〉を真面目に取り上げることができていないのだ。「行為が何らかの真に変容させる可能性をもつのであれば、行為の以後というものが、つまりそれ以前とは異なるはずの事後がなければならない」（Stavrakakis 2007=2017: 133）ことは、私たちが何らかのポリティクスを扱う以上、不可避であるだろう。

本書の序章にあったように、「基礎付け」をめぐる以上のような論争状況において、「ポスト基礎付け主義」は、基礎付けか反基礎付けかをめぐる第三の選択肢として現れた。マーヒャルトは、これを反基礎付け主義と対比するかたちで、次のように説明している。

前者［ポスト基礎付け主義］を後者［反-基礎付け主義］から区別するのは、それが「あらゆる」基礎付けの不在を前提としているわけではないと言うことである。ポスト基礎付け主義が認めているのは「ひとつの最終的な」基礎付けが不在であるということなのであり、というのも複数形の基礎付けが可能であるのは、ただそのような不在にのみもとづいているからである。〔…〕したがってポスト基礎付け主義は最終的な基礎の不在を認めることで立ち止まることはないし、それゆえ反-基礎付け主義的なニヒリズム、実存主義、多元主義になることもない。それはまたすべてのメタ物語は等しく跡形もなく消失したとする、ある種のポストモダンの多元主義に変わることもない。というのもポスト基礎付け主義が受け入れるのは、「何らかの」基礎は必然／必要であるということなのだから。(Marchart 2007: 14)

ポスト基礎付け主義の二つの立場――ルフォールとラクラウ

さて、以上のような特徴をもつポスト基礎付け主義をより立体的に捉えるために、ここではポスト基礎付け主義の思想家としてクロード・ルフォールとエルネスト・ラクラウを取りあげてみよう。まずルフォールが、近代において、社会生活の基盤が不確定になったことを指摘し、それを「確実性の指標の消失」と表現したことはよく知られている。さらに、近代民主主義の特徴として、かつては君主が鎮座していた場は「権力の空虚な場」(ルフォール 2017: 123) となり、したがって、誰がその空虚を満たすのかという問題が、近代民主主義の中心的な関心事になったという。

それでは、ルフォールの思想をポスト基礎付け主義的にしているものは何だろうか？　マーヒャルトは「『確実性の指標の消失』は、あらゆる指標の消失を招くわけではないし、象徴的次元それ自体の解体をもたらすわけでもない」(Marchart 2007: 104) と指摘しており、だとするとルフォールは、単に基礎付けの解体を言祝いでいるのではない。むしろルフォールのアクセントは、権力の空虚な場をめぐる対立を持続させるための象徴的（制度的）枠組みの必要性に置かれており、これが最小限の基礎付けの存在を保証することになる。

他方で、ラクラウのヘゲモニー論も、ポスト基礎付け主義の理論としては代表的なものである。ラクラウ＝ムフの『民主主義の革命』は、伝統的なマルクス主義の本質主義を批判し、社会が言説的に構築されていることを主張したことで物議を醸した。しばしば誤解されているように、ラクラウ＝ムフのラディカル・デモクラシーは、社会の開放性を認識することで可能になるものであるが、しかしそのことは彼らのヘゲモニー論の半面に過ぎない。ラクラウ＝ムフは、アイデンティティの非決定性を認めているものの、彼らのポイントはむしろ結節点の構築、および浮遊するシニフィアンの部分的な固定化にある。つまり、差異の無限の戯れではなく、いかにそれらを繫ぎ止め、等価性の連鎖を打ち立てるか、これこそがヘゲモニーの問題なのである。根源的な開放性（radical openness）とヘゲモニー的閉合（hegemonic closure）のあいだの絶え間ない交渉、これが彼らの思想をポスト基礎付け主義的にしているものだ（ラクラウ＝ムフ 2012）。

さて、ルフォールもラクラウもポスト基礎付け主義的と呼ぶに相応しい思想を展開しているとはいえ、両者に違いがないわけではない。ルフォールのラクラウ＝ムフへの影響については、これまで頻繁に指摘されてきたし、じっさい彼らは政治的なものの概念や革命についての概念など、多くのものを共有している[1]。とはいえ、厳密にいって、ルフォールへの依拠は、じつはラクラウよりもムフのほうがはるかに大きい。もちろん留保つきであるとはいえ、事あるごとにルフォールに好意的に言及するムフに対し、ラクラウはある箇所で「もう長いこと私は、人びとが私のアプローチをルフォールのそれと一緒くたにしようとするのに抗ってきた」（Laclau 2014: 173）と述べているのだ。この「抗い」をどう理解すればよいだろうか？

これについて、ジェレミー・ヴァレンティンはルフォールとラクラウのあいだに「民主主義の諸条件の理論化と、民主主義それ自体の理論化とのあいだの緊張」（Valentine 2013: 203）を認めている。「民主主義の諸条件の理論化」と「民主主義それ自体の理論化」の緊張とはどういうことだろうか？　これは「二つの空虚さ」、すなわち「権力の空虚な場」（ルフォール）と「空虚なシニフィアン」（ラクラウ）の差異に止目することで明らかになる。まず、ルフォールは空虚な場を擁護する制度として、「普通選挙」を評価している。「政治体にこれまで認められてきた普遍的なものに取って代わろうとする普遍的な選挙〔普通選挙〕において、こうした個々人が数えるべき単位になってしまうのだ。〔…〕数の観念はただそれだけで、社会には実体があるという観念に対立する。数が一体性を解体し、同一性を無化する」（ルフォール 2017: 149）。マーヒャルトはルフォールにおける選挙の意味を次のように分析している。

> ルフォールによれば、普通選挙の究極的な意味は、人民の代表を選出することではない。〔…〕その真の意味は、第一に、権力の場所の周期的な立ち退きを保証する政治的競争に規則を付与し、その存在論的に「空虚な」身分を想起することであり、第二に、社会的抗争（利害の抗争、階級の抗争）を政治の象徴的舞台に移すことである。（Marchart 2007: 106）

こうして、ルフォールは普通選挙に社会的分断を制度化する役割を求めている。選挙は権力の場をめぐる政治的競争を制度的に担保し、その本来的な空虚さをたえず私たちに想起させるのだ。これが「民主主義の諸条件の理論化」に対応する。

　他方で、ラクラウの立場からして決定的なのは、ヘゲモニーによる等価性の連鎖の構築であって、ルフォールが期待する（ある意味でシュンペーター的な）制度化された競争ではありえない。権力の場をめぐる単なる競争とはちがい、ヘゲモニー論は空虚な場を占めるものそれ自体の空虚化、すなわち「空虚なシニフィアン」を必要とする。「空虚さという概念を、〔…〕民主政体における権力の空虚な場所から、その場所を占めようとする主体そのものに移行させる必要がある」（Laclau 2005: 169=2018: 228-229）。これが、「民主主義それ自体の理論化」であるのは、ラクラウ（およびムフ）が自由-民主主義を自明視することなく、飽くまでそれをヘゲモニーによる政治的プロジェクトの偶発的な帰結であると捉えているからだろう。空虚なシニフィアンおよび等価性の連鎖をめぐる議論もまた、自由民主主義的なハッピーエンドを保証するものではなく、たえず非-民主主義的な諸帰結との緊張感を伴ったデモクラシーの理論化なのである。

　このように、ポスト基礎付け主義の政治思想は、基本的な方向性を共有しているとはいえ、その細かな戦略には多様な類型がありうる。いずれにせよ、ポスト基礎付け主義の狙いは、仮初めの基礎付けの創設であり、同時に基礎付けの純粋化を警戒し、その不純さを維持することにあるのは間違いない。さて、ポスト基礎付け主義のアキレス腱となるのは、一時的な基礎付けのつもりが、容易に本質主義化しかねないということだ。いかにしてその仮初めの性格を維持できるだろうか？　ここでは、ポスト基礎付け主義に相応しい基礎付けの存在論として、基礎付けを一箇の「擬制《フィクション》」と捉える戦略を提示してみたい。

二　擬制としての基礎付け

真実らしさのロジック

ポスト基礎付け主義は、基礎付けの不完全性と偶発性の不断の可視化をその条件としている。しかし、たとえば、ナショナリズムやネイションの神話がしばしばそうであるように、基礎付けは容易に物神化するだろう。それゆえ、ポスト基礎付け主義が挑戦するのは、社会を基礎付けると同時に、それが一時的な基礎付けに過ぎないことを認めるという逆説的な課題にほかならない。言いかえれば、いかにして私たちは、独断的な基礎付け主義に舞い戻ることなく、ある特定の規範を望ましいものとして提示できるだろうか？

ふたたびヘゲモニーが出発点になるだろう。ラディカル・デモクラシーの思想、ないしヘゲモニーの理論がポスト基礎付け主義的であることは、前節で確認したとおりである。しかし、ラクラウのヘゲモニー論に対しては、それが本質主義を批判し、基礎付け主義を退けたことによって、かねてよりその「規範性の欠如」が指摘されてきた。つまり、私たちは基礎付けの存在を抜きにして、いかにあるヘゲモニー編成を望ましいと、そして別のヘゲモニー編成は望ましくないと語ることができるのだろうか？　これは、あらゆるヘゲモニー編成が偶発的であるとすると、ヘゲモニーをめぐる闘争は、規範的に望ましいとされる帰結（たとえば民主主義の深化やマイノリティの権利の擁護）だけでなく、同時に規範的に望ましくないとされるヘゲモニー的節合（たとえばレイシズムや排外主義に共鳴する極右ポピュリズム）にも権利上開かれてしまうという、すでによく知られた問題である（Critchley 2004）。

ラクラウはこのような批判に対し、ある意味できわめて共同体主義的な回答をしている。すなわち、「倫理的な判断をする人物は決して抽象的な個人ではなく、すでに多くの諸原理や諸価値を信じているひとつの共同体の構成員」（Laclau 1990: 243=2014: 361）であり、そのかぎりで、じっさいには、あらゆる言説の可能性が等価に開かれているわけではない。つまりヘゲモニー編成は多分に偶発的であるものの、それは「何でもありの政治《エニシング・ゴーズ》」というわけではないのである。それは、共同体的なコンテクストに自ずと制約を受けており、したがって、たとえば現代の多くの社会において、あからさまなレイシズムやセクシズムを表明する言説がヘゲモニーを握ることは、理論的に不可能でないにせよ、現実には考え難いということだ[2]。

ラクラウはここで、固定した基礎付けがなくとも、ある言説を望ましい／望ましくないと判断する方途をかろうじて示している。ある箇所で、ラクラウ＝ムフがノーマン・ジェラスに応えて述べているように、ここでは「真実らしさ verisimilitude」こそが分水嶺となる。少々長くなるが、該当箇所を引用してみよう。

私たちの本質主義批判は、あるタイプの政治を他のタイプよりも好ましいとするためのあらゆる可能な基盤を取り去ってしまったのではないだろうか。すべては、われわれが「基礎付け」ということで理解しているものにかかっている。基礎付けの問題が、あるタイプの社会が他のものより好ましいと絶対的な確実性をもって決断できるということならば、その答えは否、つまりそのような基礎付けは存在しえないであろう。しかしながらそれは、政治的に推論したり、あるいは様々な理由からある政治的立場を他のものより好ましいとする可能性がないというわけではない。〔…〕というのも、ありうる選択肢のなかから真実らしいものを推論することはできるからだ。(Laclau 1990=2014: 190-191)

私たちは確かな基礎付けがなくても、何が望ましいかについて推論することはできる。複数の選択肢のなかから、どれが最も「真実らしい」かを見定めることは不可能ではない。かつてハンナ・アレントは、政治的な領域においては、真理よりも意見が決定的である（「哲学と政治」）と述べたことがあったが、ここで「真実らしさ」とはむしろ、真理と意見のいずれでもない、いわばそれらの中間物であり、真理の外観はすぐれてヘゲモニーの産物である。引用を続けよう。

> 論争の余地のない結論にもとづく論証とは、討論することも観点のいかなる多様さも認めないものである。他方で、結論の真実らしさにもとづこうとする論証は、それが他の論証に言及する必要があるために本来的に多元的であって、そしてそのプロセスが本質的に開かれたものであるために、つねに抗争的で論駁可能性を抱えたものなのである。この意味で、真実らしさのロジックは本来的に公共的で民主主義的なのだ。（Laclau 1990=2014: 191）

　真実らしさのロジックは、それが確実性にもとづく論証でない以上、「説得」のプロセスに密接にかかわっている。ラクラウのあるインタビューによれば、「説得が前提としているのは、アルゴリズム的な証明《デモンストレーション》は存在せず、あなたは単一の論理構造に合流することのない複数の論議《アーギュメンツ》と付き合う必要があるということです。しかし、それらの論議は提示された一連の行為について、真実らしさを創出するのです」（Laclau 1999）。説得の過程を通じて、ある一箇の（ないし複数の）構想が、真実らしさの外観をまとい普遍化される。しかしこの普遍性は、それがヘゲモニーによるものである以上、またしても他の構想による異議申し立てに曝されたままであろう。だからこそ真実らしさのロジックは「本来的に公共的で民主主義的」であるとされるのだ。

マーヴ・クックの擬制論

さて、ラクラウ＝ムフのいう「真実らしさ」、そのマガイモノの基礎付けを「擬制論」として展開しているのがマーヴ・クックである。クックの論点は、ポスト基礎付け主義時代に特有のジレンマにかかわるものだ。すなわち、現代の批判理論が「善き社会（good society）」の構想を提示するさい、その妥当性要求の歴史性と偶発性を非権威主義的な仕方で認めると同時に、いかにしてその妥当性は特定のコンテクストを越境して主張されうるだろうか？　そこでクックが持ち出すのが「擬制《フィクション》」の概念である。善き社会についての個別的な表象をフィクションと捉えることで、それはコンテクストを越境しうる妥当性要求を備えると同時に、その不完全さゆえに公的な討議に開かれたものになるという。(Cooke 2006: 5-6)

しかし、ある「善き社会」の構想ないし表象がフィクションであるとき、それは人びとを動機付けるのに十分なものだろうか？　クックによれば、私たちがある構想や表象への支持を表明するのに、それがフィクションであるということは大きな障碍にはならない。たとえば、クックがハンス・ファイインガー『かのようにの哲学 *The Philosophy of "As If"*』を参照しつつ議論しているように、私たちは文学的フィクションを読むとき、それが現実と違うからという理由で投げだしたりしないだろう。さらにフィクションは「仮説」とは違い、現実との不一致によって実践的な有用性が減じるものでもない。したがって、ある表象が人々を動機付けるか否かにおいて重要なのは、存在論的な身分（フィクションか否か）よりもむしろ、説得力や正当化のほうである。クックはこう述べている。

要するに、私の議論は、統制的理念の、とりわけ善き社会についての表象の擬制的な身分は、私たちを動機付ける力とほとんど、あるいはまったく関係がないということだ。重要なのは、真実らしさの主張＝要求に成功することであり、つまり真理の外観を説得できるかということである。(Cooke 2006: 120)

したがって、決定的なのは、ある構想がフィクションか否かということではなく、超越的な倫理的対象とのつながりをどのように説得的に示すか、ということだ。この見方は、真実らしさのロジックが説得のプロセスにかかわっているとしたラクラウの議論と大いに重なるものだろう。

ポスト基礎付け主義者としての丸山眞男

クックの議論は、基礎付けを擬制として捉えるという、ポスト基礎付け主義的な理路を開いている。基礎付けをフィクションとして理解できるとすれば、たとえば丸山眞男のような人物もまた、ポスト基礎付け主義的に読み直すこともできるだろう。よく知られているように、丸山は、政治における「擬制」の役割を鋭く見抜くことで、ある意味でポスト基礎付け主義的な問題関心を先取りしていた。

たとえば丸山は、かの有名な論考のなかで、制度を物神化し、主体的契機を欠落させた日本に対し、「作為」という近代的な主体化のプロセスにおけるフィクションの意義を認めることで、宣長的な「自然」も、それを単に裏返しただけの主体性の称揚も、いずれの論理をも避けている。またほかの箇所では、「現代の日本に勧奨したいものはいろいろあるが、さしあたりここでは一つの「すすめ」を提唱したい」として、「偽善のすすめ」を説いている。丸山は、「偽善は善の規範意識の存在を前提とするから、そもそも善の意識のない状態にまさること万々だからである。動物には偽善はないし、神にも偽善はない。偽善こそ人間らしさ、もしくは人間臭さの表徴ではないか」（丸山 1996: 325）とし、政治的演技とからめつつ、偽善の実践的効用を認めていた[3]。

さて、丸山にとって最大のフィクションはもちろん「戦後民主主義」である。しかし、丸山にとって、民主主義を一箇のフィクションであると認めることは、その実現にむけた不断の努力と何ら矛盾するものではない。たとえば「大日本帝国の「実在」よりも戦後民主主義の虚妄の方に賭ける」というよく知られた文言を見てみよう。松田宏一郎によれば、ここで「虚妄」は"illusion"の訳語であったと推測できるものの、「ここでの「「虚妄」は、丸山が「思惟方法」に組み込もうとしていた「フィクション」にオーヴァーラップさせていると考えるべきである」（松田 2016: 164）という。つまり戦後民主主義は、たとえそれが擬制であったとしても、「大日本帝国」の抑圧よりはいくらかマシなものとして擁護されたのだ。いうまでもなく、そのフィクション性の絶えざる自覚とともに——。

以上、本節では、ラクラウ=ムフ、クック、丸山らの議論を手掛かりに、ポスト基礎付け主義における基礎付けの身分《ステータス》について議論してきた。繰り返せば、ここで基礎付けは絶対的な真実ではなく真実らしさ、もしくは擬制として、かろうじて成立するものである。それでは、このような擬制としての基礎付けは、どのような民主主義の構想と相容れるだろうか？　それは基礎付けを擬制として認めると同時に、その擬制を物象化しない両義的な態度を求めるものだろう。丸山の言葉で言えば、制度や規範のフィクションとしての側面を、フィクションと現実のあいだの鋭い緊張をいかにして自覚化するか、ということだ。本章ではこの課題に応えるものとして、アゴニズムの民主主義論を取り上げることにしたい。

三　アゴニズム再考——ウィリアム・コノリーと多元主義の政治理論4

ポスト基礎付け主義に相応しい民主主義論を検討するにあたって、ここではラクラウ＝ムフが、真実らしさのロジックについて、それが「本来的に多元的」であり、「つねに抗争的で論駁可能性を抱えたもの」としていたことを想起しよう。これこそまさにアゴニズムの論理にほかならない。だとすると、アゴニズムの民主主義論が有力な候補になることはまちがいない。それはどのような意味においてだろうか？

前世紀の民主主義論を大雑把に振り返るとすれば、「シュンペーター＝ダール枢軸」（マクファーソン）とも揶揄された集計的民主主義は、のちに参加民主主義の問題提起をうけ、その結果として、代表制民主主義の問題がつぶさに検討されることとなる。そのなかで、市民の積極的な政治参加を軸とした市民的共和主義が再評価され、同時に公共性論や市民社会論、およびシティズンシップの理論が並行して展開されたが、それらの議論の逢着先のひとつは、熟議か闘技かをめぐる論争、つまりデモクラシーにおいて、合意と対立のどちらにウェイトを置くかということであった。

しかしこの論争は、闘技民主主義の主張を部分的に吸収する仕方で、熟議民主主義の勝利に終わったように見える。結果、熟議民主主義研究では、より望ましい熟議のための制度設計の検討や、規範理論と経験的研究（実験）を組み合わせる試みも現れているのに対し、闘技民主主義の論点はほとんど変わっていないように思われるのだ。しかし本節で提起したいのは、アゴニズムは対立や抗争を通じて、基礎付け的な構想の自然化を防止することができるということである。

現代アゴニズムの代表的な理論家としては、シャンタル・ムフ、ウィリアム・コノリー、ボニー・ホニッグ、ジャイムズ・タリーの名が挙げられる（Wenman 2015, Tambakaki 2017）。本章では、このうち多元主義ということに最も粘り強い思考を展開しているウィリアム・コノリーの議論を参照し、アゴニズムのポスト基礎付け主義的性格を検討することとしよう。

ウィリアム・コノリーのアゴニズム

よく知られているように、コノリーの関心は非常に広い範囲に亘っており、そのことが彼の政治思想に取り組もうとするものをしばしば困惑させることになっている[5]。コノリーの著作を紐解くと分かるように、そこにはスピノザやニーチェ、フーコー、ドゥルーズのような多彩な思想家の痕跡が複雑に絡み合っている。しかし、これらの豊富なトピックは、じつはある中心的な標的をめぐって展開されている。すなわちその標的こそ、闘技的な敬意（agonistic respect）と差異への批判的応答性（critical responsiveness）の涵養にほかならない。これら二つの概念は、彼が提示しようとする「新しい多元主義」への衝動に焚き付けられており、したがって私たちもそこから始めるのが相応しいように思われる。

まず「コノリーの仕事への最も適切な入り口は、伝統的な政治学の多元主義に向けた彼の批判に回帰することである」（Wenman 2003: 170）と述べるマーク・ヴェンマンにしたがうことにしよう。コノリーは自身の多元主義――それはしばしば「多元化 pluralization」とも呼ばれる――を定式化するさい、ダールに代表されるアメリカ的な多元主義から距離を取ることから始めている。それによると、伝統的な多元主義は、国家のような固定化された領域内部での閉じられた多様性を前提としており、これでは、まったく新しいアイデンティティと承認を求める現代の諸問題に対処することはできない（Connolly 1995: xix）。この理由からコノリーは、「多元主義の多元化」を要求する、新しい多元主義を概念化しようとする。

新しい多元主義は、完全で純粋なアイデンティティを獲得しようとする私たちの衝動を戒めるものだ。コノリーは、差異を他者性に転換しようとする私たちの傾向性を指摘し、この傾向性こそが他者の暴力的な排除に通じるとされる。彼はこれを「悪の第二問題」とも呼んでいるが、それは「ある個人や集団のアイデンティティを保証するために、彼らのアイデンティティの痛点を暴露するような他者を、悪や非合理的と定義するような試みから生じる悪である」（Connolly 1991: 8=1998: 13）。

「闘技的な敬意」と「批判的応答性」

この厄介な問題に対処するために、つまりは閉じた、排他的なアイデンティティへの欲望を克服し、それを緩和するために導入されるものこそ、「闘技的な敬意」と「批判的応答性」にほかならない。まずコノリーは前者に関して次のような説明を与えている。

私が想定する闘技的な敬意とは、人が自らを定義する際に敵としたものを、その命令に抵抗し、それが覇権をなす空間を制限しようと努めながら、なお敬意を表すという社会関係である。それぞれのアイデンティティは、偶然的なアイデンティティのあいだの闘いと相互依存の中で、一連の差異に依存しつつ生まれるが、そうした闘いや相互依存の関係への配慮が意味するのは、「われわれ」（この「われわれ」とは勧誘である）は、われわれを鼓舞する倫理を追求するためには、われわれが攪乱する道徳的原理主義の主張である普遍性や妥当性などに反論しなければならないということである。(Connolly 1993: 381–82=1994: 101)

しかしながら、コノリー自身も認めているように、これはそう容易なプロジェクトではない。「脱構築」と「系譜学」が動員されるのはまさにここである。というのも、これらの戦略は、アイデンティティの偶発性、およびそれが自認する普遍性、すなわち本章の言葉でいえば基礎付けが、いかにハリボテに過ぎないかを暴くからである。偶発性の経験によって、ニーチェが「敵意の精神化」(Connolly 1993: 382=1994: 102) と呼んだものが可能となるのであり、それは差異への敬意をもった闘技的な空間をもたらすだろう。みずからの倫理的、道徳的源泉についての抗争可能性を受け入れることで、闘技的な敬意を備えた交渉を始めることができるようになる。

他方で、「闘技的な敬意が、すでに公共生活に登録された同志のあいだで涵養された徳であるとすれば、批判的応答性は特に生成の政治に相応しいものである」(Connolly 2004: 177) とされている。ここで「生成の政治」とはまったく新しい瞬間が存在することを受け入れる政治のことであり、それは次のように表現されている。

生成の政治によって私は、それによって新しく予見できないものが存在するようになる逆説的な政治を意味している。たとえば新しく予期しない宗教や道徳的インスピレーションの新しい源泉、キリスト教世界への諸権利の実践の導入や、医師による自殺幇助の権利のような、承認された権利の現行の登録簿に新しい権利を入れるなどの、すでに確立されたアイデンティティの現行の布置内部での新しい文化的アイデンティティの導入のことである。(Connolly 1995: 175-76)

批判的応答性が生成の政治に不可欠であるのは、それがすでにある枠組みの外部から現れる諸要素への寛大さを示すからである。コノリーが提示する多元主義は、人々が新しい始まりへの寛大な気性を涵養できるかどうかにかかっているといえよう。

以上、コノリーのアゴニズムは、多元主義への感性にもとづいて、私たちのもつ信念、価値観、アイデンティティをアゴーンの内外から問い直し、その偶発性を露わにするだろう。つまり、ウィンゲンバッハが正しく述べているように、「アゴニズムは存在論的な基礎付けの偶発性、ヘゲモニー的権力の逃れがたさ、構築されかつ状況づけられた主体性の性格、敵対性の不可避性、諸制度の重要性といった条件に相応しい政治の説明を提供してくれる」(Wingenbach 2011: 38) のだ。アゴニズムがみせるこうした特徴は、基礎付けの物神化を予防するものでもある。したがってアゴニズムは、ポスト基礎付け主義の問題設定と適合する民主主義の構想であるということができるだろう。

おわりに――アゴニズムとスタシス

以上、ポスト基礎付け主義を可能にする戦略として、本章では擬制とアゴニズムに着目してきた。要約すれば、ポスト基礎付け主義の戦略とは、基礎付けを擬制と捉えることで、暫定的な基礎付けを確保すると同時に、その基礎付けをつねに論争に開いたものにしておくために、アゴニズムの民主主義によって多元主義を担保するというものだ。これにより、最小限の基礎付けを確保すると同時に、その暫定的な性格も同時に保持することができるだろう。

さて、本章の冒頭で示したアゴニズムの半端さを、どのように擁護できるだろうか。それによると、アゴニズムは政策への志向性と実現性が弱く、かといって対立を強調する割にラディカルな変革を目指すものでもないとして、きわめて中途半端な位置付けを与えられてきた。しかし、アゴニズムが制度化しようとするのは、否定性の経験にほかならないとすればどうだろうか？　これが見事に制度化された例として、アリストテレスが言及する「ソロンの法」をみてみよう。

ソロンは国内にしばしば党争が起こるにもかかわらず市民の中には無関心から成行きに委せるのを好む者のあるのを見て取り、特にかかる人々に対する法を設け、国内に党争のあるとき両派のいずれかに与して武器を執ることのないものは市民たる名誉を喪失し国政に与り得ぬこととした。（アリストテレス 1972: 274）

この法は、市民が内戦に参加しないことを禁じるものであり、どちらの側にもつかなかった市民は、市民権を剥奪された。アガンベンは、これにもとづき、内戦《スタシス》を政治化／非政治化の境界線に位置付けている。つまり、内戦《スタシス》によって非政治的なオイコスは政治的なものへと生成し、他方で内戦に参加しない者はポリスから排斥されることで非政治化されるだろう。アガンベンはスタシスの意義をこう要約している。

> スタシスは、非政治的なもの（オイコス）が政治的なものへと生成することを、また政治的なもの（ポリス）が非政治的なものへと生成することをしるしづける、都市と本質をともにする政治的パラダイムを構成する。（アガンベン 2016: 44）

ニコル・ロローの『分断された都市』を批判的に分析しつつ、アガンベンはスタシスをポリスとオイコスの境界線、政治的なものと非政治的なものを切り離すと同時に結びつける境界線であると捉えている。だとすると、共同体にとってスタシスがもつ意味は両義的である。すなわち、スタシスは分断をしるし付ける（政治化）と同時に、分断の忘却（非政治化）でもあり、この両義性が極端な敵対性からポリスを保護しつつ、調和の不可能性を刻印している。つまり「忘却されると想定されているものは、忘却それ自体のプロセスにおいて、暦のなかの一日がなくなっていることがはっきり分かることによってマークされている」(Stavrakakis 2007=2017: 338)。

おそらく、アゴニズムとは内戦《スタシス》の一箇の制度化された表現なのだろう。それは共同体に走る亀裂を可視化することで、内戦《スタシス》のもつ両義性を分有している。つまり、アゴニズムは、共同体における最終的な〈合意〉の不可能性を告げる根本的に不快なものだが、同時に敵対性を制度化しつつ、内戦《スタシス》のラディカルな否定性の痕跡をとどめるものである。だとすると、その民主主義論が示すのは、中途半端さというよりもむしろ、象徴化不可能な否定性を象徴化しようとする、ある意味で根源的《ラディカル》かつ不可能な身振りなのだろう。本章で議論したように、ポスト基礎付け主義というきわめて不安定な立場に踏みとどまるのは、おそらくは煮え切ることのない、このような態度のみなのである。

注

1 『民主主義の革命』が『民主主義の発明』に大きく依拠していることは明らかである。ある箇所では「[ルフォールの]これらの分析を、私たちがヘゲモニー的実践の領域として特徴付けてきたものと、これらの分析とを連携させることは可能である」(ラクラウ＝ムフ 2012: 404)と言われているし、また『革命』の最後の注の二つが『発明』についてであるのも、両者の関係を考える上で示唆的であろう。

2 しかし少し考えればわかるように、これは必ず起こらないわけではない。コンテクストもまた言説的な構築物である以上、緩やかに変化するだろう。それゆえ、コンテクストそのものをめぐるヘゲモニー政治についての検討が、別途必要である。

3 丸山の「偽善のすすめ」から、政治における象徴(化)の役割を議論したものとして、布施(2008)の第五章を参照のこと。

4 本節の議論は、(Yamamoto 2011)での議論の一部を改稿したものである。

5 コノリーの関心の領域がいかに広範囲に亘っているかについては、Schoolman and Campbell(2008: 10-11)を参照のこと。

参考文献

Connolly, William (1991) *Identity/Difference: Democratic Negotiations of Political Paradox*, Ithaca: Cornell University Press.(杉田敦・齋藤純一・権左武志訳『アイデンティティ/差異:他者性の政治』岩波書店、一九九八年。)

——(1993) "Beyond Good and Evil: The Ethical Sensibility of Michel Foucault", in *Political Theory*, vol. 21, no. 3(杉田敦訳「善悪の彼岸——ミシェル・フーコーの倫理的感性」『思想』八四六号、岩波書店、一九九四年。)

—— (1995) *The Ethos of Pluralization*, Minneapolis: University of Minnesota Press.
—— (2004) "The Ethos of Democratization", in Simon Critchley and Oliver Marchart, eds., *Laclau: A Critical Reader*, London: Routledge.
Cooke, Maeve (2006) *Re-Presenting the Good Society*, Cambridge: The MIT Press.
Critchley, Simon (2004) "Is There a Normative Deficit in the Theory of Hegemony?", in S. Critchley and O. Marchart, eds, *Laclau: A Critical Reader*, London: Routledge.
Laclau, Ernesto (1990) *New Reflections on the Revolution of Our Time*, London: Verso.（山本圭訳『現代革命の新たな考察』法政大学出版局、二〇一四年。）
—— (1999) "Politics, Polemics and Academics: An Interview by Paul Bowman", *Parallax*, 5: 2.
—— (2005) *On Populist Reason*, London: Verso.（澤里岳史・河村一郎訳『ポピュリズムの理性』明石書店、一九九八年。）
—— (2014) "Why Constructing a People is the Main Task of Radical Politics", in *The Rhetorical Foundation of Society*, London: Verso.
Marchart, Olivier (2007) *Post-Foundational Political Thought: Political Difference in Nancy, Lefort, Badiou and Laclau*, Edinburgh: Edinburgh University Press.
Rorty, Richard (1994) "The Unpatriotic Academy", *The New York Times*, February 13.
Schoolman, Morton and David Campbell (2008) "Introduction: Pluralism "Old" and "New"", in David Campbell and Morton Schoolman, eds., *The New Pluralism: William Connolly and the Contemporary Global Condition*, Durham: Duke University Press.
Stavrakakis, Yannis (2007) *The Lacanian Left: Psychoanalysis, Theory, Politics*, Edinburgh: Edinburgh University Press.（山本圭・松本卓也訳『ラカニアン・レフト：ラカン派精神分析と政治理論』岩波書店、二〇一七年。）
Tambakaki, Paulina (2017) "Agonism Reloaded: Potentia, Renewal and Radical Democracy", *Political Science Review*, Vol. 15 (4).

Valentine, Jeremy (2013) "Lefort and the Fate of Radical Democracy" in Martin Plot, ed., *Claude Lefort: Thinker of the Political*, New York: Palgrave.
Wenman, Mark (2015) *Agonistic Democracy: Constituent Power in the Era of Globalisation*, Cambridge: Cambridge University Press.
—— (2003) "'Agonistic Pluralism' and Three Archetypal Forms of Politics", *Contemporary Political Theory*, 2 (2).
Wingenbach, Ed, (2011) *Institutionalizing Agonistic Democracy: Post-Foundationalism and Political Liberalism*, London: Routledge.
Yamamoto, Kei (2011) "Beyond the Dichotomy of Agonism and Deliberation", *Multicultural Studies*, No. 11.
Žižek, Slavoj (2004) *Iraq: The Borrowed Kettle*, London: Verso.（松本潤一郎・白井聡・比嘉徹徳訳『イラク：ユートピアへの葬送』河出書房新社、二〇〇四年、一一四頁。）
アガンベン、ジョルジョ（2016）『スタシス：政治的パラダイムとしての内戦』高桑和巳訳、青土社。
アリストテレス（1972）「アテナイ人の国制」村川賢太郎訳、『アリストテレス全集17』岩波書店。
布施哲（2008）『希望の政治学：テロルか偽善か』角川学芸出版。
松田宏一郎（2016）『擬制の論理 自由の不安：近代日本政治思想論』慶應義塾大学出版会。
丸山眞男（1996）「偽善のすすめ」『丸山眞男集 第九巻 1951-1968』岩波書店。
山本圭（2016）『不審者のデモクラシー：ラクラウの政治思想』岩波書店。
ラクラウ、エルネスト、シャンタル・ムフ（2012）『民主主義の革命：ヘゲモニーとポスト・マルクス主義』西永亮・千葉眞訳、筑摩書房。
ルフォール、クロード（2017）『民主主義の発明：全体主義の限界』渡名喜庸哲・太田悠介・平田周・赤羽悠訳、勁草書房。

第2章　われわれは「明白な不正義」に同意できるか
——アマルティア・センのアイデンティティ論の検討から

玉手 慎太郎

はじめに

本章の問題関心は、デモクラシーの可能性の検討にあり、その焦点はデモクラシーに参加する人々のあり方に向けられる。すなわち、デモクラシーの制度設計の問題以前に、そもそも人々には相互に理解し合い同意に到達する可能性が本当にあるのか、という問題を考察する。

デモクラシーとは素朴に言えば、社会の枠組みをわれわれ自身によって決定していくことである。もちろん全員一致で決定がなされるとは限らず、それゆえ多数決などの意思集計メカニズムが検討されたり、あるいは人々が話し合って意見を再検討してゆく熟議プロセスが強調されたりする。とはいえ、はじめから人々の同意可能性が極めて限られたものであるならば、いかなる集計を行おうが、いかなる熟議を行おうが、そこに生じるデモクラシーの「正しさ」もまた制限されざるを得ないだろう。しかし現代においては、この同意の可能性を素直に信じることは難しい。かといって同意の基礎などないと言ってしまえば、われわれはデモクラシーを通じてさえ「正しさ」を語ることができないことになる。

単純に言ってしまえばこういうことである。「われわれ」こそが正義を体現しているのであり、偏狭で野蛮な「あいつら」とは何一つ分かり合えないのだ、と互いに罵りあう以外に道のない社会においては、われわれはデモクラシーを通じてより望ましい社会を構想することなどできないのではないか？

この問題を考察するにあたって、インド出身の経済学者・哲学者アマルティア・セン（Amartya K. Sen: 1933-）の政治哲学が重要な視座を提供してくれる。というのもセンの議論は、デモクラシーの意義を強く打ち出すと同時に、デモクラシーの背景としての人々の価値観の対立について積極的に検討を加えたものでもあるからである。本章では特に彼のアイデンティティ論、そして「比較」に基礎を置く彼の正義の構想について考察を加え、この問題についてのセンの議論を筆者なりに明確化していきたい。そのことは、ポスト基礎付け主義においてなお「より望ましい」社会を構想する、一つの可能性を提示することにつながっていくだろう。

一　センのアイデンティティ論

アイデンティティの複数性

センが自身のアイデンティティ論をまとまった形で提示したのは、二〇〇六年の著作『アイデンティティと暴力』においてであった。アイデンティティとは、日本語にすれば「自己同一性」である。「あるものがそれ自体と同一であることを自分に納得させる」（Sen 2006: xi=2011: 2）[1]こと、これを自分自身に対してなすときに、アイデンティティが形成される。ある属性を通じて自分は自分自身と同一であるという理解が得られるならば、その属性が当人のアイデンティティ（の一部）となる。特にセンが注目するのは「特定の集団にいる他者と同一性を共有するという概念」としてのアイデンティティであり、「社会的アイデンティティの考え方は大概この形態をとる」（同 xii=2）とされる。

　センが『アイデンティティと暴力』において強調するのは、個人のアイデンティティは単一ではないということである。そしてその点が見逃されているがゆえに、もろもろの「暴力」が生じてしまう、という主張がこの著作の主軸となっている。

> 世界的な政治的対立は、往々にして世界における宗教ないし文化の違いによる当然の結果と見なされている。実際、世界は様々な宗教や文化の連合であるという見方が、暗黙のうちとはいえ、ますます増えており、そのため人々が自己を認識する方法がそれ以外は顧みられない。この考え方の根本には、世界の人々はなんらかの包括的で単一の区分法によってのみ分類できるという、偏った思い込みがある。世界の人々を文明ないし宗教によって区分することは、人間のアイデンティティに対する「単眼的」な捉え方をもたらす。（Sen 2006: xii=2011: 2–3, 傍点は原文イタリック）

　センが徹底的に批判する言説の一つが、サミュエル・ハンチントンによる「文明の衝突」論である。「〔…〕人をもっぱら一つの文明の一員として見ること（たとえば、ハンチントンの分類によれば、「西洋世界」、

「イスラム世界」、「ヒンドゥー世界」、「仏教世界」の一員として見ること）が、すでに人々をこの一つの次元に縮減している。したがって、衝突論の欠陥は、異なった文明同士〔…〕が必然的に――少なくとも一般論として――衝突するのかどうかを問うはるか以前にあるのだ」（Sen 2006: 41=2011: 69）。同様のことは文明のみならず、宗教、西洋と非西洋、文化といった区分にも当てはまる。それらの分かりやすいタグ付けによって、人々は容易に、対立する利害を有する諸集団に分けられてしまう。

センはそのような考え方に対し、一人の個人の中にも複数のアイデンティティがあること、そして理性によってアイデンティティを選択しうることを強調する。センが厳しく批判するのは、そのようなアイデンティティの選択可能性が否定されることである。それは人々の多様なあり方が否定されることでもある。「異なる人々のあいだで良好な関係を築こうとする試みが主に、（人間がお互いかかわりあうその他無数の方法には目もくれず）「文明の友好」とか「宗教観の対話」、あるいは「さまざまな共同体間の友好関係」という観点から見られれば（現にその傾向は強くなっている）、平和を模索する以前に、人間が矮小化 miniaturization されることになる」（Sen 2006: xiii=2011: 4）。時にはキリスト教徒とイスラム教徒が（宗教的な場面において）対立することもあるだろう。しかしまた別の時には（たとえば政治的な場面において）キリスト教徒とイスラム教徒が同じ目標のために行動することがあり得る。人々を単一の区分法で分類することで、そのような可能性が見逃されてしまうことが問題なのだとセンは論じる。「集団の一員であることは、もちろん重要になりうるが（諸人格や諸個人に関するまともな理論であれば、そのような社会関係を無視することはできない）、人それぞれにつき一つの帰属集団にしか注意を払わない（その他はすべて無視する）ことによる人間の矮小化 diminution は、われわれの多様な関係やかかわりごとの幅広い重要性を一撃で抹消するものなのだ」（同

176-177=244)[2]。

アイデンティティの複数性の諸側面、その1

『アイデンティティと暴力』は以上の議論を理論的に整理して論じたものではなく、むしろ事例ごとに論じられていることもあってそのロジックは少し入り組んだものになっている。ここで改めて筆者なりに、センのアイデンティティ論を図式的に整理したい。

センが論じているのは、アイデンティティが以下の五つの性質を有するということだと考えられる。すなわち、アイデンティティの（a）重複性、（b）解釈の多様性、（c）変容可能性、（d）非階層性、（e）選択可能性である。以下それぞれについて論じる。なお本章では、以上五つの性質のすべてを満たす形でのアイデンティティの捉え方を、セン自身の言葉に従ってアイデンティティの「複数性」理解と呼ぶことにしたい。

第一に、各人のアイデンティティは一つではないということがセンの議論の最も根底の部分にある。これをアイデンティティの重複性と呼ぼう。例えば筆者は日本人であり、男性であり、既婚者であり、東日本大震災の経験者であり、テレビゲームの愛好家であり、村上春樹作品の熱心な読者である[3]。このような重複性は誰もが有するものであり、端的な事実の問題として把握しうる。

第二に、それぞれのアイデンティティが何を意味しているのかについても多様な理解があることをセンは指摘する。これをアイデンティティの解釈の多様性と呼ぼう。センは例としてムスリムであることの意味の多様性を挙げる。二人の人物が共にムスリムであると自認しているとしても、一人は他宗教の信者を容認しないことがイスラム教の教えだと考え、もう一人は他宗教の信者に対して寛容であることこそがイスラム教の教えだとみなしているかもしれない。このとき、いずれか一方のみが「真のムスリム」であるわけではない[4]。あらゆるアイデンティティに以上のような解釈の幅があると考えられる。

第三にセンは、人々のアイデンティティは時とともに（徐々に、あるいは劇的な事件を経て）変容することがありうると述べる。これをアイデンティティの変容可能性と呼ぼう。このことはあらゆるアイデンティティについて当てはまるわけではないが（たとえば人種を意図的に変更することは不可能である）、大抵のアイデンティティについては珍しいことではない。たとえばわれわれは宗教的体験によって信仰を変更するかもしれないし、独裁政権の成立に際してそれまでの愛国心を捨て亡命するかもしれないし、大地震を経験してそれまでの原発推進派の立場を放棄するかもしれない。あるいはもっとシンプルに、数年前に筆者は「独身者」のアイデンティティを捨てて「既婚者」のアイデンティティを獲得した。アイデンティティの放棄や獲得は、人生の様々なタイミングで生じうる。

以上の三つの点については、シンプルに事実の問題として捉えることができよう。というのも、上に論じてきたことはわれわれの日常に照らして当たり前のことだからである。とはいえ、われわれはこれを当然の事実であると常に認識してきたわけではない。そして実際のところ、これらの事実を無視するようにわれわれに促すような主張は容易に観察される。例えば、ある民族に属することは決定的なアイデンティティであり、その民族的連帯については一切の妥協は許されないという主張が、人々のアイデンティティの重複性、解釈の多様性、そして変容可能性を覆い隠してしまうかもしれない。そういった言説に対して抵抗していくべきことをセンは主張するのであり、それが第四・第五の主張につながっていく。

アイデンティティの複数性の諸側面、その2

第四に、人々が有する複数のアイデンティティの間に、絶対の優先順位は存在しないとセンは主張する。これをアイデンティティの非階層性と呼ぼう。この第四の点こそが『アイデンティティと暴力』において最も強調されている点である。すでに確認したように、人種にせよ、宗教にせよ、性別にせよ、ある特定のアイデンティティが他のアイデンティティに優越するのだという主張は、人々の間の対立を強調するものであるとセンは考える。

そして第五に、そのように非階層的な複数のアイデンティティの間で人間は、理性を行使することによって優先順位を自ら選択することができるし、そうすべきである、とセンは主張する。これをアイデンティティの選択可能性と呼ぼう。センが例として挙げるのは、英語という言語への忠誠とアフリカ人としての歴史的背景との間で選択を迫られた、カリブの詩人デレック・ウォルコットである。彼は自らのアイデンティティが複数あると言う事実のなかで、そのうち一つを単純に所与とみなすことはできず、それらの間で選択（決断）しなければならなかった。[5] そのような選択は一度きりのものではなく、人生において何度でもなされうるだろう。[6]

とはいえ、この二つの論点にはすぐに気づかれる明らかな論争点が一つある。それは、アイデンティティを自律的に選択する主体という（メタ次元に立つ）アイデンティティに、センは絶対的な優先性を与えているのではないか、というものである。もしそうであれば、いわゆる西洋近代主義の自律的個人像を押し付けていることになるのではないか、という（よく耳にする）批判を導き入れることになる。管見の限りこの批判にセンは答えていない。一つのありうる解答は、アイデンティティは選択不可能だと考える限り、根本的価値の対立は調停不可能であることになり、われわれは終わりなき衝突に陥らざるを得ない、したがって調停可能性を試みるならば、選択可能だとみなす必要がある、というものである。もし政治哲学という学問がより良い社会を構想するものであり、かつそのより良い社会がより少ない暴力やより少ない差別を含むなら（それさえ論争的ではあるが）われわれは、アイデンティティは非階層的でありかつ優先順位を選択可能だとみなす「べき」である（そしてそうすることは可能である）。この意味で、第四・第五の論点は（先の三つの論点とは異なり）、センの規範的主張であると見るのが適切であろう。

先に見た第一～第三の議論が述べているのは、アイデンティティは多様だということであり、これら第四・第五の論点が述べているのは、アイデンティティの多様さのあり方もまた単一ではないということである。複数のアイデンティティの関係性には決まった優先順位などなく、それは各人が自律的に選択可能である、ということは、「われわれには多様な多様性 diverse diversities がある」（Sen 2006: 13=2011: 30, 傍点は原文イタリック）ことを意味する。そのように重層的な形で多様性を把握することこそが、対立を乗り越える鍵になるとセンは考える。

> 突出した唯一の分類法による区分けにとって代わるものは、われわれはみな同じだという非現実的な主張などではない。むしろ、問題の多い世界で調和を望めるとすれば、それは人間のアイデンティティの複数性によるものだろう。多様なアイデンティティはお互いを縦横に結び、硬直した線で分断された逆らえないとされる鋭い対立にも抵抗する。（Sen 2006: 16=2011: 35）

二　アイデンティティの複数性とポピュリズム

ポピュリズムの反多元主義

つづいて、センのアイデンティティ論が現実政治の理解においていかなる意義を有するか、という問題へと進みたい。ここで本章が注目したいのはポピュリズムという政治現象である。この現象が近年の政治において大きく注目を集めていることは改めて指摘するまでもないが、しかしポピュリズムはきわめて多様な側面を有しており、一貫する特徴を見出してポピュリズムを定義することには困難が伴う。ここでは一つの説得力ある議論としてヤン＝ヴェルナー・ミュラーによる分析を取り上げたい（ミュラー 2017）[7]。

ミュラーによれば、ポピュリズムの特徴はしばしば言われる反エリート主義のみならずその反多元主義の姿勢にある。「ポピュリストは、自分たちが、それも自分たちだけが、人民を代表していると主張する」。「ポピュリストのロジックは、ポピュリスト政党を支持しないものは誰であれ、人民——つねに高潔で道徳的に純粋なものとして定義される——にふさわしい一員ではないということを仄めかす」（ミュラー 2017: 4-5）。そうしてポピュリストは、現エリート集団を人民の意志に背く存在として批判すると同時に、政権を取った後には反対者たちを真の人民ではないとして批判する。それゆえ、人民の継続的な政治参加ではなく、自分が人民の利害を代表する存在であることの承認と権限の委任を求め（国民投票の多用）、また自身と人民の間にいる仲介者を排除しようとし（メディアへの非難）、政権を取った後には自身に反するものたちを排除するよう制度を変更しようとする（新しい憲法の制定）のだとミュラーは述べる（同 38-49 および 76-83）。

そのような主張をなす中でポピュリストは、単一の共通善が存在し、人々が認識しそして欲するその共通善を一人の政治家が明快に実行できると主張する（同33-34）。これはすなわち、人民内部の多元性を、調停するのではなく、自分を支持するものだけが真の人民であるとして分断と排除を行うことで解消しようとするものである。「実のところ、人民はいまや確実かつ最終的に同一化［identify］されうる――そして人民はいまや現に存在するものであり、もはや潜在的なものではない――と主張することによって、「「人民」への包摂の」要求形成の連鎖を断ち切るのが、ポピュリストである」（同89）。それゆえにポピュリズムは危険なものとなる。「〔…〕ポピュリズムの真の問題は、その多様性の否定が、特定の市民の自由かつ平等な地位の否定に実質的に等しいということだ」（同102）。

「真の人民」の問いの是非

この反多元主義を問い直す上で、先に論じたセンのアイデンティティ論が助けになる。人々のアイデンティティに複数性が存在するならば、われわれはあるアイデンティティにおいて鋭く対立しておきながら、他のアイデンティティにおいては一致した意見を持つことができる。この意味で、根本的に意見の異なる他者、といったものは存在しない。多元的な社会においては、単に意見が対立しているばかりではなく、意見の異なり方も様々だからである。意見が単に一致するのでも単に対立するのでもなく、ある面では一致するしある面では対立する、というのが多元的な社会の実際のあり方であろう。

この意味でポピュリズムは、一部の市民を排除することにももちろん問題はあるが、それに加えて、一致と対立のあり方にはたった一つのもの（「真の人民」であるか否か）しかないとすることに大きな問題がある。

センの言葉を借りれば、それは人間のあり方を矮小化している。確認しておきたいのは、センの議論からすれば、ポピュリズムへの反論は「ポピュリストが述べる真の人民は間違っている、真の人民とは〜だ」といったものであってはならない、ということである。そのような反論では真の人民という単一絶対のカテゴリーが存在することを認めることになる。そうではなく、そもそも真の人民といった（他のすべてのアイデンティティに優越する）単一アイデンティティを想定し、それによって人々を区分することが誤りである。センのアイデンティティ論は、完全な一体化がありえないことを示す（すなわちポピュリストの提示する理想を否定する）ものであり、そしてそれと同時に、完全な分断がありえないことを示す（すなわちポピュリストの実行する分断に対抗する）ものでもある。

しかしながら、ミュラーの分析は同時に、ポピュリズムに一定の魅力があることを示すものでもある。根本的に意見の異なる他者など確かにいないのかもしれない。しかしそのことは、われわれが意見を一致させうることを意味しない。現実にわれわれは個々の場面において鋭く対立している。そのような場面で、他者に耳を傾け続けていればいずれ同意が得られるのか、そもそも自分と相手のどちらが正しいのかに決着などつかないのではないか、といった疑問の先に、自らと意見を同じくする人々のみを「真の人民」として純粋化しようという欲求が生じることにはもっともな面もあるかもしれない。もしわれわれが、単一の対立の中にはないとしても、結局のところ複数の対立の中にあるだけだとするならば、あまり望みがないように思われる。この疑問に対する答えを求めて、次にセンの正義論について見ていこう。

三　アイデンティティの複数性と明白な不正義

実現志向の正義論というアイデア

センの正義論について考える上で、本稿では彼の議論の集大成とも言える二〇〇九年の著作『正義のアイデア』について検討したい。[8] この著作においてセンは、まず正義の理論を「超越的制度主義 transcendental institutionalism」と「実現志向的社会比較 realization-focused comparison」の二つのカテゴリーに分ける。前者は社会契約論の流れを汲む正義の理論であり、現実の特殊性に捕らわれず理想的な正義の制度を設計することに焦点を合わせる。そこで求められるのは完全な唯一絶対の正義（the just）であり、主要な論者としてはホッブズ、カント、そしてロールズといった契約論者たちが挙げられる。一方、後者は社会選択理論の流れを汲む正義の理論であり、実際に存在している（あるいは実現可能な）社会状態の相対的な正しさを比較することに焦点を合わせる。そこで求められるのは、相対的に少ない不正義（less unjust）であり、こちらを代表する思想家としてはコンドルセ、アダム・スミス、J・S・ミルらが挙げられている。

現代正義論の主流は超越的制度主義の流れにあるとしながら、センは実現志向社会比較を擁護する。その主要な理由は以下である。第一に、現実社会には説得力を持つ理由が複数存在しており（理由の多様性）、それらに決着をつける完全な正義を求めることは実現可能性がきわめて低く、また要求過剰でもある。完全な正義を特定することができなくても、現実社会の比較考慮によって部分的に不正義を除去することは可能である（正義の本質的な不完全性）。そして、そのようにして現実社会に向かって部分的な正義を実現していくことの方が、完全さが得られるまで動き出せずにいるよりも望ましい。

理由の多様性という主張は、あらゆる正義は何らかの平等への要求である、というセンの以前からの主張(Sen 1982, 1992)の延長線上に捉えられる。一見して平等主義的とは思えない功利主義やリバタリアニズムも、ある一つの空間における平等を志向しているものとして捉えることができる(功利主義は各人の効用に与えるウェイトを等しくすべしと主張しているし、リバタリアニズムは各人の基本的権利を平等に尊重すべきと主張している)。「それぞれの理論において、平等が、何らかの「空間 Space」(すなわち各個人に関連した何らかの変数)において探求される。その空間は当の理論において中心的な位置を占めるとみなされているものである」(Sen 2009: 292=2011: 418、傍点は原文イタリック)。

ここで、どのような空間(変数)を重視するかについては、明確な意見の不一致が存在する。しかしながら人は、自分が中心的とはみなしていない要素に関する不平等も、それが不平等だということから、ある意味で(その不正義を第一義的に問題視することはできなくても、理性的に排除できないという意味で)不正義であると認識することはできる、とセンは主張する。いかなる正義の構想であれ、人々を何らかの意味で平等に尊重することに価値を見出しているという点では一致しているからである。ある焦点における不公正が許容されるのは、他の焦点における公正を実現するため(いわば必要悪として)であって、その焦点における不公正がそれ自体正しいからでは決してない。たとえばリバタリアンが所有権の不可侵のために(財の再配分を拒否することを通じて)所得の不平等を肯定するとき、彼らは所得の平等よりも自己所有権の平等な保護のほうが優先されると主張しているのであって、所得の不平等を不正義だと認識していないわけではない。

それぞれの理由(つまり空間)の重要度の間にどのようなウェイトをつけるかによって、どのような社会状態が望ましいかという順位付けはもちろん異なってくる。上記の例で言えば、リバタリアニズムは自己所有権に、他の理由に常に優越するだけの大きなウェイトを付しているというわけである。もちろんウェイトの付け方は多様な理由に応じて様々ありえるのであり、これをめぐって多くの意見が競合するだろう。ウェイトに関して完全な合意を形成することは不可能なのだとすれば、ここに理論の不完全性が生じる。しかし、仮になんらかの理由において致命的に悪い状態があった場合、それはウェイト付けがどうであるかに関係なく明白に不正義であるとみなすことができる、とセンは主張する。「比較に基づく正義についての体系的理論は、「正しい社会とはどのようなものか?」という問いに対する解答を必要としないし、また生み出す必要もない」(Sen 2009: 105=2011: 168)。「何の平等か?」という問いに際して、考慮されるべき理由や諸要素間のウェイトに関して完全な解答を与えることなしにも、「明白な不正義の除去 the removal of manifest injustice」(同 7=39) へと進むことができるのである。

理由の多様性と理論の不完全性を前提とすることは、正義の理論が不可能であることを示すように見えるかもしれない。しかしそのように見えるとしたら、それは一つの理想的で完全な正義の追求を求めているからだ、というのがセンの主張である。重要なのはむしろ比較である。「われわれは多くのことなった根拠に基づいて不正義を強く感じ取ることができるのであり、不正義を診断する上で、唯一の支配的な理由であるとみなされる特定の根拠に同意することはできない」(Sen 2009: 2=2011: 33)。

センは以前から、不完全性を過度に排除しようという立場を批判してきた。「[…] もし基礎となるアイデアが本質的に曖昧さを持っているのであれば、そのアイデアの厳密な定式化はそのような曖昧さを排除するよりはむしろとらえるべきである」(Sen 1992: 48-49=2018: 78)。厳密であるとは、そこにある曖昧さを曖昧さのまま把握するということであり、理論を単純化してその曖昧さを排除することではない。ここに、先にアイデンティティについて見た「人間が矮小化される」ことへのセンの批判と共鳴する部分があることは明らかであろう。

明白な不正義の除去はいかにして可能か

以上の議論にはしかしながら、なお曖昧さがあると言わざるを得ない。というのも率直に言って、ある社会状態は明白に不正義であると全ての人が同意する、などという考え方は楽観的過ぎるように思われるからである。

Aという社会制度（たとえば家庭内の男女平等）よりもBという社会制度（家父長制）が正義にかなうと考えている人と、逆にBよりもAが正義にかなうと考えている人がいるとする。その選好（＝価値判断）を所与として考えるならば、集合的な意思決定は端的に不可能である。正義についてのみならず、不正義についても同意は得られない（何が不正義なのかがまさに対立している点である）。ここで、じっくり話し合えば（前者が選好を変更して）両者ともAが正義にかなうということに合意するはずだ、と主張することは可能ではあるが、それは実質的には前者の選好を拒否するのと変わらないのであり、あらかじめ結果を決定してしまっているのと同じなのであって、問題の解決にはなっていない。

ここでセンの不正義の理論に、彼のアイデンティティ論を接続しよう。以下、議論は三つのステップを取る。まず正義をめぐる人々の不同意について、次に「明白な不正義」の正確な意味について、最後にそのような不正義の除去へと人々を動機づけるものについて、筆者なりの解釈を提示したい。

（a） 個人の選好には複数性がある

人は、あるアイデンティティを有することによって、それに対応した（一つあるいは複数の）選好を保有するものと考えられる。たとえば、キリスト教徒のアイデンティティを有することによって、中絶制度に反対する選好を有する、日曜休日制を望む選好を有する、等々である。個々のアイデンティティがいかなる選好を導くかは確かではないが（解釈の多様性）、少なくとも何らかの選好を導く、と考えて良いだろう。[9] そして、アイデンティティの複数性を受け入れるならば、それぞれのアイデンティティに対応して、個人が有する選好もまた複数ありうることになる。

そのように考えるならば、そもそもある一人の人物について「Aという社会制度よりもBという社会制度を正しいものとみなしている」というように選好を一義的に決定できるという想定そのものに、疑問を差し挟みうることになる。というのも、Bを正しいものとみなす（望む）ことは彼の一つの（そして行動に反映されたという点で有力な）アイデンティティの表出であるだろうが、他のアイデンティティもあるはずだからである。すなわち、その人の内にはBを上位に置く選好とAを上位に置く選好が、同時に存在しており、そのような複数性の上で後者の選好（＝後者のアイデンティティ）を最終的に選択しているだろうと考えるのが妥当である。このとき、Bを望ましいものとする彼の（最終的に表明された）選好を彼にとって絶対的なものとして扱うならば、彼のアイデンティティに決定的な序列があると想定することになるが、そのような見方はすでに論じたように適切ではない。ここで、われわれはアイデンティティの複数性に対応した選好の複数性を想定することができる。

このことは、人々の選好を首尾一貫しないもの、あるいはコロコロと変わる不確定なものと捉えることとは異なる。ここで描かれた個人は、それぞれのアイデンティティの下に一貫した選好を形成しているという意味で支離滅裂ではないし、そしてまた複数のアイデンティティ間で選択をなすことは、センが論じてきたように、人間のあり方として決して奇妙なものではないからである。むしろ、多元的であることを拒否してまで形式的な合理性を達成した人間のほうが、現実に照らせばよほど奇妙なものであろう。[10]

(b) 複数の視点をもとに明白な不正義が認識される

このような複数性から、改めてセンの言う「明白な不正義」について考えてみれば、センが明白な不正義というときに意味していることは、ある事柄については全ての人が共通して不正義とみなして拒否する、という単純なことではないと考えられる。[11] 仮にそうだとしたら、それは誰もがある種の不当さには納得するはずだという極めて素朴な楽観論でしかないだろう。むしろ明白な不正義というときにセンが意味していることは、それが最終的に採用されるとは決して言えないのだが、それでも少なくとも不正義として認識されはするということであると考えられる。

しかしこのように考えるならば、不正義とみなしておきながらこれを拒否しない、という態度がいかにして可能なのか、という問いが生じる。しかしわれわれはすでにこれに解答を与えている。すなわち、その人の多様なアイデンティティの中の一つが（それが最終的に行動指針として選ばれるかどうかはともかく）その事柄を不正義とみなすのだ、と考えるならば、矛盾は発生しない。

たとえば、ある国において少数民族を差別し、生命の維持に支障が出るほどの抑圧を行うことは、センの意味で「明白な不正義」でありうる。もちろん現実にはそのような差別を行う人間はいくらでもいる。すべての人がその差別を不正義だと最終的に判断するわけでは決してない（話はそこまで単純ではない）。しかし、そのような差別を行う人も、最終的に行動指針として選択することはなかったがその内側に残っている別のアイデンティティにおいては、その差別が不正義であることを知っている。彼は最終的には、自民族中心的なアイデンティティへの強い帰属意識のゆえに、国内のとある少数民族の居住区への武力行使に賛成するのかもしれない。しかし彼は同時に子を持つ親としてならば、その居住区で親を無くし瓦礫の上に血を流して佇む子供を見た時、その状況が不正義であると認識するだろう。あるいは仮に医師であったとするならば、救えるはずの病気や怪我で人が死んでいくことを不正義だと認識するだろうし、仮にヒーロー映画のファンであれば、自分の好きな正義のヒーローが当の状況においていったいどちら側のために戦うかを認識するだろう。たとえ最終的には、そのような不正義は許容されうると自民族中心主義的に結論するとしても、それがある意味で不正義であることは彼もはっきりと認識できるはずである。[12]

この考え方は理解し難いと反論されるかもしれない。たとえば、子供を殺すことを不正義だと一方で認識しながら、なお他民族の子だからという理由で平然と殺す、ということが本当にあり得るだろうか？　その場合には子供を殺すことを不正義だとは最初から考えていない、とみなす方がよっぽど説得的ではないか？と。しかし、ある面では決定的と言えるような道徳的判断がアイデンティティの選択によって覆されることは日常的にありうる。たとえば外科手術に臨む医師を考えよう。彼は、「鋭利な刃を人体に刺す」という行為をなす。その行為そのものは、日常的には最も忌避される行為の一つである。では医師はそのことを理解していないかといえば、そうではないだろう。医師は医学的治療の場面においてはより大きい目的（患者の治療＝医師というアイデンティティにおける決定的な善）のために、一時的にその判断を保留していると考えるのが自然である。仮に外科手術以外の場面（＝医師としてのアイデンティティが前景化しない場面）で「このナイフで僕の腕を切ってほしい」と頼まれれば、彼は「そんなことはできない」と言うだろうし、実際にそうしようとしても手は震えてしまうかもしれない。

われわれは様々なアイデンティティの間で選択を行うが、その際、道徳的判断さえも必要であれば一時的に後景化しうる。逆に言えば、ある種の道徳的判断が消失しているように見える場合でも、本当にその人から消え去っているのではなく、その判断を重視するアイデンティティが一時的に後景化しているだけだという可能性がありうる。そして、その可能性こそが、明白な不正義への同意への足がかりとなる。[13]

（c）不遍的な観察者を通じて判断が変更される

問題は、そのような複数のアイデンティティ間での選択のなされ方である。たとえ当の状況を不正義とみなすアイデンティティを有していても、それが最終的に後景化されてしまうのでは、その不正義は除去されない。言い換えれば、明白な不正義に同意することができても、その認識が後景化されてしまうならば、そのような同意には大して意味がないように思われる。

したがって、後景化されているその認識を前面に引き出してくるステップが必要となる。ここで、センが重視する、アダム・スミスの「不偏的な観察者」（あるいは「胸中の観察者」）という概念が重要な役割を果たすと考えられる。[14] よく知られていることであるが、アダム・スミスはその著書『道徳感情論』において、他者からの是認や否認を内面化したものとして、不偏的な観察者という概念を提示した（Smith［1759］1976）。

それは自己の行為についての評価の場面で登場する。われわれは、自分の立場を離れて他人の立場に立って自分の行動を見てみて、それが他人の目から見ても認められるものであるならばそうすべきだし、認められないならば控えるべきだ、というように考える。「われわれは自分たちの行動を、他の公平で不偏的な観察者 fair and impartial spectator ならばだれでもそのように検査するであろうと、われわれが想像する通りに、検査するように努力する」(Smith [1759] 1976: 110=2003: 上巻 293)。

センは不偏的な観察者という概念を用いることで「特定の社会や政体における価値観や慣習を、偏狭でない手続きによって開放的に精査する」ことができると論じる(Sen 2009: 128=2011: 198)。不偏的な観察者の判断に耳を傾けることで、われわれは自らの判断からローカルな偏りを排除することができる。それはすなわち、ローカルな偏りに繋がるアイデンティティと、不偏的に是認されるアイデンティティとの区別が可能になるということでもある。

再び少数民族への弾圧の例に即して論じよう。すでに論じたように、多数派を形成する自民族への帰属意識からこの弾圧に賛成する個人も、この弾圧がある意味では不正義であることを認識している。このとき彼は自分のおかれた立場(=多数派の民族に属するという自分の立場)に即して弾圧を支持している。しかしひとたび不偏的な観察者の観点に立てば、弾圧は支持されないだろう。あくまで彼が自身の置かれた立ち位置から個人的に支持するものでしかない弾圧は、不偏的な観察者の観点に立てば承認されない。したがって、不偏的な観察者に照らして再考すれば、明白な不正義を無視するのではなく認識するアイデンティティが、その人の有する複数のアイデンティティの中で高い優先順位を獲得し、人々は明白な不正義を避ける方向へと最終的な行動を変化させるだろうと考えられる。

ここでセンが不偏的な観察者に依拠して要求しているのはあくまで個人の有するアイデンティティの間での優先順位の変更であり、本人のアイデンティティに背くような判断ではない。この意味で、本人の本来のアイデンティティを無視して普遍主義的に特定の道徳的判断を押し付けるようなやり方とは、明確に異なることに注意されたい。「アイデンティティに基づく推論の性質は――たとえ人類というグループに属するというアイデンティティのように最も寛容なものであったとしても――なんらかのメンバーシップを共有しているということに頼ることなしに、どのような人間の行動をも導くと期待される倫理的規範（例えば、親切さや公正さや人間らしさ）に訴えるような、そういった議論とは区別しなければならない」とセンは述べる（Sen 2009: 142-143=2011: 219）[15]。センはあくまで、われわれがわれわれ自身のものとして（多様なアイデンティティの一部として）有しているものに訴える。不偏的な観察者を通じた反省は、最終的にいかなるアイデンティティが行動に結びつくかの変更を求めるだけであり、当人の有するアイデンティティはそのままで構わない。それゆえにこそ、全ての人からのコミットメントを引き出すことが期待されうるのである。

四　そして連帯の複数性へ

アイデンティティの複数性を前提する以上のようなセンの正義論に依拠することで、特定の価値を押し付けるのではない形で、しかしなお明白な不正義についての同意を担保することが可能になると考えられる。これは上に論じたポピュリズムの問題に一つの回答を与える。すなわち、われわれは単一の対立の中にはなく、複数の対立の中にありながら、同時に明白な不正義を、複数の連帯の中で見いだすことができるのである。単一の正義や単一の善きアイデンティティを特定しなくても、各人のアイデンティティのどこかのレイヤーにおいて成立する同意に訴えて、不正義に立ち向かう可能性がここに示される。

ではこのような観点から分断か統合かという二分法を拒否するとすれば、いかなる政治が積極的に構想されるだろうか。もちろん現実には明白な不正義への同意が常に前景化するとは限らない。その人が持つ複数のアイデンティティのうちどれが各々の文脈で選択されるのかは当人の選択に依存するからである。したがって政治プロセスにおいては、当の文脈において人々のアイデンティティのうちいずれのウェイトが高められるのか、という点が重要になるだろう。たとえば、人々の自民族中心主義的アイデンティティが大きく鼓舞されれば、民族に根ざした連帯が起こり、そして他の民族との間で分断が生じる。貧困に苦しむ低所得階層というアイデンティティが強調されれば、経済状況に根ざした連帯が起こり、格差に応じた分断が生じる。繰り返しになるが、それらのアイデンティティのいずれかが「正しい」ということではない。むしろそのような複数のアイデンティティに基づいた複数の連帯の可能性がいくつも実現していくことで、われわれは単一の立場からなる偏った視点を抜け出し、明白な不正義を排除していくことができるだろう。

一つの試論を提示すれば、複数の連帯の可能性の中での選択という議論は、エルネスト・ラクラウとシャンタル・ムフの提示した「ヘゲモニー」をめぐる闘争という議論と親和的であると考えられる。ヘゲモニーとは、一言で言えば、ある統一的な集団（連帯）を作り出す運動のことである。それは言説的意味の固定化（結節）によってなされるのだが、その際、言説空間は常に閉じ切らないため、ヘゲモニーは常に不安定となり、それゆえに常に新たな連帯の可能性がそこに含まれる（ラクラウ&ムフ（2012）、ラクラウ（2014）、ムフ（2019）および山本 2016）。この議論を用いて、複数のアイデンティティ間でのヘゲモニー闘争によって複数の連帯が同時並行的に生じることが、明白な不正義の除去につながる、と言うことができるかもしれない[16]。山本圭はラクラウのポピュリズム論における社会的紐帯の根源的な偶然性について、それが「ときに思わぬつながりを私たちに見せる」こと、その「予期せぬ一時的な連帯」に一つの期待をかけている（山本 2018: 96）。たとえばＳＮＳなどを通じてある特定の不正義への共感が一時的に生じるとき（山本はある飲食店の外国人従業員への賃金未払いと不当解雇がツイッターを通じて拡散され、多くの共感を得て一つの運動へとつながった事例を挙げる）、そこにある連帯は、人々において日常的に前景化されているアイデンティティとは必ずしも関係をもたず、それと同時並行で成立し、当の不正義を除去しようと試みる一つの偶発的な連帯である。それは特定のアイデンティティも特定の正義も絶対化することなく、しかし恣意的でもなく、明白な不正義に立ち向かうものであり得るだろう。

おわりに

センのアイデンティティ論は分断に抗うための理論であると見ることができるが、他方でそれは一つの「正しさ」の理念を提示するものではない。なぜなら、特定の正義の理念を提示すれば、そこでは当の理念に同意するか否かが決定的なものとなり、その意味で人々を分断するものとなりうるからである。しかし、われわれはある側面において決定的に対立しているとしても他の側面においては対立しているとは限らないのであり、分断していない側面を探ることによって協調できる（そして明白な不正義を減らしていくことができる）。なぜかといえば、われわれのアイデンティティは、たった一つではないからである。ここで試みられていることは、あえて情緒的な言い方をすれば、「人間性」という言葉を定義することなしに「人間的な」社会をつくることである。

社会の基礎となる価値を提示しようにも、そこにはもはや根拠を見いだすことは難しく、それでもなお一つの価値を求めれば抑圧になりかねない。しかしまた一切の基礎的な価値の提示を放棄すれば、人々の生活の改善も不正義の除去も期待できなくなってしまう。「基礎なき倫理を相対化する政治の優位とすべてを政治に還元することを拒否する倫理の優位、この両者の間で引き裂かれたアンビヴァレントな態度を引き受ける」(本書序章12頁、傍点省略)とするポスト基礎付け主義に対して、本章の示したセンのアイデンティティ論および正義論は一つの可能性を示しているように思われる。それは完全な解答を示すものではないが、しかし袋小路の先をなお見据えようとする一つの思想として、積極的に評価しうるのではないだろうか。

注

1 以下、邦訳のある文献からの引用は、原文を参照の上で訳文を変更している場合がある。

2 以上のようにセンのアイデンティティ論は政治哲学的関心に貫かれたものであり、アイデンティティとはそもそも何なのか、といったことを問うものではないことに注意されたい。

3 ここで、村上春樹作品の熱心な読者であるといったようなものをアイデンティティと呼ぶだろうか、という疑問が提起されるかもしれないが、センの立場では、こういったものも十分にアイデンティティを構成しうる。それは実際に自己同一化の基盤となり、連帯の基礎となるからである(春樹ファンのコミュニティというものが存在しうる)。とはいえそのようなアイデンティティは宗教のようなより重要なアイデンティティと同列に置くことはできないとなお批判されるかもしれない。これについては、まさにそのように特定のアイデンティティを特権化することこそが問題なのだ、とセンは答えるだろう。

4 もちろん、真のムスリムのあり方は定義できる（他の理解は誤っているのだ）と主張する人々がいるだろう。しかし彼らがどれだけ強く主張しようと、彼らとは違う形でムスリムを捉えている人が実際に存在することそのものが、アイデンティティ解釈の多様性の存在を示すことになる。これに関連して、宗教における「正統」の定義の困難さについて森本（2018）を見よ。

5 もちろんアイデンティティの選択は他の選択行為とまったく同じものではないだろう。細見（1999）が様々な文学作品を取り上げながら論じるように、選択肢が他者から与えられるという点に、アイデンティティ選択の本質的な問題が指摘されうる。特にマイノリティにおいては、他者から与えられたアイデンティティを自ら選ぶ、という点に大きな葛藤があるのであり、それは決められたメニューの中から好きな食事を選択することとは異なる。この点に関してバウマン（2017）の第7・8章も見よ。

6 宗教的アイデンティティについては話が違う、というのも宗教をめぐる問題について理性的選択をなすという態度はそれ自体すでに宗教を軽んじているからだ、との反論があるかもしれない。しかし理性的選択と信仰は必ずしも対立するものではない。たとえばセム的一神教の内部においても信仰と調和的な形での理性の行使が論じられてきたことについて山本（2017）を見よ。

7 ミュラーの分析と部分的に重なりつつもそれとは異なるポピュリズム理解として、感情に訴える政治とその裏面での官僚制の深化に注目する吉田（2011）、既存の政治システムに対する不信の表明が行き過ぎた姿として捉えるロザンヴァロン（2017）、リベラル・デモクラシーとの対立から捉えて反エリート主義と反多元主義によって特徴付けるMudde & Kaltwasser（2017）がある。強調点は異なるが、いずれもポピュリズムの有する純粋性と排他性を分析している点でミュラーの分析と共鳴する。「〔…〕ポピュリズムは特定範囲の「人々」を想像することで共同体を成り立たせようとする。言い換えれば、ポピュリズムは「人々」を、つねに「私たち」と「彼ら」の間で線引きを行うこと、すなわち「敵」の創出を行うことで作り出していくのである」（吉田 2011: 73）。「［ポピュリズムは］想像上の民族の一体性と均一性を蘇らせて、民の姿を表す困難を解消すると主張する。〔…〕ポピュリズムは、自分たち「民族」に対して一種の本質的な外在性を表すとされる人々を、ひたすらよりいっそう激しく糾弾し、そうした溝を深く穿つことで、自らの存在を主張するのだ」(ロザンヴァロン 2017: 260)。「本書ではポピュリズムを、社会が究極的に「汚れなき人民」対「腐敗したエリート」という敵対する二つの同質的な陣営に分かれると考え、政治とは人民の一般意志の表現であるべきだと論じる、中心の薄弱なイデオロギーと定義する」(Mudde & Kaltwasser 2017: 5–6=2018: 14)。

8 以下、Sen (2009) の解題は玉手 (2012) を下敷きとしている。

9 アイデンティティと選好の関係について本稿と対比されるものとして、アイデンティティをむしろ効用と直接に対応させる考え方がある (アカロフ&クラントン 2011)。その場合、通常の消費に対応する効用の他にアイデンティティに一致しているかどうかに対応する効用があるとされ、この双方の効用をふまえた効用関数が行為を決定するとみなされる。そのような考え方を取った場合には、効用関数はあくまで一つであるため、ここで論じるような根本的な同意不可能性の問題に対する解決は得られない。

10 それはセンがかつて批判したところの「合理的な愚か者」(Sen 1982) であろう。

11 たとえばセンと同じく「不正義」に注目するウォルツァー (2004) では、すべての道徳において共通に見出される最低限の道徳 (minimal morality) があり、それが不正義に共同で立ち向かう基礎となる、とされており、ここにセンとの大きな違いがある。とはいえウォルツァーも人々が複数の道徳的判断を有すること、また抑圧によって人間の道徳が単一化されることを指摘しており、それらの点においてはセンの議論と高い親和性を有する。

12 もちろん、それが不正義であることさえまったく認識できない人間がいることを想定することは理論的には不可能ではない。しかし、そのような非現実的な人物を想定して正義論を考察する必要があるだろうか。われわれは現実の人間を想定して正義を論じるのであって、火星人にも当てはまる正義を論じる必要はないはずである。

13 この同意は以下のような点で他の理論における同意と区別される。第一に、何らかの特権的な道徳に依拠した同意ではない。第二に、何らかの特権的な手続きから導出された同意ではない。第三に、複数の道徳の共通部分に依拠した同意ではない (その判断を共有しない道徳を排除しない)。したがって、普遍的な道徳も、普遍的な手続きも、道徳間の共通部分も想定しない。

14 社会思想史の文脈では「公平な観察者」と訳されるのが一般的であるが、現代政治哲学の文脈では公平性 (fairness)

と不偏性（impartiality）は区別されており、センは後者の概念の具体化として言及しているため、ここでは「不偏的な観察者」と訳出する。

15 この意味でセンの主張は、単一のあるべき人間性といったものを確定することからは距離を取るものとなる。センが自身のケイパビリティ・アプローチについて、その基礎的なリストを何らかの形で確定することを強く拒否したことが想起される。この点については玉手（2017）およびそこで示された諸文献を見よ。

16 ただしラクラウのヘゲモニー論はある一つの対立を前景化するところに重点があり、直接的に複数の連帯の可能性を示すものではない（この点を指摘してくれた山本圭氏に感謝したい）。とはいえ彼のヘゲモニー論を複数の連帯へと拡張することは可能であると筆者は考える。すなわち、ラクラウのいう連帯の偶然性は時系列での複数性（非本質主義による「変化」の肯定）、いわば縦の多様性を強調するが、その偶然性は同時に連帯の一時点での複数性（非本質主義による「並存」の肯定）、いわば横の複数性の可能性にもつながるのではないだろうか。

参考文献

Mudde, Cas and Cristóbal R. Kaltwasser（2017）*Populism: A Very Short Introduction*, Oxford University Press.（永井大輔・髙山裕二訳『ポピュリズム：デモクラシーの友と敵』白水社、二〇一八年。）

Sen, Amartya. K.（1982）*Choice, Welfare and Measurement*, Harvard University Press.（大庭健・川本隆史訳『合理的な愚か者：経済学＝倫理学的探求』勁草書房、一九八九年。）

——（1992）*Inequality Reexamined*, Oxford University Press.（池本幸生・野上裕生・佐藤仁訳『不平等の再検討：潜在能力と自由』岩波現代文庫、二〇一八年。）

——（2006）*Identity and Violence: The Illusion of Destiny*, W. W. Norton.（大門毅監訳・東郷えりか訳『アイデンティティと暴力：運命は幻想である』勁草書房、二〇一一年。）

——（2009）*The Idea of Justice*, Harvard University Press.（池本幸生訳『正義のアイデア』明石書店、二〇一一年。）

Smith, Adam［1759］（1976）*The Theory of Moral Sentiments*, edited by A. L. Macfie and D. D. Raphael, in *The Glasgow*

Edition of the Works and Correspondence of Adam Smith, vol. 1, Oxford University Press.（水田洋訳『道徳感情論』上下巻、岩波文庫、二〇〇三年。）

アカロフ、ジョージ・A、レイチェル・E・クラントン（2011）『アイデンティティ経済学』山形浩生・守岡桜訳、東洋経済新報社。

ウォルツァー、マイケル（2004）『道徳の厚みと広がり：われわれはどこまで他者の声を聴き取ることができるか』芦川晋・大川正彦訳、風行社。

玉手慎太郎（2012）「書評 Amartya Sen 著『The Idea of Justice』」『研究年報経済学』七二巻三・四号、六三-六七頁。

――（2017）「民主主義と自由への権利」田上孝一編著『権利の哲学入門』社会評論社、一九三-二〇七頁。

バウマン、ジグムント（2017）『コミュニティ：安全と自由の戦場』奥井智之訳、ちくま学芸文庫。

細見和之（1999）『アイデンティティ／他者性』岩波書店。

ミュラー、ヤン＝ヴェルナー（2017）『ポピュリズムとは何か』板橋拓己訳、岩波書店。

ムフ、シャンタル（2019）『左派ポピュリズムのために』山本圭・塩田潤訳、明石書店。

森本あんり（2018）『異端の時代：正統のかたちを求めて』岩波新書。

山本圭（2016）『不審者のデモクラシー：ラクラウの政治思想』岩波書店。

――（2018）「ポスト・ネイションの政治的紐帯のために」松本卓也・山本圭編著『〈つながり〉の現代思想：社会的紐帯をめぐる哲学・政治・精神分析』明石書店、七七-九九頁。

山本芳久（2017）「三大一神教と中世哲学――超越と理性」『Nyx』4号、六二-八〇頁。

吉田徹（2011）『ポピュリズムを考える：民主主義への再入門』NHK出版。

ラクラウ、エルネスト（2014）『現代革命の新たな考察』山本圭訳、法政大学出版局。

ラクラウ、エルネスト、シャンタル・ムフ（2012）『民主主義の革命：ヘゲモニーとポスト・マルクス主義』西永亮・千葉眞訳、ちくま学芸文庫。

ロザンヴァロン、ピエール（2017）『カウンター・デモクラシー：不信の時代の政治』嶋崎正樹訳、岩波書店。

第3章　熟議民主主義における「正しさと政治」とその調停
――熟議システム論を中心に

田村 哲樹

はじめに

政治理論の二つの潮流と緊張関係

今日の政治理論には、二つの潮流が存在すると言われる（井上・田村編 2014; 田村ほか 2017）。一つは、規範的（分析的）政治哲学である。その課題は、「正義」「平等」「自由」などの規範的概念をできるだけ明確化し、その正当化を試みることである（松元 2015）。「規範的（分析的）」と書いたが、「規範的」（正当化）と「分析的」（明確化）との間には緊張関係が存在する可能性もある。ジョン・ロールズ以前の政治哲学において、「規範研究」からの撤退と「分析研究」への特化という現象が見られたからである（松元 2015: 52ff.）。しかし、ここでは、両者をまとめた形で規範的（ないし分析的）政治哲学として理解しておきたい。

もう一つは、政治の政治理論である。規範的政治哲学が政治に関する規範的価値に焦点を当てるとすれば、政治の政治理論は、規範的価値に還元できない政治の独自性・固有性の探究を課題とする。政治の政治理論の特徴として、次の三点を挙げることができる（田村 2014）。第一に、規範的価値については、その正当化ではなく、既存のものとは別の規範の生成可能性に焦点を当てる。第二に、望ましい秩序への関心よりも、秩序形成メカニズムに関心を持つことである。最後に、社会的基盤の偶発性・不確実性の承認である。これは、本書の言うポスト基礎付け主義と共通する関心・立場であると言える。

両者は、緊張関係に立つことがある。それをここでは、「正しさと政治の緊張関係」と呼ぼう。[1] 一方の政治の政治理論からすれば、規範的政治哲学が正当化しようとする規範的概念の「正しさ」は、哲学的正当化によってではなく、「政治」によって確定されるしかないものである。こうした意味での「政治」を擁護することにこそ、政治理論の意義が存在する。他方の規範的政治哲学からすれば、政治の政治理論における「政治」の独自性の擁護は、結局のところ、あらゆるものは不確実であるとの結論に至るのみである。そうではなく、望ましい政治秩序を支える価値や規範の問題に取り組むことこそ、「規範的」な政治哲学の存在意義ではないだろうか。このように考える時、政治の政治理論と規範的政治哲学との間、すなわち正しさと政治との間には、緊張関係が存在する。

熟議システム論における「正しさと政治」の調停

本章は、この「正しさと政治の緊張関係」という視点を、熟議民主主義論に援用する。とりわけ、本章で主たる検討対象とするのは、熟議システム論である。熟議システム論は、近年の熟議民主主義研究において盛んに議論されているテーマである。その特徴は、①熟議を特定の場や実践としてではなく、様々な場や実践の連関（「システム」）として捉えること、②その「システム」における諸要素の分業に焦点を当てること、そして、③システムを構成する様々な制度や実践を横断して「熟議」であるための基準を導入すること、としてまとめられる（Elstub *et al.* 2018: 5-6）。詳しくは以下で述べるように、本章では、この熟議システム論において、政治の政治理論的な契機と規範的政治哲学的な契機とを見出すことができると考える。それはすなわち、熟議システム論において、「正しさと政治との緊張関係」を見出すことができる、ということでもある。そこで本章の課題は、この緊張関係の調停をどのような形で考えることができるだろうか、ということである。とりわけ、本書のテーマである「ポスト基礎付け主義」――それは究極的ないし超越的な正しさの根拠に依拠しない政治理論の考え方を指す――を念頭に置いた場合に、「正しさと政治」のどのような調停のあり方が適切なのか、というのが本章の問いである。

この問いに対する本章の最終的な解答は、次のようなものである。熟議システム論における「正しさと政治」の調停は、二つの方向であり得る。第一は、手続き内在的な認知的視点を重視することによってである。第二は、「批判」の契機を重視することによってである。両者は異なる方向であるが、共通点もある。それは、「正しさ」を熟議から独立したものとして捉えることはしない、という点である。第一の認知的視点については、「正しさ」を熟議の手続・プロセスとは独立して措定するタイプの議論もある。しかし、熟議システム論が「正しさと政治」とを調停させるとすれば、その認知的性質は、熟議のプロセス内在的なものとして理解されるべきである。第二の「批判」についても、目的論的な批判、すなわち批判によって目指すべき「正しい」目的・対象を特定するタイプのものは、「政治」の要素を軽視してしまう可能性がある。したがって、「正しさと政治」の調停に適うような批判とは、反省を重視するタイプ、すなわち、批判を現状の見直しとして理解するタイプであるべきである。「反省としての批判」は、①結論の「正しさ」へのコミットメントは有していないが、②「現状＝正しいわけではない」とする点で、ゆるやかな意味で「正しさ」への関心を有している、と言える。

以下では、次の順序で考察を進める。第一節では、熟議システム論における政治の政治理論的な側面を確認する。これに対して第二節では、熟議システム論における規範的政治哲学的な側面、つまり「正しさ」の側面を確認する。最後に第三節で、熟議システム論における「正しさと政治」の調停のポスト基礎付け主義的な方向性について検討する。

一　熟議システム論における政治の政治理論的契機

本節では、熟議システム論における政治の政治理論的な契機を確認する。その際に問題となるのは、熟議システム論の中の何を「政治の政治理論的契機」と見るのか、ということである。本章では、それを、次の三点に見出すことができると考える。第一は、「政治」ないし「民主主義」の概念そのものの再検討への志向性である。第二に、「熟議（民主主義）」概念の問い直しに貢献することである。これには、これまであまり焦点を当てられていなかった現象や実践を「熟議」の概念で論じられるようにすることに加えて、熟議的なコミュニケーションとは何かの再検討が含まれる。第三に、「システム」成立のメカニズムへの関心を増加させることである。以下で順に述べよう。

政治概念・民主主義概念そのものの再検討

第一に、熟議システム論は、政治や民主主義という概念そのものの再検討につながる。「システム」という概念の導入は、「国家」や「政府」を前提として政治や民主主義を考えていく発想そのものを問い直すことにつながる。つまり、国家や政府、あるいはそれらの下に存在すると通常想定される制度やアクターが存在しない「熟議システム」を考えることもできるのである。ジョン・S・ドライゼクが「熟議システムの基本的アイデアは、立法府・政党・市民フォーラム・選挙を含まない場合を含む、広範な制度状況に適用可能にするべく、一般化することができる」（Dryzek 2010: 10-11）と述べているのは、その意味である。たとえば、トランスナショナルないしグローバルな次元における政治・民主主義に熟議システム論を適用することは（Stevenson and Dryzek 2014）、熟議システム論のポスト国家中心主義的特徴をよく示す、典型的な例である。しかし、システム概念適用の射程は、トランスナショナル／グローバルな次元だけに限られない。たとえば、家族を一つの熟議システムとして理解することも可能である（田村 2017）。このように、熟議システム論に依拠することで、政治や民主主義を国家・政府を中心として考える発想そのものを、すなわち、方法論的国家主義を脱却することができる。[2]

熟議（民主主義）概念の再考

第二に、熟議システム論は、「熟議（民主主義）」概念の再考に貢献するという点でも、政治の政治理論的契機を有している。熟議システム論の特徴の一つは、様々な場や実践の連関（connection）を「システム的」に見ていくことである。この特徴は、理性や論議を基礎とした「熟議」の定義に照らした場合に「非熟議的」と見なされがちであった実践やコミュニケーションを、「熟議システムの要素」として熟議民主主義研究の中に取り込んでいくことを可能にする。「熟議システムは、しばしば非熟議的な構成要素からも利益を得るかもしれない」のである（Dryzek 2013: 336）。

まず、個別に見れば「非熟議的」であっても、システム全体で見れば熟議の向上に貢献するような実践やアクターというものがあり得る（Mansbridge *et al.* 2012）。そのような「非熟議的」な実践の代表は、社会運動・抗議運動である。ドライゼクは、先ほどの「非熟議的な構成要素」についての引用箇所に続けて、一九九九年のシアトルのグローバルな正義を求める抗議運動を挙げている（Dryzek 2013: 336）。もっとも、ここで述べたいのは、社会運動・抗議運動が必然的に「非熟議的」だということではない。実際、社会運動・抗議運動自体が「熟議的」であることを論じる研究も存在している（della Porta 2005, Mendonça and Ercan 2015）[3]。しかし、熟議システム論は、たとえ個々の社会運動・抗議運動が「熟議的」ではないとしても、それらはなおも熟議システムの構成要素であり得る、という議論の仕方を可能にする。次に、それ自体は、理性や論議を基礎とした標準的な「熟議」の定義からすれば「非熟議的」であっても、マクロに見た場合、システムとしての熟議の実現に貢献するようなコミュニケーション様式もあり得る。たとえば、（とりわけ社会運動・抗議運動で用いられる）ビジュアル・イメージやサウンドは、それ自体は（標準的な意味では）「熟議的」ではないかもしれないが、人々の選好の変容や反省性を喚起するという点で、「システム的」には熟議的であると解釈することができる（cf. Mendonça and Ercan 2018）。あるいは、「沈黙（silence）」も、（やはり標準的な意味では）「熟議的」ではないかもしれないが、人々の間の熟議を活性化する契機となるかもしれない（cf. Tamura 2018）。以上のようにして、熟議システム論は、「熟議（民主主義）」の概念そのものの再検討を促進する。

システムの成立メカニズムの解明

第三に、熟議システム論は、様々な制度・実践・コミュニケーションの連関のメカニズム、つまり「システム」の成立メカニズムの解明に関心を持つ。このことは、秩序形成のメカニズムへの関心を特徴とする政治の政治理論的な側面と言える。たとえば、リカルド・F・メンドンサは、ある熟議システムの諸要素の連関性（connectivity）が損なわれる潜在的危険性（システム的危険性）を指摘した上で、それを防止するための「連関性誘導者（inducers of connectivity）」の役割の重要性を主張する（Mendonça 2018）。また、ジョン・ボスウェルらは、ある熟議システムにおいて意見形成が行われる「公共空間（public space）」と、意思決定を行う「決定権限を付与された空間（empowered space）」との間を媒介する「伝導（transmission）」のあり方について検討を加えている（Boswell *et al.* 2018）。これらの試みは、熟議システムが「システム」として成り立つメカニズムについて探究するものであり、したがって、政治の政治理論的な関心に基づいていると言えるだろう。

二　熟議システム論における「正しさ」の探究

前節で見たように、熟議システム論には、政治の政治理論的な契機をいくつか見出すことができる。そして、このことによって、熟議システム論は熟議民主主義研究を発展させていると言うことができる。しかし、規範的政治哲学的な観点から見ると、熟議システム論はどのような意味で規範的な議論を発展させているのか、という疑問も生じ得る。たとえば、「このような形で『システム』を措定できる」とか、「制度Aと実践Bとは、このようなメカニズムで連関している」などと述べること自体は、規範的な含意を含んでいない。結局のところ、熟議システム論は、政治現象を「システム的」に再記述ないし再解釈しているに過ぎないのではないだろうか。熟議民主主義には、規範的に「望ましい民主主義」のモデルという側面があったはずだが、この側面はどこに行ってしまったのだろうか。熟議システム論を政治の政治理論的契機のみで理解すると、このような疑問が生じ得る。

そこで、本節では、熟議システム論における規範的政治哲学的な契機、言い換えれば、熟議システム論における「正しさ」の探究はどのようにあり得るのか、という問題に取り組む。以下では、熟議システム論における「正しさ」の考察として、次の三つの議論を紹介する。すなわち、①規範的基準の分業、②内部的クオリティと外部的クオリティの区別、③認知的視点からの議論、である。そのことを通じて、熟議システム論において「正しさ」についての議論も行われていることをひとまず確認することが、本節の目的である。

規範的基準の分業

これまで述べたように、熟議システム論は、様々な要素の連関を「システム的」に見ていくというアプローチである。そうだとすれば、規範的要素についても同じことが言えるはずである。すなわち、熟議民主主義に求められる規範的基準は複数あるが、それらの「分業」を考えることもできるはずである。

たとえば、ドライゼクは、特定の（ミニ・パブリックス的な）フォーラムだけでは、熟議民主主義における

「正当化（justification）」と「反省（reflection）」という二つの規範的基準をどのように両立させるかという問題に答えられない、と言う（Dryzek 2017）。しかし、「システム」として見ると、たとえば「正当化」は議会、「反省」はミニ・パブリックスという形で、規範的基準の充足を分業することで、この問題に答えることができる。[4]

さらに、イアン・オフリンとニコル・クラートは、熟議民主主義の規範として「包摂性」「正当性」「反省性」を挙げた上で、これらが熟議システムの各構成要素で分担して満たされるというアイデアを提起している（O'Flynn and Curato 2015）。すなわち、「包摂性」については「公共空間」、「正当性」については「決定権限を付与された空間」、そして「反省性」については「伝導」という形で、システムの個々の構成要素が別々の規範的基準を満たすならば、全体としての熟議システムは、包摂性、正当性、反省性という三つの規範的基準を満たすと評価できる。このように規範的基準についても分業として考えることで、特定の熟議制度や実践への規範的要求が過当になることを防ぐこともできるだろう。

内部的クオリティと外部的クオリティ

熟議民主主義の場として個別の制度や実践のみに注目する場合、当該制度・実践の規範的望ましさとは、当該制度・実践それ自体が熟議的であるかどうかによって決まる。右記のオフリン／クラートが挙げる規範的基準で言えば、当該の制度または実践そのものが、包括性、正当性、反省性のいずれかまたはすべての基準を満たすかどうかを考えればよい。しかし、「システム」として熟議民主主義を考える場合には、熟議の規範的基準の考え方も、これとは異なってくる。クラートとマリット・ベーカーは、ミニ・パブリックスの規範的クオリティ（「よい」ミニ・パブリックス）の問題を論じる中で、「内部的クオリティ」と「外部的クオリティ」との区別という議論を展開している（Curato and Böker 2016）。内部的クオリティとは、個々のミニ・パブリックスが包括的で熟議的である程度のことである。外部的クオリティとは、それがシステム全体のレベルで熟議的性質の向上に貢献する程度のことである。クラート／ベーカーは、熟議システムの規範性を考える場合には、内部的クオリティだけでは不十分であると主張する。たとえば、個々のミニ・パブリックスの内部的クオリティが高くても、その外部的クオリティは十分ではない場合があり得る。また、それとは逆に、内部的クオリティが十分ではなくても、外部的クオリティは確保される場合も考えられる。このように、熟議システム的に考えるならば、単に個別の制度・実践だけに注目して、それが熟議的な規範を満たすかどうかという観点でのみ考えるのでは不十分、ということになる。

とりわけ、熟議システム論において重要なのは、外部的クオリティである。クラート／ベーカーは、「よい」ミニ・パブリックスの条件、すなわち、それが外部的クオリティを満たすための、三つの「機能要件」を挙げている（Curato and Böker 2016: 177–178）[5]。第一は、「熟議形成（deliberation making）」である。これは、公衆に伝導されるべき適切な言説の蒸留・合成という役割を指す。外部に対する「［適切な］知識のブローカー」としての役割を果たす場合、そのミニ・パブリックスは「よい」ミニ・パブリックスである。第二は、「正統性の追求（seeking legitimacy）」である。熟議システム論的に見れば、ミニ・パブリックスにおける熟議のクオリティの良し悪しは、その外部の公衆が当該熟議の結果を納得して受け容れるかどうかに依存する。したがって、「よい」ミニ・パブリックスは、外部（非参加者）に向けての「説得の義務」――当該ミニ・パブリックスの提言や決定を、外部に向かって正当化したり、明確に説明したり、場合によって変化させたりすることを含む――を負わなければならない。この要件は、ミニ・パブリックスにとってかなり厳しい要求かもしれない。しかし、これは、ミニ・パブリックスが「参加エリート主義」（シモーヌ・チェンバース）に陥ることを回避するために必要である。「熟議的正統化の対象を非参加者にまで拡張することによってのみ、ミニ・パブリックスは熟議システムへの有意味な連関を創り出すことができるのである」（Curato and Böker 2016: 178）。最後に、「（政体の熟議）能力形成（capacity building）」である。システム全体がよりよい熟議を行う能力の形成に貢献するミニ・パブリックスこそが、「よい」ミニ・パブリックスである。クラート／ベーカーは、サイモン・ニーメイルの研究を参照しながら、「よい」ミニ・パブリックスは、熟議の「手本」となることで、非参加者の熟議能力の促進に役立つと述べている。[6]

認知的視点

認知的視点からの議論は、認知的民主主義の関心、つまり民主主義と「正しい決定」ないし「真理の追跡（truth-tracking）」との関係への関心に端を発する。そこから出発して、熟議民主主義がどのようにして「正しい決定」「真理の追跡」を生み出し得るかを検討することが、認知的な視点からの熟議論ということになる。

認知的民主主義と熟議の関係については、とりわけ近年多くの議論があるが、[7] ここでは、特に熟議システム論を念頭に置いた考察を行っている、ジョン・B・ミンとジェームス・K・ウォングの議論を参照する（Min and Wong 2018）。ミン／ウォングは、実際の熟議民主主義においてどのようにして「真理の追跡」が行われ得るかに焦点を当て、二つの事例を取り上げている。第一は、ミニ・パブリックスにおける熟議の認知的性質の向上である。ミニ・パブリックスにおいて真理の追跡を可能にする（あるいは困難にする）要因として、ミン／ウォングは、二つのものを挙げている。一つは、各参加者の熟議能力（の向上）である。ミニ・パブリックスにおける熟議の真理の追跡の程度を高めるためには、参加者の帰属バイアスと確証バイアスを最小化することが必要である。そのためには、他者への感情移入（empathy）の役割や、参加者のリクルート方法の改善などが有効であるとされる。[8] もう一つは、ミニ・パブリックスの規模に注意を払うことである。たとえば、「正しい結果」が生み出される蓋然性は、ミニ・パブリックスの規模が大きくなるほど低減する。しかし、条件を弱めて熟議の目的を「不正確な結果」の回避とした場合には、その蓋然性は、規模が大きくなるほど増大する（Min and Wong 2018: 6–7）。

もちろん、先ほど取り上げたクラート／ベーカーの議論を踏まえるならば、ミニ・パブリックスというユニット内部の認知的性質（内部的クオリティ）の向上が、その外部的クオリティの向上に貢献するという保証はない。ミン／ウォングも、熟議システムという次元での真理の追跡についても言及している（Min and Wong 2018: 7）。そこでのポイントは、熟議システムにおける専門家と一般市民との「熟議的分業」によって、真理の追跡の度合いを高めることである。たとえば、一般市民が社会全体の目的について熟議し、専門家がその実現のための手段の設計に役立つ理論について熟議するという分業があり得る。この場合、一般市民はどのような政策が追求されるべきかを伝えるアジェンダ設定者として行動し、専門家はその中から不適切なものを除外し、真に追求されるべきものを選択するように行動する。[9] さらに、この専門家による熟議の結果は、ミニ・パブリックスによる精査と批判に従うことも考えられる。[10]

いずれにせよ、熟議システムにおける分業が真理の追跡をもたらすとすれば、その認知的資源となるのは多様性である。専門家と一般市民との間の相互作用的関係が多様な視座を創出し、その多様な視座こそが熟議システムにおける真理の追跡にとっての認知的資源となる。多様な視座の存在は、認知的・社会的バイアスを低減させ、「社会的世界についてのより客観的な像」[11]を創出することに貢献するはずだからである（Min and Wong 2018: 8-9）。特に、「システム」レベルで真理の追跡を考える場合には、その多様な視座が、どのようにしてある熟議の場から別の場へと、とりわけ「公共空間」から「決定権限を付与された空間」へと「伝導（transmission）」（Dryzek 2010）されるかという点に注目することが重要である。ミン／ウォングは、その伝導そのものも、より多様なアクター・ルートで行われることが望ましいと考えているように思われる（Min and Wong 2018: 9）。

以上、本節では、規範的政治哲学的な「正しさ」への関心が、熟議システム論においてどのように取り扱われているかを概観した。前節の議論も含めてまとめるならば、熟議システム論において、政治の政治理論的契機と規範的政治哲学的契機の両方が見られるということになる。次節では、この両方の契機がどのような形で調停されるべきかを考察する。

三　「熟議的な正しさ」へ

前節での議論から、熟議システム論を「真理の追跡」と結びつけることは可能である。しかし、認知的な「正しさ」と熟議との関係は、慎重な検討を必要とする。なぜなら、その場合には、①熟議は「真理の追跡」のための一つの選択肢に過ぎないことになり得る上に（Min and Wong 2018: 5）、②「正しさ」を口実とした「支配」（Böker 2017a）をもたらすかもしれないからである。[12]

とりわけ、本書のテーマであるポスト基礎付け主義の観点から見るならば、「真理の追跡」は厄介な問題となる。その場合の「正しさ」を、客観的ないし実体的なものとして考えれば考えるほど、基礎付け主義的ということになるからである。「正しさと政治」の問題で言うと、このような意味での「真理の追跡」は、政治外在的な「正しさ」を措定した上で、政治をその実現のための道具の位置に置くことになる。それは、「正しさと政治の緊張関係」の調停を、「正しさ」に重点を置いた形で解決する方向性である。政治理論の二つのタイプの関係で言うと、より規範的政治哲学的な契機に重点を置き、政治の政治理論的契機を希薄化する議論ということになる。

本章では、熟議システムにおける「正しさと政治の緊張関係」の調停を、より政治の政治理論的契機を尊重した形で考えたい。[13]そのために、本章では「熟議的な正しさ（deliberative correctness）」という概念を提起したい。この概念は、①熟議と「正しさの追跡」を結びつけることは可能であるが、②それはあくまで「熟議的」なものでなければならない、ということを表現するための概念である。[14]本節では、「熟議的な正しさ」は、次の二つの形で表現できると主張する。第一に、熟議のプロセス・手続きを通じた「真理の追跡」である。第二に、熟議を通じた（「正しさ」ではなく）「正しくないこと」の認識である。後者では、「批判」概念に注目することになる。以下で順に論じよう。

プロセス・手続きを通じた「真理の追跡」

民主主義と「真理の追跡」との関係について、「認知的民主主義」と呼ばれる理論潮流では、民主主義の道具的価値に注目する。つまり、民主主義から独立した「正しさ」を措定し、民主主義はそれを実現する可能性を最大化するがゆえに望ましいとされる（Estlund and Landemore 2018: 113. See also Kuyper 2018: 1）[15]。この認知的な見方からすれば、これまでの熟議民主主義論は、価値の多元性・不一致という状況を前提とするあまり、「認知的な自制」に陥ってきた（Estlund and Landemore 2018, Landemore 2017）。そこで、認知的民主主義論者は、熟議が手続き独立的な正しさの基準を想定していることを認めるべきだとする。その上で、熟議は、この手続き独立的な正しさの基準を「追跡」する能力を有していると考えるべきだと主張する（Landemore 2017: 285-286）。

本章では、上記のような認知的民主主義論の主張がどこまで妥当であるかを包括的に検討することはできない。ただし、手続き独立的な正しさを措定することが、本節冒頭で述べたような問題点をもたらし得ること、とりわけ、ポスト基礎付け主義と齟齬をきたすという点には留意したい。そこで、以下ではチェンバースによるエレーヌ・ランデモアへの批判（Chambers 2017b）を参照する。なぜなら、チェンバースの立場に、「正しさと政治」の調停の、よりポスト基礎付け主義的な方向性を見出すことができると考えるからである。

チェンバースの議論のポイントは二つある。一つは、ランデモアのこれまでの熟議民主主義理解に関わる。チェンバースから見れば、主流の熟議民主主義論には「認知的自制」が存在してきたというランデモアの評価は正しくない。ランデモアはロールズに端を発する熟議民主主義論を念頭に置いて、このように述べている。しかし、この評価は、ハーバーマス系統の議論には当てはまらない。熟議民主主義が理由の提示を重視する民主主義論である以上、認知的次元は常に熟議民主主義に存在していたのである（Chambers 2017b: 63）。

本章にとっては、チェンバースのもう一つのポイントの方が重要である。チェンバースは、正しい結果についての「手続き独立的な基準」は、熟議民主主義論の認知的次元を概念化するための最善の方策ではない、と述べる。なぜなら、熟議民主主義において、認知的次元は「よき手続き」に内在しているものだからである（Chambers 2017b: 63）。逆に、手続き独立的な基準は、ハーバーマスがその手続き主義的な民主主義理論においてずっと批判してきたものであり、「初めから熟議民主主義に固有の認知的主張の焦点ではなかった」（Chambers 2017b: 62）。

以上のチェンバースの議論は、ランデモア（認知的民主主義論者）からすれば満足できるものではないだろう。[16] しかし、本節冒頭で述べたように、ここでは両者の優劣の評価ではなく、チェンバースの立場の方が、ポスト基礎付け主義的な「正しさと政治」の調停に適合的であることに注目したい。熟議の手続きに独立的な正しさの基準を認めることは、政治の外部に「正しさ」の基準を設定することを意味する。それは、「正しさと政治の調停」を、「正しさ」の方に重点を置くことで果たすやり方であり、かつ、より基礎付け主義的なやり方である。なぜなら、この場合には、熟議や政治の意義は、究極的にはその外部で、それとは独立に措定された「正しさ」との距離によって評価されることになるからである。これに対して、チェンバースの立場ならば、「正しい」手続きを経たとしても、熟議の結果はなおもオープン・エンドである。その結果は、もしかしたら（道徳的・規範的であれ、事実的であれ）手続き独立的な「正しさ」の基準を満たさないかもしれない。それでも、手続き内在的な「正しさ」の基準は満たされており、かつ、政治としての熟議民主主義の特徴も保持されている。したがって、このような形でならば、「正しさと政治」のポスト基礎付け主義的な調停が図られていると言える。

「正しくないこと」の認識――「批判」への注目

「正しさと政治」の調停をめぐるもう一つの方向性は、「正しさ」よりも「正しくないこと」の認識に重点を置くものである。ポイントは、「正しくないこと」の回避は、特定の目的・方向性を一義的に定めるものではない、という点である。

この点について、本節では「批判」概念に注目する。特にここでは、マリット・ベーカー（マリット・ハモンド）の議論に注目する。その理由は、彼女が近年、「批判」をキーワードとして立て続けに論文を刊行し、この概念を通じた熟議民主主義の再構成を目指していると見られるからである。[17] また、彼女の「批判」概念が、この概念が持つ目的論的な――基礎付け主義的な――性質を回避する形で構想されているからである。

まず、スティーブン・エルスタブとの共著論文（Böker and Elstub 2015）を見てみよう。ベーカー＝ハモンドとエルスタブの主たる検討対象＝批判対象は、ミニ・パブリックスである。彼女は、ミニ・パブリックス論の興隆が、初期の熟議民主主義論が有していた規範的要素と批判的要素を弱体化させることに寄与したと指摘する。初期の熟議民主主義論は、単に現実を説明するのではなく、「正統性の欠如したヒエラルヒーとエリート主義的なガバナンス構造とに『抵抗する』ための規範として、一層の民主化を正当化していた」のであり、「規範的基準に合致しない制度を『批判する』ことができるように市民をエンパワーメントする」ものであった（Böker and Elstub 2015: 129）。これに対して、ミニ・パブリックスは、一定の目的のためにトップ・ダウンで設計された制度の中に熟議を位置づけるために、初期の熟議民主主義論が有していた、批判的で解放的な志向性を見失う傾向がある（Böker and Elstub 2015: 130–132）。とはいえ、ミニ・パブリックスに全く可能性がないというわけではない。ベーカー＝ハモンドとエルスタブは、ミニ・パブリックスを、よりボトム・アップのイニシアティブを組み込むように設計し直すことと、ミニ・パブリックスを熟議システムの中に位置づけることとで、「批判的ミニ・パブリックス」を構想することができると主張する（Böker and Elstub 2015: 137–140）[18]。

本章にとっての関心は、ベーカー＝ハモンドとエルスタブがどのような意味で「批判（的）」の用語を用いているかという点である。論文中で「批判（的）」と関連づけられていると思われる言葉を挙げるならば、「ボトム・アップ」、「解放」、「リアリティのテスト」、「実際の現実から批判的距離を取ること」、「正統ではないヒエラルヒーとエリート主義的なガバナンス構造への抵抗」、「市民の見解と公共的言説との歪曲」などがある（Böker and Elstub 2015: 128, 132, 137ff.）。これらの言葉から、ベーカー＝ハモンドたちが考えていることは、ある程度理解することができる。しかし、この論文では、「批判（的）」とは何かについて明確に定義が与えられているわけではない。

その後に刊行された論文（Böker 2017a, Hammond 2018）では、マックス・ホルクハイマーらに言及しつつ、「批判（的）」の意味について説明されている。批判とは、「支配」からの人々の「解放」を目指す営為である（Böker 2017a: 26–27）。この場合の「支配」は、特定の政府や経済的アクターによる直接的支配の場合もあれば、「イデオロギー的な信念システム」という形態で間接的である場合もある（Hammond 2018: 5, See also Böker 2017a: 27）。したがって、そこからの「解放」は、支配の制度的実体からのそれだけではなく、ニコラス・コンプリディスの表現を借りれば、「問い直されず自明視されている私たちの自己理解と社会的実践のフローを『揺るがす（disturb）』ことができるような『反省的な言説』」にも見出される。以上を踏まえるならば、最終的に批判とは、「特定の権威的な行為とより一般的な言説構造の両者に潜むヘゲモニーに抵抗しそれを暴露することができるほどに自律的で反省的な、『絶え間ない批判的精査』に資することによって、本当の意味で主体が支配を断つことができるようにする実践」を意味する（Böker 2017a: 27）。熟議民主主義は、このような意味での批判を行うものでなければならない。

ここでの問題は、「正しさと政治」のポスト基礎付け主義的な調停という観点に照らした場合に、ベーカー＝ハモンドの意味での「批判」をどのように評価できるか、という点である。もしも、この「批判」が特定の「正しい」ものとして措定された社会状態を目指すものであれば、どうだろうか。この場合には、批判の実践から独立した「正しさ」の存在があらかじめ想定されていることになる。そうだとすれば、このような形での批判と「正しさ」との関係は、ポスト基礎付け主義的とは言い難い。

ベーカー＝ハモンドは、この問題も認識している。「包括的な」社会理論としての批判理論は、「複雑で多元的な社会に『特定の』ビジョンを押し付けようとすることを批判され得る」。しかし、「たとえその基礎をなす目標が望ましいものであったとしても、批判理論は自らの規範と矛盾することなしに、そのような理論の適用を課することはできない」（Hammond 2018: 7）。批判理論ができること／行うべきことは、「人々が自分たちの抑圧された状況を認識し、その克服を決意しそのように行動することを通じて、自分たち自身を解放するための前提条件」を創り出すことだけである（Hammond 2018: 7-8）。つまり、ベーカー＝ハモンドは、「批判」を「特定のビジョン」を掲げることから区別している。彼女が考える批判とは、あくまで現状に異なる光を当てることで、それが当たり前ではないこと、「想像し得る唯一の社会」ではないということを人々に知らせるものである（Böker 2017b: 90）[19]。本章では、このような批判を、「正しさ」ではなく「正しくないこと」の認識に寄与するものとして理解したい。熟議民主主義は、熟議の手続きから独立した「正しさ」の実現に資するのではなく、現状が「正しいわけではない」ことを明らかにすることに貢献し得る。このことは――良かれ悪しかれ――特定の「よい」「正しい」状態への到達を約束するわけではない。しかし、その前提条件にはなり得る。このような意味での「批判」は、「正しさと政治」のポスト基礎付け主義的な調停の一つのあり方を示すものと言えるだろう。

おわりに

本章では、熟議民主主義における「正しさと政治」のポスト基礎付け主義的な調停可能性について、熟議システム論に焦点を当てて検討した。熟議システムをめぐる様々な議論には、既存の熟議民主主義像を再検討しようとする政治の政治理論的な契機とともに、熟議の規範的基準をめぐる規範的政治哲学的な契機を見出すことができる。このことを確認した上で、本章では、最終的に両契機のポスト基礎付け主義的な調停がどのようにして可能なのかという問題を検討した。

この問題への解答として、本章では、①「真理の追跡」をあくまで熟議のプロセス・手続き内在的なものとして理解するという方向性、②熟議を通じた「正しさ」の認識ではなく、「批判」による「正しくないこと」の認識という方向性、の二つを提示した。このような方向性で考える場合に、熟議民主主義・熟議システムにおける「正しさと政治」の問題をポスト基礎付け主義的に理解することになる、というのが本章の結論である。

本章では、熟議システム論を主たる検討対象とした。しかし、熟議民主主義における「正しさ」の問題に本格的に取り組む場合には、本章では部分的にのみ参照した認知的民主主義論の立場からの熟議民主主義論の本格的な検討も必要であろう。この点は、今後の課題として残されている。

注

1　本章における「正しさ」には、規範的ないし道徳的意味での正しさないし望ましさと、事実的・真理的な意味での正しさの両方が含まれる。後に採り上げる認知的民主主義論においても、論者によって異なるが、上記のどちらかまたは両方の意味での「正しさ」が想定されている。

2　本文で述べたように、方法論的国家主義の脱却の方向性は、国家の上位（トランスナショナル／グローバル）にも、下位（家族や親密圏などの「私的領域」）にも、求めることができる。グローバルなレベルについての私自身の考察としては、田村（2018）を参照。

3　その他にドライゼクも、公民権運動、アパルトヘイト運動、グローバル・ジャスティス運動などをしばしば取り上げている。

4　なお、ドライゼク（Dryzek 2017）の最終的な結論は、ある「システム」がどの程度熟議的であるのかという問題に答えるためには、「政体（polity）」という次元を設定することが必要だ、というものである。

5　クラート／ベーカーは、機能要件の用語を用いる時に、タルコット・パーソンズを参照している（Curato and Böker 2016: 176, n. 1)。機能要件は、ある「システム」の存立・存続を確保するために必要な要素のことである。したがって、熟議システムの機能要件を考えることは、規範的政治哲学的というよりも、（秩序成立のメカニズムの探究という意味で）政治の政治理論的な課題なのではないか、という疑問が生じ得る。本章では、その可能性があることは認めつつ、クラート／ベーカーが挙げる「機能要件」には、それ自体、望ましい「よい」熟議（システム）のために必要な規範的要素が多く含まれていると考え、規範的政治哲学的な考察の方に分類している。

6　クラート／ベーカーは、本文で紹介した内部的クオリティ／外部的クオリティの区別を用いて、四つのミニ・パブリックスの比較研究も行っている（Curato and Böker 2016: 179-184）。たとえば、オーストラリア市民議会の場合は、内部的クオリティは高かったが、外部的クオリティは低かった（つまり、システムへのインパクトは弱かった）。外部的クオリティの三つの機能要件のいずれも、外部に対して十分に役割を発揮できなかった。これに対して、フランスの市民会議の場合は、内部的クオリティは低かったにもかかわらず、高い外部的クオリティを発揮した（システム的なインパクトが大きかった）。

7　日本での研究として、内田（2018）、坂井（2018）などがある。

8　帰属バイアスとは、自分の言動と他者の言動とを、異なる要因によって評価してしまうことである。確証バイアスとは、自分が元々有している信条を追認するが、それを攻撃するような信条は否定するような、証拠や論拠を求めてしまうことである（Min and Wong 2018: 6）。

9　この議論は、元々はトマス・クリスチアーノの議論である。

10　専門家による決定のミニ・パブリックスによる精査という議論は、元々はアルフレッド・ムーアのものである。また、シモーヌ・チェンバースも、ハーバーマスにおいて、エリートと市民社会とのフィードバック・ループが論じられていることに注意を促している（Chambers 2017a : 7）。

11　ここでミン／ウォングは「客観的な像」という表現を用いている。この表現によって、彼らが社会的世界の事実としての客観性を指しているのか、それとも、社会的世界の道徳・規範の客観性を指しているのかは、必ずしも明確ではない。これは、つまるところ、認知的民主主義における「認知的」ないし「正しさ」が事実に関するものなのか、それとも道徳・規範に関するものなのか、という問題に行きつく。ただし、注1で述べた通り、本章では「認知的」「正しさ」を両方の意味があり得るものとして理解し、この問題に立ち入らない。

12　ただし、「だから問題」となるかどうかは、論者の立場によるだろう。とりわけ、熟議民主主義支持者以外にとっては、特段問題というわけではないだろう。

13　政治の政治理論的な視点を貫徹するならば、そもそも「正しさと政治の緊張関係の調停」という発想そのものが妥当ではない、とする立場もあり得る（もちろん、規範的政治哲学的な視点を貫徹した場合にも、逆の立場から同じことが言える）。ここでは、そもそも熟議民主主義論自体が、広い意味では（狭義の経験的分析のみに従事するのではない）規範的な理論であることに加えて、本書の言うポスト基礎付け主義は、必ずしも「正しさ」の存在を否定する立場ではないことから、「調停」の方向性を模索する。

14 元来、熟議民主主義とは熟議（における正当化）を通じた「真理の追跡」を行う民主主義ではないかと考える場合には、「熟議的正しさ」という用語は、いささか冗長なものに映るだろう。この点を認識しつつも、本章では、熟議のプロセス・手続きとは独立した「正しさ」の基準を措定する立場との違いを明確化するために、あえて「熟議的正しさ」の用語を用いている。

15 デヴィッド・エストランドとエレーヌ・ランデモアは、この場合の「正しさ」には、「客観的な真理」だけでなく、「より間主観的、文化依存的、時間的な構築物」まで含まれると述べている（Estlund and Landemore 2018: 113）。

16 ただし、ランデモアは、ハーバーマスとそれを引き継ぐ人々の議論の中に、手続き独立的な基準の存在とそれを知ることができる可能性についての議論は存在していると述べている（Landemore 2017: 284-285）。

17 もちろん、熟議民主主義論における批判ないし批判理論への関心は多くある（Dryzek 2000, Rostbøll 2008 など）。何より、熟議民主主義の理論的源泉の一つであるハーバーマス自身が、フランクフルト「批判理論」の代表的理論家であり、とりわけ『理論と実践』などの初期の著作には、批判に関する重要な考察が見られる（Hammond 2018）。

18 二〇一七年に刊行された論文（Böker 2017a）では、ミニ・パブリックスへの批判的姿勢が強まる。この論文では、ミニ・パブリックスは、熟議民主主義によって創出される正統性の基準を満たすことができない、とされる。なぜなら、正統性の基準を満たすためには、熟議を通じて既存の政体・権威に対する「批判」を行うことができなければならないが、それをミニ・パブリックスで行うことはできないからである。むしろ、熟議民主主義論が考えるべきは、エートス、規範、人々の自己理解といった文化的側面の変革である。

19 クリスティアン・F・ロストボールも、ベーカー＝ハモンドと同様の「批判」理解を示している。ロストボールは、「自由」を単なる私的自由ではなく、彼の言う「熟議的自由」として人々が認識するためには、「社会批判者」による

「イデオロギー批判」が必要だとする。その場合のイデオロギー批判の役割は、既存の社会の中で生きる人々に「自己反省を引き起こすことによって熟議のプロセスを惹起すること」にあり、その人の「真の利益」を教えることにはない、とされる（Rostbøll 2008: 147）。このようなロストボールの「イデオロギー批判」についての見解は、批判を特定の「正しい」目的に直接結びつけない点において、ベーカー＝ハモンドの「批判」と共通している。

参考文献

Böker, Marit（2017a）“Justification, Critique and Deliberative Legitimacy: The Limits of Mini-Publics”, *Contemporary Democratic Theory*, 16（1）, pp. 19–40.

——（2017b）“The Concept of Realistic Utopia: Ideal Theory as Critique”, *Constellations*, 24（1）, pp. 89–100.

Böker, Marit and Stephen Elstub（2015）“The Possibility of Critical Mini-Publics: Realpolitik and Normative Cycles in Democratic Theory”, *Representation*, 51（1）, pp. 125–144.

Boswell, John, Carolyn Hendriks and Selen A. Ercan（2018）“Message Received? Examining Transmission in Deliberative Systems”, in Stephen Elstub, Selen A. Ercan, and Ricardo Fabrino Mendonça（eds.）*Deliberative Systems in Theory and Practice*, Routledge.

Chambers, Simone（2017a）“Balancing Epistemic Quality and Equal Participation in a System Approach to Deliberative Democracy”, *Social Epistemology*, Online-first 10 May 2017.

——（2017b）“The Epistemic Ideal of Reason-Giving in Deliberative Democracy”, *Social Epistemology Review and Reply Collective* 6, no. 10, pp. 59–64.

Curato, Nicole and Marit Böker（2016）“Linking Mini-publics to the Deliberative System: A Research Agenda”, *Policy Science*, 49（2）, pp. 173–190.

Della Porta, Donatella（2005）“Deliberation in Movement: Why and How to Study Deliberative Democracy and Social Movements”, *Acta Politica*, 40（3）, pp. 336–350.

Dryzek, John S.（2010）*Foundations and Frontiers of Deliberative Governance*, Oxford University Press.

——（2013）"The Deliberative Democrat's Idea of Justice", *European Journal of Political Theory*, 12（4）, pp. 329–346.

——（2017）"The Forum, the System, and the Polity: Three Varieties of Democratic Theory", *Political Theory*, 45（5）, pp. 610–636.

Elstub, Stephen, Selen A. Ercan and Ricardo Fabrino Mendonça（2018）"The Fourth Generation of Deliberative Democracy", in Stephen Elstub, Selen A. Ercan, and Ricardo Fabrino Mendonça（eds.）*Deliberative Systems in Theory and Practice*, Routledge.

Estlund, David and Hélène Landemore（2018）"The Epistemic Value of Democratic Deliberation", in André Bächtiger, John S. Dryzek, Jane Mansbridge, and Mark E. Warren（eds.）*The Oxford Handbook of Deliberative Democracy*, Oxford University Press.

Felicetti, Andrea（2018）"Non-Deliberative Politics in Deliberative Democracy: Distinct Approaches for Different Actors", *Italian Political Science Review*, 48（1）, pp. 1–21.

Geuss, Raymond（2008）*Philosophy and Real Politics*, Princeton University Press.

Hammond, Marit（2018）"Deliberative Democracy as a Critical Theory", *Critical Review of International Social and Political Philosophy*, Online-first, 13 February 2018.

Kuyper, Jonathan（2018）"The Instrumental Value of Deliberative Democracy: Or, Do We Have Good Reasons to Be Deliberative Democrats?" *Journal of Public Deliberation*, 14（1）, Article 1.

Landemore, Hélène（2017）"Beyond the Fact of Disagreement? The Epistemic Turn in Deliberative Democracy," *Social Epistemology*, 31（3）, pp. 277–295.

Mansbridge, Jane, James Bohman, Simone Chambers, Thomas Christiano, Archon Fung, John Parkinson, David F. Thompson and Mark E. Warren（2012）"A Systemic Approach to Deliberative Democracy", in John Parkinson and Jane Mansbridge（eds.）*Deliberative Systems: Deliberative Democracy at the Large Scale*, Cambridge University Press.

Mendonça, Ricardo Fabrino (2018) "Mitigating Systemic Dangers: The Role of Connectivity Inducers in a Deliberative System", in Stephen Elstub, Selen A. Ercan, and Ricardo Fabrino Mendonça (eds.) *Deliberative Systems in Theory and Practice*, Routledge.

Mendonça, Ricardo Fabrino and Selen A. Ercan (2015) "Deliberation and Protest: Strange Bedfellows? Revealing the Deliberative Potential of 2013 Protests in Turkey and Brazil", *Policy Studies*, Online-first, 2 September 2015.

—— (2018) "Expanding the Deliberative Repertoire: Beyond Speech and Text", Paper Prepared for the Presentation at the 2018 Conference of the International Political Science Association, Brisbane.

Min, John B. and James K. Wong (2018) "Epistemic Approaches to Deliberative Democracy", *Philosophy Compass*, Online-first, 6 May 2018, pp. 1–13.

O'Flynn, Ian and Nicole Curato (2015) "Deliberative Democratization: A Framework for Systemic Analysis", *Policy Studies*, online first, 2 September 2015.

Parkinson, John and Jane Mansbridge (eds.) (2012) *Deliberative Systems: Deliberative Democracy at the Large Scale*, Cambridge University Press.

Rostbøll, Christian F. (2008) *Deliberative Freedom: Deliberative Democracy as Critical Theory*, SUNY Press.

Stevenson, Hayley and John S. Dryzek (2014) *Democratizing Global Climate Governance*, Cambridge University Press.

Tamura, Tetsuki (2018) "Towards a Reflection-Centric Idea of Deliberation: What Consequence Can We Expect from the 'Beyond Talk' Perspective?" Paper Prepared for the Presentation at the 2018 Conference of the International Political Science Association, Brisbane.

井上彰・田村哲樹編（2014）『政治理論とは何か』風行社。

内田智（2018）「現代デモクラシー論における認知的多様性の意義——信頼、熟議、そして民主的理性」政治思想学会第二五回（二〇一八年度）研究大会報告論文。

坂井亮太（2018）「認識的デモクラシー論と認知的多様性——モデリング理論と集約手続からの接近」早稲田大学大学院政

治学研究科博士論文。

田村哲樹（2014）「政治／政治的なるものの政治理論」井上・田村編（2014）所収。

――（2017）『熟議民主主義の困難：その乗り越え方の政治理論的考察』ナカニシヤ出版。

――（2018）「グローバル・ガバナンスと民主主義――方法論的国家主義を超えて」グローバル・ガバナンス学会編、大矢根聡・菅英輝・松井康浩責任編集『グローバル・ガバナンス学I：理論・歴史・規範』法律文化社。

田村哲樹・松元雅和・乙部延剛・山崎望（2017）『ここから始める政治理論』有斐閣ストゥディア。

松元雅和（2015）『応用政治哲学：方法論の探究』風行社。

第4章　批判は可能か——再構成に基づく内在的批判の試み

田畑真一

はじめに

「ポスト基礎付け主義」とは、序章にあるように「あらゆる規範的主張の根拠に疑問が付されうる現代の状況を前提としつつ、政治理論を考察・構想する一つの態度」である。そこにおいて、規範を根拠付けられるとする「基礎付け主義」の拒否と共に、いかなる基礎をも想定せず、正当化という営みそれ自体を否定、もしくは相対化する「反基礎付け主義」にも与しない態度が想定されている。

本章は、こうしたポスト基礎付け主義という態度を共有し、その上で新たに批判の方法を定式化しようとする試みとして、近年の批判理論内の議論に着目する[1]。そこで問題となっているのは、先に述べた「あらゆる規範的主張の根拠に疑問が付されうる」という状況下において「どのようにして批判が可能なのか」という問いである。近年批判理論では、この問いに、再構成という方法に基づく内在的批判という方向性が模索されつつある。こうした議論を導きの糸とし、J・ハーバーマスによる討議倫理がその一構想として位置付けられうることを示すことで、ポスト基礎付け主義という態度を受け入れた上で可能な批判がどのようなものかを明らかにしたい。

一般に基礎付け主義者と見なされているハーバーマスの議論に依拠し、ポスト基礎付け主義を議論することは、そもそもその出発点から間違っているという疑義が呈されるかもしれない。しかし、ポスト基礎付け主義は、反基礎付け主義ではない以上、正当化という営みそのものを拒絶するわけではない。正当化という営みがそもそも恣意的であると主張するのではなく、いかに正当化された規範といえどもその規範が最終的なものではありえないと主張することに「ポスト」基礎付けの含意がある。ハーバーマスは、こうした正当化へのコミットメントを討議倫理という彼独自の規範理論として定式化したのである。この意味でハーバーマスは、紛れもなくポスト基礎付け主義という態度を共有した理論家と位置づけうる。加えて、ハーバーマスは、ポスト基礎付け主義が論じられる文脈も共有している。その文脈とは、マルクス主義への教条主義的な依拠による正当化が困難になった理論状況に他ならない。ハーバーマスは、従来「ポスト」・マルクス主義としてまとめられる理論状況を共有しつつ、批判理論の第二世代として別の仕方で応答したと言える。[2]

こうした理論背景からすれば、本章は、E・ラクラウに代表されるポスト・マルクス主義からポスト基礎付け主義へ至る理論潮流に対し、同じ課題に取り組む別の理論潮流として批判理論を取り上げるものと言える。[3]通常基礎付け主義として理解されるハーバーマスの構想は、ポスト基礎付け主義という態度を共有した上での結論なのである。それゆえ、彼がポスト基礎付け主義を一度潜り抜けた上で示す、普遍主義へのコミットメントは、他のポスト基礎付け主義という態度を共有する理論家にとって一つの試金石となる。こうした「再-」基礎付け主義とも言えるかもしれない方向性を提示することで、普遍主義がポスト基礎付けにおいてとりうる立場であり、容易に捨て去れないものであることを示したい。

一　批判のあり方──内在的批判と外在的批判

批判と基準

通常主張を行う際、それが単なる断言でないのであれば[4]、主張は何らかの基準に訴えているはずである。主張を相手に行うことは、何かしらの基準を参照し、その基準に自身の主張内容が（より）適うことから自身の主張を相手が受け入れるべきだということを含意する。事実に訴えることによって主張がなされている場合にでも、その事実を何らかの理由へと変換する規範がその基底に存在しており、規範が基準としての役割を担っている。ここで示されたのは、相手に何かを主張するということは、常に相手に対する「正当化」を伴い、それゆえ基準が必要となるということである。主張が受け入れられるためには、主張する側とされる側との間で基準が「共有」されることが必要となる[5]。

こうした主張の一形式として「批判」という営為を捉えることができる。批判とは、今ある実践（特定の行為や制度）が誤っているという主張を提示することで、当該実践の転換を企図している。批判が単なる非難でないとするならば、よき理由を与えることで相手を説得し、物事がなされるあり方を変えることが意図されている。「よき理由」とは何かということを考えた場合、その「よさ」を判断するための「基準」がここでも不可欠となる。こうした構造は、本章が主に取り扱う、社会の実践や制度を対象とし、その変革を求める社会批判にも同様に当てはまる。

ただし、批判という営為には、他の主張にはない特徴がある。その特徴は、批判が実践の転換を企図していることから生じる。実践の転換は、一方が今ある行為をやめ、別の行為を行うことを相手に要求し、他方がその要求を受け入れることで成立する。この点で批判は、単なる主張よりも要求度が高い。例えば、人種差別に対する批判は、「人種差別が誤っている」という主張のみならず、そうした人種差別に基づく行為の転換を求めている。もちろん、「人種差別が誤っている」という主張を受け入れたならば、そこからそうした差別に基づく行為を行わないことが一貫した態度と言える。しかし、ある主張を受け入れた上でも、そうした行為に十分動機付けられないことは生じ得る。批判は、実践の転換を企図している以上、相手が主張を受容し、その上で実際に行為を転換したか否かで、その成否が分かれる。それゆえ、批判には、主張に求められる正当化だけでなく、動機付けというもう一つ別の次元を考慮することが要請されると言える。[6]

こうした「行為の履行」を要求するという批判の特徴は、先に確認した「参照される基準」との関係をより複雑なものにする。なぜならば、批判で参照される基準は、以下二つの点を満たさなければならないからである。第一に、批判で参照される基準は、規範的に正当なものでなければならない。なぜならば、基準は、それに従う規範的理由を提供しうるものでなければならないからである。批判で用いられる基準は、批判する側と批判される側が共に規範的に正当であると認められうるものでなければならない。第二に、批判される側を動機付けるものでなければならない。すなわち、基準は、それに従う動機付けの理由を与えるものでなければならない。批判は、その「行為の履行」を要求するという性質ゆえに、用いる基準が規範的理由と動機付けの理由の両方を備えることを要求するのである。通常の主張であれば、そこで用いられる基準は、規範的理由を提供しうるものとして主張する側と主張される側で共有されることで十分である。しかし、批判においては、これに加えて批判される側を動機付ける理由をもつことも求められる。

外在的批判

以上確認された批判とそれが訴えかける基準との不可分の関係を考えれば、批判の基準という論点にまず注目しなければならない。なぜならば、批判の成否は、結局のところその基準が規範的理由と動機付けの理由を与えうるか否かに左右されると言い得るからである。

論点となるのは、批判の基準をどこに見出すのかという点である。批判には必ず批判する側と批判される側がいる。この批判という実践に伴う構造と基準との関係から、批判は大きく「外在的批判」と「内在的批判」に分けることができる。[7] 本章では、批判される側に行為の履行を求める批判の特徴から、内と外という区別の基点となる内側は「批判される側」に置く。以下では、内在的批判と外在的批判のそれぞれがどのように基準を設定し、その設定の仕方に規範的理由と動機付けの理由という観点からどのような問題があるのかを確認する。

外在的批判とは、専ら批判する側の基準によって行われる批判を指す。そこにおいて、批判される当の社会がそうした基準を共有しているのかどうかは重要ではない。そのため、批判される側にとってそこで用いられる基準は外的なものとなる。外在的批判は、批判される側にとって、基準がどのような仕方で外側にあるのかに応じて二つに分けられる。

第一に、R・ローティに代表される「民族中心的な外在的批判」がある。そこでは、批判する側が自身の採用している規範に訴え、批判された当の社会の変革を要求する。しかしながら、批判する側が偶然保持している基準へと訴えることは、批判される当の社会が自らを変えようとする如何なる理由をも与えない。批判する側が恣意的に採用した基準に対して、批判される側はその基準を受け入れるべき規範的理由をなんら持ちえず、そうした基準に従うべき動機もない。[8]

第二に、カント倫理学や功利主義が代表例とする「普遍主義的な外在的批判」がある。そこにおいて、批判の基準は「実際に人々が考えていることとは関係なく、時間と場所を超えて妥当性をもつ」と想定される。例えば、定言命法（カント）や幸福（功利主義）といったものが普遍的規準として想定され、その基準を用いた批判が遂行される。しかし、こうした構想は、その構想が普遍的に正しいものと見なしうるとしても、動機付けの理由という観点から問題を抱えている。[9] なぜならば、その規範は確かに正当化されるものかもしれないが、批判される側にとって外から与えられたものに過ぎず、行為へと促す動機付けを欠いている。[10]

以上見てきたように、外在的批判は、主に動機付けの理由という観点から困難を抱えている。こうした困難が共有されたため、以下で検討する内在的批判という方法に活路を求められたと言える。

内在的批判

内在的批判とは、外在的批判とは逆に、批判される側がもつ明示的なコミットメントに訴えかける批判を指す。その起源は、ソクラテスの問答法に見出すことができる（Kauppinen 2002: 482）。近代においては、G・W・F・ヘーゲルからK・マルクス（そして批判理論）へと至る系譜に連なる、従来「イデオロギー批判」として理解されてきた試みが、その代表例として挙げられる。[11]

イデオロギー批判とは、社会において明示的もしくは公に認められている規範と現状の実践との間にある矛盾、もしくはズレを指摘し、そのことで実践の転換を要求する批判である。ある理想に基づいている（とされる）ことで得られている正統性が、その理想を裏切る仕方で反対の目的を追求するために不当に用いられていることを暴露することが、矛盾の指摘に当たる。イデオロギー批判で用いられる基準は、批判される社会の側で明示的に承認されている規範であり、この点で批判される側にとって「内的なもの」となる。

内在的批判は、批判で依拠される規範や価値が十分に規範的に正当化されうるもので、批判される側がそれに対して本当にコミットメントを保持しているのであれば、効果的なものとなる。なぜならば、矛盾の顕在化は、批判された側に変革への理由を与えるからである。批判された側は、特定の価値への自身のコミットメントと合致しない行為を今後行わないよう動機付けられうる。イデオロギー批判は、批判の基準を批判される側の規範に求めることで、動機付けの理由を与えるのである。

しかし、内在的批判は限定的な意味しかもたないとも言い得る。なぜならば、批判する側が批判される側に足掛かりとなるコミットメントを見出せるとは限らないからである。例えば、当該社会が極めて権威主義的な体制で、男性よりも女性の社会的地位を劣位におく社会規範が浸透している場合、男性と女性の同権を訴えることは、イデオロギー批判では困難となる。その社会において批判の足掛かりとなる社会規範がない場合、批判が成立する可能性がほとんどない。この例から明らかなように、批判を企図しようとする際、その社会に依拠できる規範的コミットメントがある保証はなく、その点で内在的批判は批判として力を発揮できる文脈が限られていると言える。

R・フォアストが指摘するように、問題は「『慣れ親しんだ』、『所与の』、『受け入れられた』、もしくは『内在的な』規範に沿うべきという要求」に他ならない。内的な仕方で矛盾を露わにする意義を認めるにしても、「問題となっている理由がよいものかどうかは、『受け入れられている』、もしくは『内在的』規範を引き合いに出すことで、明らかになることではない」という疑義が呈せられうる（Forst 2015: 14–15）。もちろん、多くの場合、特定の社会の内に足がかりとなるコミットメントを全く見いだせないということは稀なことであるだろう。しかし、特定の社会がもつコミットメントに依拠することで、批判する側にとって批判の可能性が著しく狭められ、極端な場合不可能となる可能性は否定できない。

二　再構成に基づく内在的批判

ポスト基礎付け主義における批判の条件

前節では、参照される基準が批判する側にあるのか、批判される側にあるのかに応じて、外在的批判と内在的批判という区別が成り立つことを確認した。外在的批判が主に動機付けの理由という点で問題を抱える一方、内在的批判が批判される側の規範的コミットメントに依拠することで、こうした難点の克服を試みていることを明らかにした。ただし、内在的批判は、批判の力が批判される側のコミットメントによって限定されるという問題を抱えている点も、同時に指摘された。

内在的批判が批判として限定された力しかもたないことは、規範的理由という観点から説明できる。批判の基準は、批判する側と批判される側双方にとってそれに従う規範的理由を与えうるものでなければならない。内在的批判は、この要求を満たさないのである。先に確認した民族中心的な外在的批判では、批判する側によって恣意的に批判の基準が選ばれていることが問題となったが、内在的批判では逆に批判の基準が批判される側に依存し、そのことで批判を企図する側からすれば、批判の可能性は狭められることとなる。内在的批判は、批判される側の現にある規範的コミットメントに依拠するため、批判する側にとってその基準に従う規範的理由を与えないのである。

内在的批判が批判する側に規範的理由を与えないことは、批判する側と批判される側との間で共有しうる批判の基盤が構築し得ないことを意味する。そこに「あらゆる規範的主張の根拠に疑問が付されうる」ポスト基礎付け主義という態度の共有が前提とされるならば、そもそも共有しうる批判の基礎など構築し得ないように思える。そうであるならば、批判は、批判する側が批判される側の内にたまたま有効な規範的コミットメントを見出しうる場合に限定的に成功しうる試みに過ぎず、先の内在的批判の限定性という評価は批判そのものへの評価となる。しかし、こうした評価は「ポスト」基礎付け主義というよりも「反」基礎付け主義に依拠したものと言える。ポスト基礎付け主義は、正当化という実践そのものの放棄を意味しない。それゆえ、探求すべきは、ポスト基礎付け主義の下で、如何なる批判が可能なのかという点となる。

前節で確認した批判の「行為の履行」を求めるという特徴から、批判の基準は動機付け理由を与えるものでなければならない。このため、内在的批判が示した批判される側の規範的コミットメントに批判の基点を求めるという戦略は、基本的には間違っていない。普遍主義的な外在的批判のように、批判される側に基点をもたない批判は「行為の履行」を求めることができない。問題は、批判する側と批判される側双方にとって、それに従う規範的理由を与える基準をどのように設定するのかにある。

再構成に基づく内在的批判

ポスト基礎付け主義という態度を共有した上で可能な批判は、批判される側に批判の基点を求めつつ、その基点から導かれる批判の基準が、批判する側にとっても依拠できるものでなければならない。近年そうした批判として注目されているのが、「再構成に基づく内在的批判（reconstructive internal critique）」である。[12]

ここで問題となるのが、再構成という手法である。[13] 背景には、「私たちの社会実践における規範や規範的圧力の内に（必ずしも）明示的に示されないものがあるという考え」があり、その「明示化されていない（implicit）基準を明示化する」ことを再構成と呼ぶ（Kauppinen 2002: 484）。ここにおいて、「社会的な共同体内での相互行為がもつ構造やモードが――その共同体の当事者の理解を超えて――批判者が引き出しうる内在的な規範的ポテンシャルを保持している」ことが想定されている（Stahl 2013: 535）。イデオロギー批判のように、自ら認めている規範的コミットメントではなく、批判される側が保持している実践のレベルに注目する点が、その特徴と言える。再構成とは、批判する側と批判される側が共に依拠できる基点を実践のレベルに求め、そこから基準を取り出すための方法なのである。

再構成に基づく内在的批判は、規範的理由と動機付けの理由の両方をもつことができる。第一に、用いられる基準が、「もともと自分たちの社会にある実践」から再構成されたものであるため、動機付けの理由を与えうる。これは、再構成に基づく「内在的」批判であることの意義と言える。第二に、批判される側が保持する明示的なコミットメントにそのまま依拠するのではなく、批判される側の実践の内に含まれる基準を、批判する側が「再構成」する契機を含む点で、用いられる基準は批判する側にとっても規範的理由を与えうるものとなりえる。もちろん、再構成という手法が、どれだけ説得力ある仕方で批判の基準を定式化できるかにも依存するが、基本的に規範的理由と動機付けの理由の両方を兼ね備えた批判と言える。

カウピネンに従えば、再構成に基づく内在的批判は「再構成が適用される明示化されていない規範が特殊なものであるのか、普遍的なものなのか」に応じて、二つの構想に分けることができる。まず、「特定の社会の実践をたまたま構築している規範に依拠した」ものが、「弱い」再構成に基づく内在的批判と呼ばれる。ある社会の実践を「偶然」支えている規範が再構成を通じて示され、それを基点として批判が行われる。他方、「強い」再構成に基づく内在的批判は、「たまたま社会が保持している理想ではなく、社会が保持しなければならない理想」に依拠する。広く人間社会の実践を対象とし、そうした理想化された実践を支えている規範が再構成され、批判が行われる（Kauppinen 2002: 484）。

「弱い」再構成と「強い」再構成では、批判の基準が与える規範的理由と動機付けの理由の強さが異なる。「弱い」再構成は、その社会に特有の実践に根ざしている点で、批判される側からすれば（再構成されたものとはいえ）より強い動機付けの理由をもちうる。他方、そうした特定の文脈に根ざしていることは、批判する側にとっては、その基準に依拠した批判を行うことを難しくする可能性がある。もちろん、イデオロギー批判と比べれば、再構成の契機があることで、批判の可能性が批判される側の規範的コミットメントにより狭められる度合いは低くなる。しかし、「所与の社会の価値の地平において偶然得ることができる道徳的原理は、すべての構成員にとって等しく妥当することを保証し得ない」（Honneth 2007: 65）という問題は残る。批判される側の実践により一定の枠組みが課されることには変わりはなく、批判する側にとって十分な規範的理由をもつ仕方で批判を展開することができない事態が生じうる。

「強い」再構成は、反対に特定の社会ではなく、広く人間の社会生活の持つ理想に訴えかけるもので、それゆえそこで導き出された基準は規範的理由をもつ。しかし、理想化された人間社会の実践を基点にするため、「弱い」再構成に基づく内在的批判と比べて、動機付けの理由の提供という点では十分ではない。強い再構成が依拠する「人間の社会生活がもつ理想」はすべての人が共有しているとはいえ、抽象的ものにならざるを得ない。そうした理想は「批判される側」にとって必ずしも馴染みのあるものではなく、動機付けの力を十分に持ちえない可能性がある。

ポスト基礎付け主義における「強い」再構成に基づく批判

以上ポスト基礎付け主義の下で可能な批判の構想として、再構成に基づく内在的批判を確認した。そこにおいて、再構成される対象の違いから、「弱い」構想と「強い」構想に区別でき、「弱い」構想が動機付けの理由、「強い」構想が規範的理由という点で、それぞれ強みを持つ点が確認された。

ここでポスト基礎付け主義という問題に立ち返るならば、あえて「強い」再構成に基づく批判が必要であると主張しうる。[14] なぜならば、あらゆる規範の根拠が問われる状況は、批判で用いられる基準が規範的理由を与えることをより難しくするからである。そこにおいて、なぜその基準に従わなくてはならないのかが常に問われることとなる。その局面で「弱い」再構成に基づく内在的批判は、批判される側の特定の実践に依拠することの理由を説明できないという難点を抱える。この難点を動機付けの理由に還元し、批判として成功の見込みが高いからと答えるのであれば、それはポスト基礎付け主義の問題への十分な回答とはならない。なぜならば、批判される側に批判の手がかりとなる実践を現状見出せない場合、批判を諦め、そうした状況を維持することを容認することに繋がるからである。動機付けの理由に規範的理由を還元することは批判を諦め、ポスト基礎付け主義という「基礎付けを信じることができなくなった状況に対して、なお不確かながら基礎付けを求める態度」から基礎付けそのものを諦める「反-」基礎付け主義へと滑り落ちてしまいかねない。そのため、「強い」再構成に基づく内在的批判が必要となる。

しかし、ここで答えなければならない問題がある。その問題とは、「強い」再構成に基づく内在的批判が普遍主義的な外在的批判と本当に異なるのかという点である。普遍主義的な外在的批判との違いは、内在的批判の特徴たる「批判される側の規範的コミットメント」という基点をもつかどうかにある。しかし、「強い」再構成に基づく内在的批判は、特定の社会の実践に足場をもたず、「人間の社会生活」がもつ理想に足場をもつにすぎない。そうであるならば、「強い」再構成に基づく内在的批判に対しても、先に述べた普遍主義的な外在的批判に向けられた難点が当てはまるのではないだろうか。問題となるのは、「強い」再構成に基づく内在的批判が十分に動機付けの理由を与えることができるのかという点である。先にこの点で「弱い」再構成に基づく内在的批判に比べて、相対的に劣ると述べたが、実際は普遍主義的な外在的批判と同じく、「批判される側」に動機付けの理由をもたらさないのではないかという疑義が呈せられうる。

再構成される実践が抽象的であるため、十分な動機づけをもち得ないのではないかが論点となっている以上、こうした疑義に対して「批判される側の規範的コミットメント」に訴えるだけでは答えることができない。そのため、再構成という手法が、どれだけ説得力ある仕方で批判の基準を定式化し、批判される側を説得し得るのかが論点となる。基準の導出方法がもつ説得力に応じて、その基準が与える動機付けの度合いは変わりうるのであり、再構成という手法が重要となる。

以上の検討から、「強い」再構成に基づく内在的批判は、動機付けにおいて二つの点に依拠していると言える。すなわち、①「人間の社会生活」がもつ理想という批判される側も共有している規範的コミットメント、②そうしたコミットメントから基準を導出する「再構成」という方法がもつ説得力の二つである。以下では、こうした観点から「強い」再構成に基づく内在的批判の試みとして、ハーバーマスによる討議倫理の構想が理解しうることを示し、その具体的構想を検討することで「強い」再構成に基づく内在的批判が十分に動機付けの理由を確保し得るのかを検討したい。

三　討議倫理——「強い」再構成に基づく内在的批判の一構想[15]

再構成の対象——コミュニケーション的行為と討議

ハーバーマスの討議倫理を「強い」再構成に基づく内在的批判として理解する場合、まず問題となるのがそこでの再構成の対象である。「強い」再構成であることから、その対象は人間の社会生活が保持している理想となる。ハーバーマスがそうした理想として挙げるのが、コミュニケーション的行為とその反省形態である討議との関係である。

最初に明らかにすべきは、コミュニケーション的行為とは何かという点である。ハーバーマスによれば、コミュニケーション的行為とは、他者との了解（Verständigung）を志向した行為とされる。了解を志向する行為者は、相手の意志を無視して一方的に自身の目標を実現しようとするのではなく、互いに了解を志向する中で成立した相互理解（Einverständnis）に基づき、何らかの成果を達成しようとする。コミュニケーション的行為の特徴は、他者を自身の目的のために利用する戦略的行為との対比で鮮明となる。コミュニケーション的行為が、相手を同じ行為を担うパートナーとして扱い、間−「人格」的に互いを尊重しつつ行為調整を行う行為である一方、戦略的行為では、成果を得るための手段として相手を扱い、同じ行為を共にするパートナーではなく、自身の目的のために使う「もの」に過ぎないとされる。

了解志向的行為としてのコミュニケーション的行為は、日々のコミュニケーションにおいて互いが自身の主張を立証する責任を引き受けることに支えられている。このことは、コミュニケーション的行為においては、互いに相手の主張を問い直す権限が与えられることが要求されることを意味する。ここには、一つの基本想定がある。その想定とは、「発話において各人は単に発話内容を伝達するだけでなく、その発言が妥当であることをも同時に主張している」というものである。ハーバーマス独自の用語を使えば、コミュニケーション的行為は、「妥当性の条件が満たされているという要求」(Habermas 1981, Bd1, 406=1986: 42) として定義される妥当要求の提示を伴う。言い換えれば、妥当要求とは、自身の発話がその社会で通用している解釈枠組みに適合しており、それゆえに自身の発言が妥当であるという主張を意味する。コミュニケーション的行為とは、互いに妥当要求を提示し合い、その妥当要求を互いに承認しあうことで相互理解を形成していく行為とされる。

しかし、必ずしも行為者が相互に妥当要求を受け入れ、相互理解に至るとは限らない。妥当要求が呈示されたとしても、相手が受け入れずその妥当要求に異議を唱えたとき、最終的にどのようにして相互理解へと至るのかが問題となる。ハーバーマスは、こうした不一致の可能性が増大する状況を「ポスト形而上学」と呼び、近代社会における伝統的人倫の崩壊という観点から自身の理論的射程に収めている。こうした状況では、行為者が了解を志向しつつも互いに妥当要求を受け入れず、妥当要求が依拠する解釈枠組み自体に異議が提起されることが生じやすくなる。なぜならば、かつては伝統的人倫に支えられ疑義を呈されることなく受け入れられていた解釈枠組みが不安定なものとなるからである。例えば、かつては「当たり前」のものとされた性別役割分業のような規範は、現在その自明性を失っている。それゆえコミュニケーション的行為において依拠されたなら、即座に疑義を呈される可能性があり、そこでの相互理解の形成は難しい。

こうした問題を解決するため、社会で現在通用している解釈枠組みを一度括弧に入れて、そうした枠組みそのものを反省的に検討する場が必要となる。ハーバーマスが、そうした場として想定するのが「討議」である。そこにおいて、参加者たちは、疑問のある妥当要求をテーマとし、理由の交換・検討を通じて妥当要求そのもの、すなわち解釈枠組みの正しさを立証していく。それゆえ、討議は妥当要求そのものが検討されるコミュニケーション的行為の反省形式とされる。討議とは、「よりよき論証（argument）」のみが強制力を発揮する場であり、規範そのものの「妥当性」が問われる。例えば、先の「性別役割分業」のような規範への依拠が疑わしいとされることで、そうした規範自体の妥当性に疑義が呈され、その規範自体が「どのような理由に基づいて正当化されるのか」が直接検討されることとなる。[16]

こうしたコミュニケーション的行為と討議の関係性を、ハーバーマスは人間の社会生活が潜在的には保持している理想と位置付ける。討議倫理は、こうしたコミュニケーション的行為と討議の関係を再構成することを通じて、批判の基準を導き出す試みと言える。

批判の基準としての普遍化原理

以上のコミュニケーション的行為と討議との関係は、ハーバーマスにおける「妥当性（Gültigkeit）」と

「妥当（Geltung）」との区別に対応している。「妥当」とは、あるコンテクストにおいて規範が「妥当性」をもつものとされ、通用していることを意味する。対して「妥当性」とは、そうしたコンテクストを超えた規範そのものの正しさの次元を指す。先のコミュニケーション的行為における「妥当」要求とは、行為のコンテクストにおいて通用している規範に依拠し、そうした規範に自身が適合していることを主張するものである。他方、討議は妥当性の次元にあり、そうした規範そのものの正しさを扱う。コミュニケーション的行為の局面で現に通用している規範への疑義が提起されることで、討議における規範そのものの妥当性を問う次元が開示されるのである。

しかし、ここで一つ大きな疑問が生じる。その疑問とは、討議においてどのようにして規範の問い直しが可能なのかという点である。討議が現に通用している規範を一度括弧に入れ、その規範自体の妥当性を問う場であるとしても、「現に通用している規範を棚上げし、規範そのものを問うことはどのようにすれば可能となるのか」という点にある。言い換えれば、先の「よりよき論証」のみが強制力を発揮する場の設定と、そこで実際の討議参加者が相互理解に至る道筋を示す必要がある。とりわけ、ポスト基礎付け主義という態度の下では、自明な共通の基礎が否定される。こうした状況において、各個人、もしくは集団ごとに正しいとされることが分裂する相対主義に陥ることなく、何らかの相互理解に到達すると本当に言えるのであろうか。

ハーバーマスは、この問いに「どのような理由が討議で受け入れられるべきか」という基準の観点から応答している。注目されるのが、規範には、自然科学において自然世界が果たしたような共通の参照点が存在しないという点である。共通の参照点の不在は、当該コンテクストにおいて通用している規範が参照点となることで従来意識されてこなかった。しかし、ポスト基礎付け主義においては、従来の参照点としての「妥当」の次元が自明性を喪失していることから、逆に共通の基準が必要となる。ここにポスト基礎付け主義という態度が抱えるジレンマを見出すことができる。すなわち、「自明なものとして妥当している規範が喪失したがゆえに、かえって共通の基準の必要性が増す」という状況である。こうした困難な状況において、共通の基準として「それぞれの規制を要する問題に対し当事者全体にとっての共通の利益を表現し、そのために普遍的承認に値すること」（Habermas 1981, Bd1, 40=1985: 44）が要求されると、ハーバーマスは結論付ける。なぜならば、共通の自明な参照先がないからこそ普遍主義に根ざした強い架橋原理が必要となり、そうした普遍主義的な基準に対してのみ我々は従う理由をもつ、とは考えられるからである。

こうした分析は、ポスト基礎付け主義において普遍化原理が「どのような理由が討議で受け入れられるべきか」を決める基準となることを示している。討議において普遍化原理を規準とした理由の交換・検討が行われることで、「よりよき論拠」を判断することが可能になり、そこにおいて最終的に相互理解に至ることが担保される。普遍化原理こそが、討議倫理において定式化された批判の基準となる。広く人間の社会生活にある理想としてコミュニケーション的行為とその反省形態である討議という関係を見出すのであれば、そうした関係性から導かれる普遍化原理こそ、批判の基点となる基準とならなければならない。

討議倫理は動機づけの理由を担保しうるのか

以上確認したハーバーマスの討議倫理は、コミュニケーション的行為と討議の関係を「人間の社会生活」がもつ理想と位置付け、そこから批判の基準として「普遍化原理」を導く「強い」再構成に基づく内在的批判の試みと言える。しかし、ここで問題となるのが、「強い」再構成に基づく内在的批判が抱える動機付けの理由を十分に与えないという点である。[17] こうした問題は、従来ハーバーマスの普遍主義という文脈で批判されてきた問題でもある。

前節では、こうした問題に「強い」再構成に基づく内在的批判は、大きく二つの仕方で応え得ることが可能であることを示した。一つには、「批判される側の規範的コミットメント」に訴えることが挙げられる。再構成される当の実践が確かに批判される側によっても保持され、その社会で重要な意味を持つならば、そこから再構成された基準は動機付けの理由を与えうる。ハーバーマスは、了解志向のコミュニケーション的行為こそが、批判する側と批判される側を問わず欠くことのできないコミットメントであるとする。

再構成に基づく内在的批判が内在的であるには、実践が十全になされている必要はないが、少なくとも可能性としては実践が存在している必要がある。では、なぜ、了解志向のコミュニケーション的行為が、不可欠なコミットメントと言えるのであろうか。ハーバーマスは、懐疑主義者への応答の中で、こうした問いに対して以下のように答えている。

> 伝統を習得し社会集団に所属し社会化の働きを担う相互行為に参加することをもってはじめて自らのアイデンティティを獲得しそれを維持することのできる諸個人にとっても、コミュニケーション的行為と戦略的行為との間の選択は、抽象的な意味においてのみなしうること、すなわち個々のコミュニケーションでのみなしうることに他ならない。個々人は了解志向的行為のコンテクストから長期にわたって離脱するということを選択するわけにはいかない（Habermas 1982, 112=2000: 162）。

社会はコミュニケーション的行為を通じて維持され、決して戦略的行為を通じては再生産されない。それゆえ、了解志向のコミュニケーション的行為を行うかどうかという点は、個々の局面でのみ問われる問題であり、社会を捉える上では、了解志向を基底に置くことが許される。了解志向は、批判する側と批判される側が共に依拠できる批判の基点となる実践と言える。[18]

しかし、前節で述べたように、「了解志向」が批判の基点となる実践であるとしても、批判される側を十分に動機付けうる規範的なコミットメントとなりうるかが問題となる。なぜならば、了解志向は、理想化された人間社会の実践で、極めて抽象的な理念と言えるからである。そのため、再構成という手法が、どれだけ説得力ある仕方で批判の基準を定式化しているのかを検討する必要がある。論点となるのは、先に依拠した「自明なものとして妥当している規範が喪失したがゆえに、かえって共通の基準の必要性が増す」ことで、共通の基準としての普遍化原理を求めると主張できるか否かである。先の説明では、規範の不安定化から普遍化原理が導かれることを簡単に示した。ハーバーマスは、この点を「遂行的矛盾（performativer Widerspruch）」を用いた論証によって、より精緻な仕方で示している（Habermas 1982: 90-3=2000: 130-3）。

遂行的矛盾とは、言語行為の遂行とその発話内容が矛盾していることを指す。その例としては、『方法序説』におけるデカルトの「我思う、故に我あり」という論証が挙げられる。そこで、デカルトは、「私は、私が存在することを疑っている」という言語行為がはらむ内的矛盾に依拠した論証を行なったとされる。「私が存在しない」という発話内容が、私が発話するという行為と矛盾することから、「我あり」と思う、私の存在を否定できないと結論付けたのであり、遂行的矛盾を通じた論証の例とされる（Apel 1976）。

ハーバーマスは、この遂行的矛盾を用いた論証を討議のルールとの関係で行うことで普遍化原理が導出されるとする。例えば、誰かを排除することで討議を通じた決定を行おうとする試みは、「誰かを排除する」点で討議のルールと齟齬をきたし、それゆえ「討議を通じた」決定とは言えず、遂行的矛盾が生じる。これは一例であるが、こうした論証を通じて、討議を行う上での先行措定たる討議のルールにそもそも含意されている普遍化原理が明らかになるとされる。遂行的矛盾による論証は、何かを主張するためには不可避に一定の前提をせざるを得ず、そうした前提が普遍化原理として定式化されることを示すものと言える。討議のルールに矛盾しない仕方で相互理解を達成するには、普遍化原理を満たすことが必要となる（Habermas 1982: 103=2000: 148）。

遂行的矛盾を用いた論証が示しているのは、了解志向に基づく討議という論証構造へのコミットメントがあるならば、普遍化原理という共通の基準を採用せざるを得ないというものである。ここにおいて、そうした基準に従わない（動機付けられない）ことを、矛盾した行いとして批判することが可能となる。普遍化原理は、矛盾を梃としつつ、実際の行為の局面において立ち返られる共通の基準なのである。

ただし一つ注意すべきは、普遍化原理へのコミットメントの要請が遂行的矛盾を通じた論証によって「究極的に根拠付けられた」とハーバーマスが考えているわけではない点である。[19] ハーバーマスは、定式化された普遍化原理が可謬的であることを認める。なぜならば、了解志向という我々の実践上のコミットメントそのものは疑い得ないにしても、そうした理論以前的な知の再構成やその普遍性要求は不謬なものとは言えないからである（Habermas 1982: 107=2000: 154-5）。

可謬主義へのコミットメントに、ハーバーマスがポスト基礎付け主義という態度を保持している点が最も鮮明に現れている。再構成される対象たる了解志向のコミュニケーション的行為は「人間の社会生活」に不可欠の実践であり、理想であるものの、そこから再構成される批判の原理（基準）は捉え直しの対象であり、可謬的なものとして把握される。ハーバーマスは基礎付け主義者として批判されるが、この可謬主義という点に注目するならば、「あらゆる規範的主張の根拠に疑問が付されうる現代の状況を前提としつつ、政治理論を考察・構想する」ポスト基礎付け主義という態度を前提としていることがわかる。

M・クックが指摘するように、ハーバーマス（そして現代の批判理論）には、「普遍的妥当性への志向とそれを具体的なものとして示す実際の主張の間には避けることのできないギャップが伴うことの自覚」がある。それゆえ、普遍性が「歴史的に特殊な形で明確化されること」はありえないと考える。反対に、普遍性は、ギャップを自覚しつつ、それを志向することで、当該の「コンテクストを超え出る（context transcending）」ことに意味がある。当該コンテクストを超えた問い直しの契機として普遍性はあり、このことこそ批判において普遍性が参照される理由と言える（Cooke 2006: 20）。

「強い」再構成に基づく内在的批判の意義

以上、我々の社会実践を了解志向として捉えるならば、普遍化原理へのコミットメントの拒否は遂行的矛盾となり、結果として普遍化原理は批判において誰もが基点とすべき基準となることが示された。最後に、討議倫理の構想が「強い」再構成に基づく内在的批判として展開されたことの意義を確認しておきたい。背景には、近年批判理論内でそもそも内在的批判という手法を取る必要があるのかという疑問が呈されていることがある。疑問を呈しているのは、先に触れたフォアストである（Forst 2015）。

先述したように、フォアストは、規範的理由の側面、すなわち批判する側と批判される側との間で共有しうる批判の基盤の確立を重視し、それゆえ批判される側の規範的コミットメントのみに依拠することはできないとして、内在的批判に疑問を呈する。代わりに、批判する側と批判される側が共有する「正当化」という実践に着目し、そこから正当化における「相互性」と「一般性」という二つの基準を導出する。[20] フォアストは、正当化の内に、批判を還元することを試みていると言える。

しかし、実際のところ正当化の内に批判を還元する彼の立論は、「強い」再構成に基づく内在的批判とかなりの程度に軌を一にする。なぜならば、フォアストが依拠する「正当化実践」は人間の社会生活における理想に他ならず、そこから先の正当化における基準も「再構成」により導出されるからである。とはいえ、明確に異なる点もある。それこそが、本章が批判に不可欠とした動機付けの理由を巡る論点である。フォアストは、カント的な道徳的人格の構想に依拠することで、規範的理由と動機付け理由との区別を無効化することを試みている。道徳的に相手を批判できれば十分であり、それは先の正当化における二つの基準で担保される。「相互的で一般的に拒否することができない適用可能な理由を無視している際に、その行為は非道徳的であり、理に適っていないとして批判しうる（kann verwerfen）」（Forst 2007: 48）。カント的な道徳的人格の構想を想定するならば、[21] 規範的理由は同時に動機付けの理由となる。

こうした議論に対して、「強い」再構成に基づく内在的批判は、あくまで動機付けの理由への関心を捨てない。フォアストの議論は、端的に言えば「正しいのだから従え（道徳的であるのだから）」というものなのに対し、内在的批判は動機付けの次元を考慮することで、説得という課題に取り組んでいる。遂行的矛盾による論証が示すように、矛盾の指摘を通じた説得によって、共有すべき基準に従うことが要請されるという仕方で、行為の履行が促される。説得という次元を考えた場合、カント的な人格という「道徳的事実」の想定ではなく、（理想として保持されている）社会の実践こそ依拠すべき基点となる。これに対して、フォアストによる批判を正当化へと還元する試みは、この説得という次元をなくす試みと言える。

批判が「行為の履行」を要求すると考えるならば、説得という次元が不可欠となる。人は単に正当化されただけでは従わない。それゆえ「行為の履行」を促す規範的コミットメントを見出すことが必要となる。フォアストの議論は、カント的な道徳的人格への依拠が正当化されうるのかといった理論的な観点から疑義を呈することもできるが[22]、批判という観点からすれば、説得という要素を削ぎ落とし、正当化へと批判を還元した点で問題を抱えている。ポスト基礎付け主義という態度を取るのであれば、正当化は終わりのないものとなる。そうした状況で、行為の転換を求める批判という営為を成功裏に行うには、批判される側の規範的コミットメントに何らかの形で依拠することで、説得の基点を生み出すことが求められるのである。

おわりに

ポスト基礎付け主義が、単なる基礎付け主義でなく、反-基礎付け主義でもないがゆえに、そこにおいて普遍主義へのコミットメントが求められる。これこそがハーバーマスの回答である。もちろん、「ポスト基礎付け主義」という問題意識を共有する理論家の多くは、こうした普遍主義への回帰を目指していない。しかし、ポスト基礎付け主義という態度を共有した理論が普遍主義へのコミットメントを「必須」とする、言わば「再-」基礎付け的な理路を提示しているとするならば、同じ問題意識を共有する他の理論家がそうした導きに「なぜ」、そして「どのようにして」抗うのかは今後問われねばならないであろう。その意味で、「強い」再構成に基づく内在的批判、そして討議倫理の構想は、ポスト基礎付け主義という状況に対する一つの回答であると同時に、試金石であるとも言える。

注

1 本章において、批判理論とは、フランクフルト学派として理解されるT・アドルノ、M・ホルクハイマー、J・ハーバーマス、A・ホネットなどの理論家とそうした理論家の影響を受けつつ理論構築を行っている一連の理論潮流を指す。

2 ハーバーマスにおいて、後期資本主義（社会国家）への問題関心が、従来のマルクス主義の枠組みを超えた新たな批判理論の構築へと向かわせたと言える。そうした取り組みの成果が、『コミュニケーション的行為の理論』（Habermas 1981）に他ならない。こうした理論展開については、田畑（2019）で論じた。

3 ラクラウにおけるポスト・マルクス主義からポスト基礎付け主義に至る展開については、山本（2015）を参照。

4 相手への正当化を伴わない「断言」も主張として捉えることが可能かもしれない。規範が他者との共有を前提としていることからすれば、少なくとも規範的主張であれば、潜在的にはその受け入れを要求していると考えうる。

5 ここでの主張には正当化が伴うという理解は、ハーバーマスが『コミュニケーション的行為の理論』において妥当要求として示した議論を範としている（Habermas 1981, Bd1,chap. 1）。妥当要求の説明は、第三節で簡単に行った。

6 正当化と動機付けのとの違いについては、Cooke（2008: 37-8）も参照。

7 内在的批判と外在的批判を区別する議論の源流にあるのは、「発見」、「発明」、「解釈」の三つに社会批判を区別するM・ウォルツァーによる議論である（Walzer 1987）。本章における内在的批判と外在的批判の区別は、そこから発展した近年の批判理論内での議論（Cooke 2006, Honneth 2000, 2007: chap. 3, Kauppinen 2002, Stahl 2013, 2014）を著者が整理したものである。用語の使い方という意味では、A・カウピネン（Kauppinen 2002）に基本的に従っているが、その特徴付けはカウピネンに必ずしも一致していない。

8　ホネットは、ローティの議論をウォルツァーと同じく「内在的批判」として理解している（Honneth 2000: 73-77=2005: 76-81）。背景には、「もしも社会批判が、〔…〕合理主義的エリート主義もしくは専制の危険に陥ることを望まないのなら、自文化のさまざまな価値評価に対して根本的に肯定的な立場をとることが必要となる」（Honneth 2000: 73=2005: 77）ということが、ローティの意図であると、ホネットが理解しているためである。「専制の危険」を避けるため、「批判する側」が自らの基準への真摯なコミットメントを通じて社会の誤りを正していくことが探求されていると捉えられるのである。

ただし、本章では、先に述べた通り、批判の基準を「批判される側」に置くことを前提として議論を進めるため、そこから必然的にローティの構想は「外在的批判」として位置付けられる。M・クックは、本章と同じ観点から、ローティを代表とする「民族中心的な外在的批判」を「ラディカルなコンテクスト主義」として位置付け、批判している（Cooke 2006: chap. 2）。

9　普遍主義的な外在的批判が本当に規範的理由を与えうるものであるのかという点については、本章では結論を示さず、基本的に動機付けの理由の不十分さという観点からのみ論じる。カウピネンは「道徳的規範の基礎を見つけ出そうとするいかなる試みも、普遍的な承認を得ることを失敗し続けてきた」と述べ、規範的理由が批判する側と批判される側の両方に与えられることが極めて難しく、「実践的に望ましくない」と述べるに留めている（Kauppinen 2002: 481）。

10　カウピネンは、価値が多元的である現状で、普遍的規範を定式化しようとすれば、必然的に抽象的なものにならざるを得ず、結果として通常の動機付けから離れたものとなるとして、この立場を退けている（Kauppinen 2002: 481）。

11　近年のこうした試みとして、ウォルツァーによる「解釈としての社会批判」がある（Walzer 1987）。批判理論で内在的批判が議論される際も、ウォルツァーによる社会批判の区別を参照し、内在的批判を解釈的批判と呼ぶこともある（Honneth 2007: chap. 2）。

12　「再構成に基づく内在的批判」という用語は、カウピネンに従っている。同じ批判の形式をホネットは（内在的批判の内の）「再構成的批判」（Honneth 2007: chap. 2）と呼び、T・シュタールは「実践に基づく内在的批判」（Stahl 2013）と呼ぶ。

13　再構成という手法については、近年多くの研究が近年積み重ねられている（Gaus 2013, Patberg 2017, Pedersen 2008, 成田 2017）。

14　実践のレベルで考えれば、先のイデオロギー批判を含めた三つの内在的批判を状況に応じて使い分けることが求められると言えるかもしれない。しかし、「ポスト基礎付け主義」という態度を前提として理論的に考えるのであれば、「強い」再構成に基づく内在的批判しか説得力をもちえないと考える。

15　本節の内容は、教育思想史学会第二七回大会（2017）で開催されたコロキウム『ポスト基礎付け主義と規範の行方：政治と教育から問い直す』で著者が行なった報告「ポスト基礎付け主義と正当化——内在的批判に基づいた普遍主義からの応答——」をもとにしている。報告の要旨は、『近代教育フォーラム』二七号（2018）の一三八-一三九頁に記載されている。

16　もちろん、性別役割分業という規範を、どのようにして我々が（不完全ながらも）乗り越えてきたのかを想起すれば分かるように、そうした規範の捉え直しは一度に行われるものではない。疑義が一度提起されただけで、すぐに社会全体においてそうした疑義が共有されることは難しい。

17　成田（2016）は、ホネットによる承認論と比較し、ハーバーマスによる再構成が批判される側の「認知的アクセス」という点で問題を抱え、十分に動機付けを与えうる構想になっていないと批判している。内在的批判を巡る議論の中心にいるホネットの議論との比較は、重要な論点であるが、本章では取り扱うことができなかった。

18　A・アレンは、ポストコロニアリズム的観点から、了解志向の基底性に対する擁護がヨーロッパ近代を普遍化するという問題を抱えていると批判する（Allen 2015）。

19　逆に究極的に根拠付けられうるとする立場としては、ハーバーマスが討議倫理を展開する上での盟友と言えるK-O・アーペルの構想がある（Apel 1973）。

20　相互性の基準は「個人として道徳的人格を具体的に尊重するという平等な地位とその命令」を意味し、一般性の基準は「影響を受ける可能性のある人を排除することの防止」を意味する。フォアストは、T・M・スキャンロンの「理に適った拒絶可能性テスト」を参照しつつ、こうした二つの基準が日々の正当化実践の内に含まれているとする（Forst

2007: 32-40)。

21 フォアストは、社会生活において不可避であることに依拠した先の了解志向の擁護も批判している（Forst 2007: 92-3)。ハーバーマスは、コミュニケーション的行為の再生産という観点から了解志向を擁護するが、こうした擁護は結局のところ「道徳的共同体に属していたいという実存的関心」に基づいており、十分でないとされる。それゆえ、道徳そのものの無条件の基礎付けが必要とされる（Forst 2007: chap. 3)。

22 フォアストの議論は、正当化実践の内へ批判を還元することが、道徳的人格の想定を介した動機付け問題の回避となる一方、この回避の成功は道徳的人格への依拠が正当化しうるかに否かに左右される。それゆえ、フォアストは、道徳的人格への依拠により動機付けを正当化の次元に還元することには成功しているが、その代償として道徳的人格への依拠を正当化する重い課題を負っている。こうした困難な構想に対しては、多くの批判が提起されている。代表的な批判として、White（2014）を参照。フォアストによる正当化についての検討は今後の課題としたい。

参考文献

Allen, Amy（2015）*The End of Progress, Decolonizing the Normative Foundations of Critical Theory*, Columbia University Press.

Apel, Karl-Otto（1973）*Transformation der Philosophie Band 1,2*, Suhrkamp Verlag（磯江景孜・松田毅・水谷雅彦・北尾宏之・平石隆敏訳『哲学の変換』二玄社、一九八六年。）

――（1976）"The Problem of Philosophical Fundamental Grounding in Light of a Transcendental Pragmatics of Language", *Man and World* 8（3）（宗像恵・伊藤邦武訳「知識の根本的基礎づけ――超越論的遂行論と批判的合理主義」竹市明弘編『哲学の変貌：現代ドイツ哲学』岩波書店、一九八四年。）

Cooke, Meave（2006）*Re-Presenting the Good Society*, MIT Press.

Forst, Rainer（2007）*Das Recht auf Rechtfertigung*, Suhrkamp Verlag.

――（2015）*Normativität und Macht*, Suhrkamp Verlag.

Gaus, Daniel（2013）“Rational Reconstruction as a Method of Political Theory between Social Critique and Empirical Political Science”, *Constellations* 20（4）, pp. 553-70.

Habermas, Jürgen（1981）*Theorie des kommunikativen Handelns, Band1,2*, Suhrkamp Verlag（河上倫逸・M・フードリヒト・平井旬彦訳『コミュニケイション的行為の理論（上）』未來社、一九八五年、藤沢賢一郎・岩倉正博・徳永恂・山口節郎訳『コミュニケイション的行為の理論（中）』未來社、一九八六年、丸山高司・丸山徳次・厚東洋輔・森田数実・馬場孚瑳江・脇圭平訳『コミュニケイション的行為の理論（下）』未來社、一九八七年。）

——（1982）*Moralbewußtsein und kommunikatives Handeln*, Suhrkamp Verlag（三島憲一・中野敏男・木前利秋訳『道徳意識とコミュニケーション行為』岩波書店、二〇〇〇年。）

Honneth, Axel（2000）*Das Andere der Gerechtigkeit: Aufsätze zur praktischen Philosophie*, Suhrkamp Verlag（加藤泰史・日暮雅夫他訳『正義の他者：実践哲学論集』法政大学出版局、二〇〇五年。）

——（2007）*Pathologien der Vernuft. Geschichte und Gegenwart der Kritischen Theorie*, Suhrkamp Verlag.

Kauppinen, Antti（2002）“Reason, Recognition, and Internal Critique”, *Inquiry*, 45（4）.

Patberg, Markus（2014）“Supranational Constitutional Politics and the Method of Rational Reconstruction”, *Philosophy and Social Criticism* 40（6）, pp. 501-21.

Pedersen, Jørgen.（2008）“Habermas' Method: Rational Reconstruction”, *Philosophy of the Social Sciences* 38（4）, pp. 457-85.

Stahl, Titus（2013）“Habermas and the Project of Immanent Critique”, Constellation, 20（4）.

——（2014）*Immanente Kritik: Elemente einer Theorie sozialer Praktiken*, Campus Verlag.

Walzer, Michael（1987）*Interpretation and Social Criticism*, Harvard University Press（大川正彦・川本隆史訳『解釈としての社会批判』ちくま学芸文庫、二〇一四年。）

White, Stephen. K.（2014）“Does Critical Theory Need Strong Foundations?” Philosophy & Social Criticism 41（3）, pp. 1-5.

田畑真一（2019）「ハーバーマスにおける公共」『思想』二〇一九年三月号。

成田大起（2016）「社会統合における動機付け問題への一解答――ホネットとハーバーマスにおける『認知的アクセス』という視点から」『年報政治学』二〇一六-（Ⅰ）。

――（2017）「方法論としての再構成的批判――ハーバーマスの社会理論における議論枠組み」『社会思想史研究』四一号。

第5章　イデオロギー研究は「政治における正しさ」について何をいいうるか

――マイケル・フリーデンの諸研究の検討を通して

寺尾　範野

神々を支配し、かれらの争いに決着をつけるものは運命であって、けっして「学問」ではない。学問が把握しうることは、それぞれの秩序にとって、あるいはそれぞれの秩序において、神にあたるものは何であるかということだけである。（マックス・ヴェーバー『職業としての学問』）

はじめに

「政治における正しさ」について、本章ではまず、「倫理における正しさ」との関係から考えてみたい。後者について考察する学問分野である倫理学では、「正しい」という形容詞または「正」という名詞としての‘right’は、しばしば「善い」または「善」としての‘good’と対比されつつ、社会秩序の一般原理としての「正義」の概念と密接に関連づけられてきた。すなわち倫理学においては、「善」が個人や共同体によって多様に追求される快楽や幸福、福祉などの「善いもの」を指すのに対して、そうした多様な善の構想を相互に調停し社会に秩序をもたらしうる思考や行為、慣習、制度が、「正しい」思考、行為、慣習、制度と形容され、そうした「正しさ」を普遍化した道徳原理が「正義」であると一般に理解されてきた（塩野谷 2002）。このような倫理学としての正義論の代表格は、いうまでもなく『正義論』を基点とする、ジョン・ロールズによる一連の論考である。

ロールズの正義論に代表されるこうした「倫理における正しさ」は、「政治における正しさ」といかなる関係をもちうるのだろうか。この問いをめぐってまず確認すべきは、「政治における正しさ」を研究対象とする政治哲学（または政治理論、政治思想）も、しばしば「倫理における正しさ」についての議論を行ってきたことである。倫理学者と政治哲学者は、それぞれ哲学と政治学という、相異なる学問分野に属している。だがその一方で、たとえば彼らのロールズ正義論研究には、その観点や問題関心において、しばしば大きな重なり合いが見られるのだ。[2]

現代の政治哲学にみられるこの「倫理における正しさ」への接近傾向を強く批判するのが、レイモンド・ゴイスとバーナード・ウィリアムズをはじめとする「政治的リアリズム」の一派である。彼らは政治哲学の任務を倫理から独立した政治固有の現象についての哲学的考察と定め、これまでの政治哲学にみられてきた「倫理第一主義」（Geuss 2008: 1）を批判する。政治的リアリズムの観点からすれば、「政治的な正しさ」は「倫理的な正しさ」が志向する普遍的理念ではなく、そのときどきの権力関係によって多様に変容する、偶然的な言説の産物である。[3]

このように、政治的リアリズムの観点は「政治における正しさ」と「倫理における正しさ」の不一致を強調する。だが、この点を踏まえたうえで本章が問いたいのは、「政治における正しさ」の問題がつねに権力の問題に回収されざるをえないのか、という問いである。政治をめぐっては、「正しさ」の意味内容よりも権力関係のコンテクストに、つねに分析的な優先性が与えられるべきなのだろうか。権力がそのときどきの「正しさ」の内実を定め、その逆はないのだろうか。

これらの問いを、本章ではイギリスの政治学者マイケル・フリーデン（Michael Freeden）の「イデオロギー研究」に注目しつつ、考察していきたい。フリーデンは、政治の場に現れる多様な「正しさ」を、相対立する多様な「イデオロギー」としてとらえる。その視点は、一方では「政治的な正しさ」の「倫理的な正しさ」への回収を拒否する政治的リアリズムの立場に接近する。だが他方で、フリーデンはイデオロギーをリアリストのように支配集団による権力作用の産物とみなすこともまた拒否する。イデオロギー概念を用いることで、フリーデンは「政治的な正しさ」に見出される倫理と政治の「あいだ」の領域に目を向けるのである。本章の目的は、その内容と方法的な有効性を検討することにある。まず次節では、イデオロギー概念をめぐるゴイスの政治的リアリズムの特色を確認し、続く第二節で、政治的リアリズムと比較しつつ、フリーデンのイデオロギー研究のエッセンスを示す。第三節では、イデオロギー研究の方法を具体的なケースに応用し、このアプローチが「政治における正しさ」の独自性の解明に有益であること、ひいてはポスト基礎付け主義時代の規範のゆくえを考察するにあたっても、一定程度有益な示唆を与えてくれることを示したい。

一　政治的リアリズムとイデオロギー

「倫理の理想理論」からの政治哲学の切り離し

ゴイスは、政治的リアリズムの立場からイデオロギーを考察する代表的論者のひとりである。『哲学と現実政治』のなかで、ゴイスは政治哲学の対象を規範よりも権力へとシフトすべきだと主張する。規範が政治に影響を与えることを認める一方で、ゴイスは、主流派の政治哲学が、「倫理の理想理論（an ideal theory of ethics）」と呼ばれるアプローチに沿って規範を研究していることに、強く意義を唱えるのである。理想理論は、行為や制度の「あるべき」理想の姿を規範の一般原理として抽象化する倫理学的な営みであり、そこから導出された一般原理の観点から現実政治を演繹的に評価するアプローチである。ゴイスによれば、政治哲学がこの理想理論に依拠した際の問題は、それが現実政治の偶然性を考慮に入れなくなる点にある。そこでは、特定の人間観にもとづく特定の行為原理が、時代や地域を超越した普遍的なものと安易に想定されてしまうのである。ゴイスはこうした理想理論としての政治哲学に代わり、「リアリスト」としての政治哲学を提唱する。

政治哲学はリアリストでなければならない。つまり〔…〕人はいかに行為すべきかとか、何を欲求し何に価値をおくべきか、どのような人間になるべきか、といった問題を政治哲学の出発点としてはならないのだ。代わりに取り組むべきなのは、特定の社会や時代で、社会的、経済的、政治的諸制度が実際に

> どのように機能しているか、特定の状況下で何が人々を行為へと駆り立てるのか、といった問いなのである。〔…〕理想や願望は行為に実際に影響を与えるその限りで〔…〕政治にとって適切〔な概念〕なのだ。（Geuss 2008: 9）

ゴイスはヴェーバーに依拠しつつ、規範は「正統性（legitimacy）」を獲得した場合にのみ、政治的行為に影響を与えると指摘する。だがその場合でも、規範は理想理論が想定するような首尾一貫したものとはなりえない。現実政治で影響力をもつ規範は、「他の物事と同様にしばしば混乱し、潜在的に矛盾し、不完全で、外からの影響を受けやすい」（Geuss 2008: 36）ものだからである。最後の部分が指摘するように、正統化された規範はしばしば当該社会の支配権力の影響を受けた結果であるともゴイスは指摘している。そこでは、規範は権力によって「操作され」、「ゆがめられた（distorted）」言説として、つまりは「イデオロギー」として行為に影響を及ぼすのである。

> イデオロギーとは、特定の権力の関係性の結果としてゆがめられた、一連の信念、態度、選好を指す。それがゆがめられているといえるのは、こうした信念や欲望等々が、実際にはある特定の利害に従っているにもかかわらず、あたかも何か普遍的な利害と本質的につながっているかのように見えるからである。（Geuss 2008: 52（傍点は引用者））

ゴイスは、イデオロギーを生産する権力とそのねらいを解明する営みを「イデオロギー批判」と呼び、これを政治哲学の主要任務のひとつとみなす。理想理論の中心人物であるジョン・ロールズの政治哲学に欠けているのは、まさにこの権力／イデオロギーへの視座に他ならない。「イデオロギー的諸観念が近代社会の重要な特徴であり、イデオロギー分析こそ現代政治哲学の不可欠な構成要素とみなせるならば、ロールズの観点は、権力を主題として扱わないがゆえに深刻な欠点を抱えているのだ」（Geuss 2008: 90）。また、ゴイスはロールズの政治哲学それ自体がイデオロギー的な機能を果たしていると主張する。それは、ロールズがある特殊な（＝リベラルな）人間観や正義観に依拠しているにもかかわらず、それらを採用する根拠を不問としつつ、そこから導出される道徳原理を普遍化するからである。換言すれば、ロールズの政治哲学は「ナイーブ」であるか、さもなければ「イデオロギー的」なのである（Geuss 2008: 90）。

イデオロギーへのポスト基礎付け主義的接近

以上に素描したゴイスのイデオロギー論は、本章の議論と関連して二つの特徴をもっている。第一に、ゴイスのアプローチは政治における規範（＝正しさ）の「基礎付け」を徹底して拒否するものである。政治的リアリズムにおいて、規範は混乱や矛盾を内に抱えたものであるか、あるいは特定の権力に資する目的のもとに行使される言説（＝イデオロギー）とみなされる。第二に、他方でゴイスは特定の規範の普遍化を、イデオロギーの重要な機能とみなす。政治において規範は普遍性をもちえず、そこにはつねに偶然性と特殊性が付与されているのではあるが、にもかかわらず、規範がイデオロギーとして作用する際には、「普遍化（＝正統化）された規範」として作用するのである。規範を基礎付け主義的に理解することを拒否し、他方で「規範の基礎付け」という行為そのものは政治の重要な要素とみなす点で、政治的リアリズムは、すぐれてポスト基礎付け主義的なアプローチであるといえるだろう。

ただしゴイスは、いかにしてイデオロギーによって特定の規範が普遍化されるのか、そのメカニズムの説明をしようとはしない。また、果たして普遍化に成功するか否かは、これを試みる主体の権力の「強さ」に還元されるのだろうか。安定的な政権が普及を試みる言説でもつねに成功が約束されているわけではないことを思えば、必ずしもそうではないように思われる。[4] ゴイス自身は、規範の普遍化についての一般的な解明は「それほど重要な問題ではなく」、行うべきはイデオロギーを介した権力作用を個別に詳述する歴史的方法であると述べるにとどめている（Geuss 2008: 51-2）。ゴイスの議論からは、「正しさ」そのものの意味内容が権力作用にどれほどかかわっているか、という問いへの答えは見えてこないのである。

この点の解明を試みたのが、「イデオロギー研究」を提唱してきたフリーデンである。フリーデンもまたゴイスと同様に、政治理論の倫理学からの独立と経験科学としての自立を試みてきた一人である。ただし政治的リアリズムとは異なり、フリーデンは権力による言説の正統化／普遍化を、政治の最も重要な側面であるとの見方はとらない。言語を介した権力作用は、「決断」、「価値の序列化」、「動員」、「秩序の提示」、「ヴィジョンの構築」とならぶ複数の「政治的なもの」の一翼を担うにすぎないと理解されるからである。[5] また、フリーデンはイデオロギーを「普遍化された規範」ととらえる視点をゴイスと共有しつつも、「イデオロギー批判」へとは進まず、イデオロギーを中立的・分析的な概念ととらえている。そこには「政治における正しさ」をめぐる、より内在的かつ洗練されたアプローチを見出すことができるのである。

二　マイケル・フリーデンのイデオロギー研究

「概念の形態学」としての政治理論

フリーデンについては、二〇世紀初頭の英国ニューリベラリズムの政治思想に関する一連の研究がわが国でもよく知られている。と同時に注目すべきは、彼が研究の初期段階から、イデオロギーへの関心も強く示していたことである。実際、フリーデンの最初の著作『ニューリベラリズム』には、「社会改革のイデオロギー」という副題が添えられている。この本でフリーデンは、イデオロギーを、一定規模の集団内で共有された実践志向的な政治思想ととらえている。集団と実践への接近によって、イデオロギー研究には、思想家個人の述べたことに注目しがちな既存の政治思想研究にはない方法的メリットがあるとの見解が、ここですでに示されている（Freeden 1978: 245–247）。『分裂するリベラリズム』でニューリベラリズム研究に区切りをつけたのち、フリーデンは本格的にイデオロギー研究に着手し、その成果は『イデオロギーと政治理論』に結実した。同書の目的は、規範理論とは異なる「経験的」（Freeden 1996: 2）な政治理論のひとつの方法を提示することである。フリーデンはこれを「形態学（morphology）としての政治理論」と名づける。それは概念間の連関のパターンにしたがって政治思想を「複数の対立するイデオロギー」としてマッピングする手法であり、イデオロギー相互の差異と重複、歴史的変容の解明が主な目的となる。ここでは、「自由や正義とはいかなる内容を備える概念であるべきか」という規範的な問いよりも、「自由や正義はこれまでに他の概念といかなる関連をもちつつその内容を変化および確定させてきたか」といった経験的問いが焦点となる。

フリーデンはこうした「形態学としての政治理論」を、規範理論や政治思想史とは異なる、政治理論の「第三のアングル」（Freeden 1996: 9）として定着させるべきことを主張するのである。

否定的イデオロギー観からの脱却

ここから見られるように、フリーデンのイデオロギー概念には、なんら否定的な意味合いは込められていない。実際、政治学において否定的なイデオロギー観が根強いことが、政治理論研究にイデオロギー概念が定着しない最大の要因だとフリーデンはみている。つまり、戦後から現代までの政治学において、イデオロギー概念はもっぱら「支配的イデオロギー・テーゼ（the dominant ideology thesis）」（Freeden 2006: 4）の観点からのみ認識されてきたのである。これは、イデオロギーを有産階級や全体主義政党など、社会の支配集団の利害に資する諸言説ととらえるテーゼである。ここでは、イデオロギーは単数の言説構造体であり、多様な現実を歪曲・単純化した非科学的かつ虚偽の言説と認識される。この「支配的イデオロギー・テーゼ」は、マルクス、エンゲルスによる「虚偽意識としてのイデオロギー」説や、単一イデオロギーに支配された全体主義国家を批判するカール・ポパーやダニエル・ベルらの議論から影響を受けたものである。結果、戦後政治学においては、イデオロギーは「政治哲学の貧しい側面」（Freeden 1996: 13）として否定的にとらえられるに至ったとフリーデンは指摘する。「政治理論研究者にとって〔…〕イデオロギーは非自由主義的で、非実質的、かつ誤った思考」なのであって、「政治理論研究の分野で大成したければ［イデオロギーには］近づくな」が、政治理論研究者の合言葉となったのである（Freeden 2006: 6）。

だがフリーデンによれば、こうした事態は政治理論研究にとって不幸である。それは何よりも、「支配的イデオロギー・テーゼ」が、戦後マルクス主義やポスト・マルクス主義、文化人類学によるイデオロギー概念の多様な発展の成果を、なんら顧みていないからである。フリーデンは、イデオロギー概念の発展に貢献した重要な思想家として、とくにカール・マンハイム、アントニオ・グラムシ、クリフォード・ギアツ、エルネスト・ラクラウ、およびシャンタル・ムフを挙げている。このうち、マンハイムはイデオロギーの複数性や、異なるイデオロギー間の比較方法論を確立し、グラムシはイデオロギーにとっての大衆の同意（＝権力の側の「妥協」）の不可欠性や、哲学者、エリート、大衆が織りなす言説の多層性を示すなど、戦後マルクス主義の思想家によって、イデオロギーはマルクス、エンゲルスのそれよりもはるかに柔軟にとらえられた。また、人類学者ギアツとポスト・マルクス主義者のラクラウとムフによって、イデオロギーの現実秩序化機能という重要な視点が示された。ギアツによれば、イデオロギーは現実に意味を与える表象の体系であり、あたかも地図なしに未踏の地を旅することが不可能であるように、イデオロギーなしで人は現実社会を安心して生きていくことはできない。こうしたイデオロギーの秩序化機能を、普遍性をめぐる闘争の中でとらえたのがラクラウとムフである。彼らによれば、イデオロギーは「空虚なシニフィアン」を通して世界に意味と秩序を与える言説実践である。こうした言説の次元での世界の秩序化は、意味の普遍化をともなうものでもあるが、それはつねに他のイデオロギーとの闘争過程にも置かれている。どの言説が普遍化に成功するかは、多分に文脈依存的で偶然的な事柄なのである[6]（Freeden 2003: 12–25, 40–42, 109–113）。

イデオロギーによる概念の「脱論争化」

こうして示されたイデオロギーの複数性（マンハイム）、多層性（グラムシ）、現実の秩序化（ギアツ）、偶然性と普遍化（ラクラウ、ムフ）といった視座は、すべてフリーデンの「形態学としての政治理論」に継承されている。そこではイデオロギーは、自由主義、保守主義、社会主義、ナショナリズム、フェミニズム、グリーン・イデオロギーなど、対立しつつ並存する複数の「世界観（*Weltanschauung*）」としてとらえられる。各イデオロギーは、しばしば共通した概念を用いる一方で、概念連関のあり方を異にするため、互いに異なる世界観を示す。たとえば、「個性（individuality）」という概念は、これを原子論的（atomistic）な人間観と連関させるか、共同体主義的（communitarian）な人間観と連関させるかに応じて、私的／公的領域への接近の度合いが変化する。前者であれば、個性は他者に危害を加えない限りでの「私」の能力の自由な発露というミル的な自由主義イデオロギーの概念となるであろうし、後者であれば、公的領域における独自の社会的役割の実行という、共和主義のイデオロギーに近づく概念となるであろう。

重要な点は、イデオロギーを構成する諸概念が、つねに他の概念との関係性のもとにおかれてはじめて意味が定まる、「本質的に論争的（essentially contestable）」なものだということである（Freeden 1996: 55–60）。権力の行使、決断、価値の序列化、動員、秩序の提示、ヴィジョンの構築などのあらゆる政治的行為には、「論争性」を概念から剝ぎ取る試みがつねに付随する。フリーデンはこれを概念の「脱論争化（de-contestation）」と呼び、ここにイデオロギーの主要な機能を見出している。ここからイデオロギーは、「相互に定義づけを行う政治的諸概念の一群に、脱論争化された意味を付与する［言語の］広範な構造的調整」と定義づけられる（Freeden 2003: 54）。たとえばリバタリアニズムのイデオロギーにおいて、「私的所有権」は生得的・絶対的な自然権として、また「自由」は、他者から干渉を受けずに行為の選択を行いうる状態として、それぞれ脱論争化（＝他の可能な意味の排除）が行われる。この試みが成功した暁には、税の累進度の引き下げや社会支出の抑制など、「小さな政府」化が公共政策の基本路線となるであろう。また、たとえばジョージ・オーウェルの『1984』の世界では、「自由」は「隷従」と結びつけられるか、もしくは政治的側面をそぎ落とした日常的話法（Ex.「この土地は雑草から守られている（free from weed）」等）に使用が限定される。これによって、「オセアニア」の全体主義体制が維持されるのである。

論理と文脈

以上より、イデオロギーが、政治的言語の相互連関という概念構造の位相と、脱論争化を通した他のありうる概念連関の排除という政治的行為の位相の両者にまたがる概念であることが分かるであろう。両者は「脱論争化」の成否を左右する二つの条件にかかわっている。すなわち、あらゆるイデオロギーは、概念の脱論争化の成功のために、一方では「論理的規定因（logical constraints）」への、他方では「文化的規定因（cultural constraints）」――イデオロギーが置かれた文化的・社会的・歴史的な「文脈」（慣習、宗教、道徳感覚、世論、社会制度、経済状況等）――への配慮を、それぞれ必要とする（Freeden 2003: 55-60）。たとえば、選択の自由を唱えつつ特定集団の選挙権を否定するイデオロギーは、「論理的規定因」から逸脱するために、「脱論争化」に成功する可能性は低いであろう。他方、いかに論理的にはすぐれた体系を有するイデオロギーでも、そのときどきの社会・経済状況に応じた適切な問題提起や、世論や常識に訴えかける効果的な言説表現（しばしば意図的な意味の曖昧化や、レトリックの多用、メディアをとおした感情的ゆさぶりをともなう）がなければ、政治的行為としては脆弱なものとなるだろう。イデオロギー研究とは、諸々のイデオロギーが行う概念の脱論争化のプロセスを、論理と文脈双方の視点からそれぞれ解明する営みなのである。

フリーデンとゴイス

こうしたフリーデンのイデオロギー論は、ゴイスのそれと比較して、いかなる特徴をもつであろうか。まず、両者の共通点として注目すべきは、彼らが、規範的な政治理論それ自体もまたイデオロギーとしての側面をもち、したがって経験的分析の対象となりうると述べていることである。フリーデンによれば、戦後アメリカの政治理論にはとくにこの点が顕著であって、ポパーやアイザイア・バーリン、ロールズまでの政治理論には、読者をリベラリズムという特定のイデオロギーへと「教育し、啓発し、指示し、転向させる」、「動員の道具（mobilizing tool）」としての側面がみられた（Freeden 2006: 8）。また、フリーデン、ゴイスともに、ある特定の概念の定義や世界観を「真理」として普遍化することを、イデオロギーの中心的な機能とみなしている。「真理」が絶対的なものであるとの見方は退けられる一方で、なお政治における「真理」の重要性に着目する彼らのアプローチは、すぐれてポスト基礎付け主義的なものであるといえよう。ニヒリズムによって社会が不安定化しないように、イデオロギーは世界とわれわれの生に「真理＝普遍的な正しさ」という指針を与える。それは概念の脱論争化をともなう政治の帰結であって、倫理の帰結ではない。このような「イデオロギー＝政治的な正しさ」という理解を、ゴイスとフリーデンは共有しているのである。

その一方で、両者の重要な差異として、イデオロギーの「正しさ」が何によってもたらされるかについての見解が異なっている点が挙げられる。ゴイスが「政治における正しさ」を、言説そのものよりも言説外的な権力関係の産物とみなす傾向があるのに対して、フリーデンはより言説内在的に諸概念の脱論争化をめぐる闘争のゆくえを見定めようとしているからである。つまり、フリーデンの方法論においては、言説そのものの論理的な一貫性や文化的コンテクストへの接近の度合いから、どのイデオロギーが優勢を占めうるかが考察されるのである。ここからは、「正しさ」をめぐる言説闘争を権力闘争に還元させず、言説の意味内容そのものがもつ「規範としての説得性」を問う視点が導かれる。それはゴイスが退けた政治哲学の「理想理論」的アプローチとも重なる視点である。この意味で、フリーデンの政治理論は、ゴイスのそれと比べて、「政治」から「倫理」の側へと一段階接近したものであるといえるだろう。

以上みてきたフリーデンの方法論を、実際におきたイデオロギー間の闘争に適用すると、どのような分析が可能になるであろうか。次節では、フリーデンのイデオロギー研究の有効性をはかるケーススタディとして、世紀転換期イギリスのニューリベラリズムと、対抗する諸イデオロギーとの脱論争化をめぐる闘争の様相を追ってみたい。

三　ケーススタディ――イギリスの自由主義イデオロギー

古典的自由主義からニューリベラリズムへ

よく知られているように、一九世紀イギリスのいわゆる「古典的自由主義（Classical Liberalism）」は、（1）コブデンとブライトが率いた「マンチェスター学派」、（2）スミスとリカードが大成させた古典派経済学、（3）ベンサム、ミル父子らが展開した哲学的急進主義などを思想的バックボーンとしつつ、世紀の序盤・中盤には、団結禁止法の撤廃、審査法の撤廃、選挙法改正、救貧法改正、穀物法の撤廃など、市民的・経済的自由の保障を目的とした一連の改革を行い、自由貿易体制にもとづくヴィクトリア期の経済繁栄を後押した。

しかしながら、自由主義イデオロギーは、一八七〇年代以降の長期不況への突入と、貧困や失業問題の都市での可視化、それにともなう社会主義や保護主義的帝国主義の台頭、学問の世界で見られた新古典派経済学および社会学の台頭による古典派経済学の権威失墜などの要因によって、一八八〇年代以降、大きな危機にさらされる。そのひとつの帰結である自由党からのジョゼフ・チェンバレン率いる自由統一党の分離（一八八六年）から一九〇五年までの一九年間のうち、自由党が政権の座につけたのはわずか二年一〇か月に過ぎなかった。

だが、自由主義は一九〇〇年代以降、急速に影響力を回復し、自由党は一九〇六年一月の総選挙で六七〇議席中四〇〇議席を占め圧勝する。それ以後一九一五年五月に第一次世界大戦勃発にともなう連立政府発足までの約九年間、自由党は長期政権を築いた。注目すべきは、この政権下で自由党は「リベラル・リフォーム」と呼ばれる一連の内政改革——社会保険制度の確立や最低賃金制度・累進課税制度の導入など、主に社会政策をめぐる改革——を断行し、リベラルを自称する政治家や官僚、知識人、ジャーナリストが、これを強く支持する現象が見られたことである。「自由主義の復活」とも呼びうる一連の現象を、後の歴史家は当時の自由主義者の自己規定を踏まえつつ、「ニューリベラリズム（New Liberalism）」と呼び、一九七〇年代以降、その政治・経済・社会思想の研究を活発に行った（Freeden 1978; Clarke1978; Weiler 1982）。

フリーデンのイデオロギー研究の観点から見れば、問われるべきは、「自由主義の復活」の主要因であり、その背後にいかなる脱論争化（＝競合する他イデオロギーとの差異化とそれらの排除）が関係していたか、というものである。本節では、その例示として、世紀転換期当時の政治思想の中心的概念の一つであった、①

「有機的（organic）」という概念の脱論争化と、②社会主義イデオロギーの排除と包摂という、二つの要因に着目したい。

「社会有機体」の脱論争化

上述のように世紀転換期イギリスでは、貧困や失業などの「社会問題」の現出によって、社会政策（当時の言葉では「社会改革（Social Reform）」）が喫緊の政治課題となっていた。保守主義、自由主義、社会主義など主要イデオロギーは、それぞれ統一党、自由党、フェビアン協会などの組織を通じて、社会改革を推進するための独自の言説構造の構築を行った。そこではまず、用いられる政治的概念に顕著な差異が見られた。保守主義は、帝国の防衛、産業保護、関税改革、軍隊・官僚の効率性、愛国などいわゆる「社会帝国主義」（センメル 1982）的な諸概念によって社会改革を正当化した。これに対して、自由主義は、個性、進歩、自由貿易、福祉、権利などの用語によって、フェビアン社会主義は、ナショナルミニマム、国民的効率、協同、共同体、集産主義などの用語を用いて、それぞれ社会改革を正当化した。

各イデオロギーの「中核的概念」[7]にはこのように顕著な差異が存在する一方で、「文化的規定因」としての世紀転換期の思想的コンテクストは、特定用語のイデオロギー的差異を越えた普及ももたらしていた（競争、効率、帝国、デモクラシーなど）。ただし、その際も、当該用語に与えられる優先度や意味にはイデオロギー間で顕著な差異がしばしば見られ、このことがイデオロギー間の差異の指標ともなっていた。

「有機的（organic）」という用語もまた、イデオロギー間で異なる脱論争化のプロセスを経た概念の一例である。もとよりこの用語は、ダーウィン進化論後の生物学的言説の普及にともない、世紀転換期イギリスの社会改革論における鍵概念のひとつであった。とりわけ「有機的」は「有機的社会観（the organic conception of society）」や「社会有機体（social organism）」として、「社会」の概念としばしば連結した。そこでは個人と社会の分かちがたい存在論的な結びつきがイデオロギーを越えて認識されていた。たとえば、リバタリアンのハーバート・スペンサーにおいて、「社会有機体」はラマルク進化論的な意味を付与されつつ、彼のレッセ・フェール擁護の基礎ともなっていた。すなわち、下等生物から高等生物への進化過程で細胞組織の複雑化と環境への適応が見られるように、社会有機体においても機能の複雑化をともなう部分（＝個人）の環境への自由な適応活動が、社会有機体の進化をもたらすと認識されたのである（Peel 1971: 173-185）。一方、フェビアン社会主義のビアトリス・ウェッブにおいては、「社会有機体」は集産主義的な経済・社会政策の正当化に用いられ、スペンサーとは正反対の方向に脱論争化された。ウェッブはかつて次のように述べた。「ひとたび社会有機体へ科学的方法を適用すると、イースト・エンドの生活、協同組合、工場法、労働組合の調査において、私はレッセ・フェールの偏見から完全に引き離された」（Webb 1926: 37）。ここでウェッブが「科学的」という言葉で意味しているのは、生物学ではなく、世紀転換期当時、組織化が進んでいた社会学である。[8] チャールズ・ブースのロンドン貧困調査への参加を契機として、ウェッブは社会有機体への「生理学的」視点とならび「病理学的」視点ももつに至った（江里口 2008: 48-51）。ウェッブは、スペンサーがおそらく意図的に社会有機体論への適用を退けた高等生物のひとつの重要な特徴――中枢神経系の発達――をみずからの社会有機体論へと取り入れ、貧困や失業、低賃金、不衛生、不健康などの社会「病理」からの回復のためには社会有機体の中枢神経系にあたる器官――国家――のはたらきが求められるとして、介入主義的国家の正当化を行ったのである。

フリーデンがイデオロギーの「論理的規定因」として示したように、スペンサーのリバタリアニズムとウェッブの社会主義の比較から見えてくるのは、ある程度の論理的な正当化が、どのイデオロギーにも求められていたという事実である。スペンサーとウェッブにおいては、科学――生物学／社会学――の言説がレッセ・フェールまたは集産主義と「有機的」を結びつける概念の触媒としてはたらき、それ以外の概念連関の可能性の排除――「有機的」の脱論争化――を行ったのである。

同様の事柄を、ニューリベラリズムの社会有機体論にも見出すことができる。ただし注目すべきは、ニューリベラリズムの社会有機体論においては、「科学の言説」――L・T・ホブハウスの社会学やJ・A・ホブスンの経済学――と並び、「倫理の言説」による価値規範の「普遍化」も行われたことである。このことはとくにホブハウスの『自由主義』に顕著である。ホブハウスが強調したのは、「個人と社会の関係についての有機的概念」こそ「ミルが生涯を通して解こうとしたものであり……T・H・グリーンの哲学の出発点をなしたもの」（ホブハウス 2010: 95）だということ、すなわち有機的社会観こそ、ニューリベラリズムの哲学・倫理学の要だということであった。ホブハウスは人間の「幸福＝善」を有機的社会観と結びつけ、「個人間の善の調和」としての「共通善（the common good）」を社会正義（social justice）の基礎原理とした（Hobhouse 1922）。「有機的」の概念はニューリベラリズムにおける科学的言説と倫理的言説の接点をなし、これにより「集産主義」（＝国家の公共政策）と「個人主義」（＝個人の幸福）の調和が図られたのである。

社会主義の排除と包摂

ニューリベラリズムに顕著なこうした集産主義と個人主義の接合は、他イデオロギーとの差異化やこれへの批判といった、政治的行為とも繋がっていた。このことは、とくに自由主義による社会主義への姿勢に顕著であった。一八八〇年代終盤から一九〇〇年代序盤にかけてのイギリスでは、フェビアン協会の組織化以外にも、ヘンリー・ハインドマン率いる社会民主連盟や、ケア・ハーディ率いる独立労働党の興隆、これら社会主義組織の連合による労働代表委員会（労働党の前身）の結成など、いわゆる「社会主義の復活」が重要な「文化的規定因」であった。歴史学者ピーター・クラークが自由党ランカシャー地方での選挙運動をケースとして実証したように、一九〇六年総選挙においては、労働者階級を社会主義イデオロギーから引き離し自由主義へと取り込むことに成功したことも、自由党勝利の重要な要因であった（Clarke 1971）。

　ニューリベラリズムによる社会主義との差異化と労働者階級の取り込みには、さまざまな言説戦略が用いられた。ここで確認すべき点は、論理的規定因は脱論争化の必要条件であるが十分条件ではなく、大衆の動員を目的に行われるイメージ操作やレトリックの駆使なども、イデオロギー研究の重要な対象となることである。イデオロギーがいかにその時々の「文化的規定因」を考慮に入れ、大衆の動員を実現するかが脱論争化の成否を左右するのである。実際、ニューリベラリズムの脱論争化の一つの特徴は、レトリックを駆使して社会主義の選択的な排除と包摂を行ったことにあった。すなわち、ニューリベラリズムは、一方では社会主義を階級闘争や生産手段の公有化、私的所有の否定を前面に押し出す、いわゆる「革命的社会主義」として描き、全面的な非難を展開した。[9] しかしその一方で、ニューリベラリズムは社会主義の部分的な包摂もまた行い、後者に接近する労働者階級の取り込みも図った。ひとつの典型的な手段は、「過去の自由主義にすでに社会主義の最良の要素が現れていた（＝ゆえに社会主義は自由主義の一部分である）」、とのレトリックを用いることであった。このことは、『デモクラシーと反動』や『自由主義』などのホブハウスのテクストに顕著に示されている。ホブハウスは、労使間の権力不平等の是正や市民の福祉に対する国家の保護義務を最も一般的に共有された社会主義の意味と定義づけつつ、このような意味の社会主義ならばコブデンの議論にすでに示されていると主張した（Hobhouse 1904: 212-214）。彼はまた、社会主義の目的は国家干渉それ自体ではなく、社会正義と連帯、自由の実現であると規定した上で、これらの特徴がミルの「社会主義的理想」（ホブハウス 2010: 86）に表れていることも強調した。このような歴史の「掘り起こし」や社会主義の特定の定義づけは、マルクス主義やフェビアン社会主義などの他の社会主義イデオロギーの否定——ホブハウスは前者を「機械的社会主義」、後者を「官僚的社会主義」と呼び両者の非倫理性を批判した（ホブハウス 2010: 127-130）——と、返す刀での「自由主義的社会主義（Liberal Socialism）」こそ「真の社会主義」であるとの言説を構築するものであった。

果たしてニューリベラリズムへの転換は、イギリスにおける自由主義の維持存続に繋がったのか、言い換えれば、大戦間期以降、自由党に代えて二大政党の一翼を担うようになる労働党の「社会主義」は、実際にはかたちを変えた「自由主義」であったのか、という問いは、論者によって意見の分かれる、イギリス政治思想史上の難問である。だが、少なくとも世紀転換期イギリスにおいては、古典的自由主義からニューリベラリズムへの転換によって、自由主義イデオロギーは社会問題の現出や階級政治の高まりなどの新たな「文化的規定因」に、かなりうまく対応したとみてよいであろう。ニューリベラリズムの成功の背後には、科学と倫理の言説を駆使した社会改革の論理的正当化や、他イデオロギーの排除／包摂など、さまざまな次元での政治的諸概念の脱論争化の営みがかかわっていた。フリーデンのイデオロギー研究の方法を適用することで、われわれはこのことを確認できるのである。

おわりに

前節で概観した英国ニューリベラリズムのイデオロギーとしての成功例が示すのは、あるイデオロギーが他イデオロギーに対して優勢を占める際には、「論理」と「文化」双方に適した言説構造の効果的な構築が行われているということである。このことは、「政治的な正しさ」が単に権力闘争の産物なのではないこと、「正しさ」をめぐる言説の意味内容もまた、権力闘争のゆくえに大きくかかわることを示している。フリーデンのイデオロギー研究は、権力に倫理的な「正当性」を与え、しかしながらそれ自体はけっして普遍的なものたりえない、そうした政治と倫理の「あいだ」の独自の言説を把捉しうる方法だということができるだろう。それは、価値多元的な社会でありつつ言説の普遍化をめぐる闘争もまたつねに存在する、ポスト基礎付け主義時代の政治における「正しさ」を考察するための、ひとつの有益な方法であるように思われる。

ところでこうしたフリーデンのイデオロギー研究は、われわれ自身が「価値をめぐる闘争」に参加する際に、すなわち特定の政治的信条の他者への説得・普及をわれわれが試みる際に、何か実践的な指針を与えてくれるものなのだろうか。最後にこの点について若干考察してみたい。フリーデン自身は、イデオロギー研究はあくまで経験的な政治理論であること、ゆえに実践そのものからは距離をとるべき学問分野であることを、随所で強調している[10]。だがその一方で、イデオロギー研究それ自体が、政治をめぐる特定の「正しさ」の脱論争化＝普遍化に寄与する側面もあるように思われる。第一に、イデオロギー研究は、過去に存在した脱論争化の過程と成否についての認識の深化をもたらす。このことは、われわれが実際に政治的な「正しさ」をめぐる言説闘争に参与する際に、大きな導きとなってくれるだろう。たとえば、本章で検討したイギリスのニューリベラリズムは、こんにち自由主義の立場から社会政策を推進したいと願う人々に、効果的な言説戦略についての一定の洞察を提供するであろう。第二に、イデオロギー研究は、概念連関のありうる様態についての認識の深化をもたらすことで、われわれ自身の規範的見解についての自己理解も深めてくれる。イデオロギー研究を通して、われわれは、自分が市民として日常抱いている諸規範のあいだに、論理的な矛盾や、思わぬところでのつながりがあることに気づかされるかもしれない。このことは、われわれ自身のイデオロギーを鍛え上げ、自分がいかなる世界の実現を求めているのかを、より明確化することにもつながるであろう。

およそ一世紀前に、「神々の闘争」という言葉によってポスト基礎付け主義時代の学問について語っていたマックス・ヴェーバーは、じつはすでにこのことを述べていたのである。すなわち、経験科学の役割とは、「何をなすべきか」という普遍的な規範を示すことではなく、「なにをなしうるか、また——事情によっては——なにを意欲しているかを教えられる」（ヴェーバー 1998: 35）ことにある、と。

注

1　ヴェーバー『職業としての学問』尾高邦雄訳、岩波文庫、一九八〇年、五五頁。

2　こうした「重なり合い」は、たとえばロールズの批判者として知られるマイケル・サンデルが「政治哲学者・倫理学者」として紹介されることが多いことからも看取できる。

3　一例をあげれば、宗教改革期のイングランドにおいて、ヘンリ八世とエドワード六世の治世下では英国国教会（Church of England）によるキリスト教の「脱ローマ・カトリック化」が「正しい」宗教とされたが、すぐあとのメアリ一世の時代になると、ローマ・カトリックへの回帰が「正しい」とされた。重要なことは、各時代の宗教的な「正しさ」の内実を決めたのが、プロテスタントとカトリックの教義そのものではなく、エドワード派とメアリ派の権力闘争とその結果としての後者の勝利という、偶然的・政治的な出来事だったという点である。

4　たとえばゴイス自身が指摘するように、トニー・ブレアの労働党政権が提唱した「第三の道」は、時の政権安定期において提唱されたにもかかわらず、人口に膾炙したとはいいがたい、「失敗」したイデオロギーであった（Geuss 2008: 47）。

5　フリーデンは近著『政治的思考の政治理論』で「政治的なもの」の体系的整理を試みている。

6　ラクラウは、偶然性へと開かれた言説闘争の不可避性への「気づき」について、それが社会の全体主義化を相対化する契機となるがゆえに歓迎されるべきとの、「ラディカルな楽観主義」を唱えている。「われわれの価値の普遍性が不安定でプラグマティックに構築されていること……を認めることこそ、民主主義的な社会の条件なのである。……啓蒙主義的な価値観をラディカルな歴史主義へと再定式化し、その合理主義的な認識論的、存在論的基礎付けを放棄することは、その伝統の民主主義的な可能性を拡張することであり、他方で啓示的普遍主義の基盤を再充塡することから生じる全体主義的な諸傾向を遺棄することなのである。」（ラクラウ 2014: 130）

7　フリーデンによれば、各イデオロギーで用いられる政治的概念は、その重要度に応じて「中核的（core）」、「隣接的（adjacent）」、「周縁的（periphery）」概念に区別される。どの概念がどこに位置づけられるかもまた、イデオロギーを区別する重要な指針である。たとえば、自由主義が「中核」のひとつに位置づける「自由」は保守主義によっても用いられるが、後者においては隣接的または周縁的な位置が与えられる（Freeden 1996: 77-80）。

8　世紀転換期当時の社会学と社会改革思想の関係については、寺尾（2014）を参照。

9　たとえば、自由党政権でロイド＝ジョージとならびリベラル・リフォームを牽引した若きウィンストン・チャーチルは、一九〇八年の演説で社会主義を次のように攻撃した。「社会主義は富を減らすが、自由主義は貧困を改善する。社会主義は私的利害を破壊するが、自由主義はこれを安全で公平に、公共の権利と調和させつつ守りぬく。社会主義は企業家魂を殺すが、自由主義はこれを特権と特恵という障害から救い出す。社会主義は優秀な個人を攻撃するが、自由主義は大衆が最低限必要とする生活水準（a minimum standard）を探求する。社会主義は規則を賛美するが自由主義は人間

を賛美する。社会主義は資本を攻撃するが、自由主義は独占を攻撃する。」（Churchill 1909: 155）

「イデオロギーの機能が現実の政治的行為を導くものであるのに対して、イデオロギーの分析は、（何人かの政治哲学者が想定する役割とは異なり）特定の政治的行為を指し示したり、推奨したりするためのものではない。その目的は、説明し、解釈し、解読し、カテゴリー化することにあるのだ。」（Freeden 1996: 6）

参考文献

Churchill, Winston（1909）*Liberalism and the Social Problem*, London: Hodder and Stoughton.

Clarke, Peter（1971）*Lancashire and the New Liberalism*, Cambridge: Cambridge University Press.

——（1978）*Liberals and Social Democrats*, Cambridge: Cambridge University Press.

Collini, Stefan（1979）*Liberalism and Sociology: L.T. Hobhouse and Political Argument in England 1884–1914*, Cambridge: Cambridge University Press.

Freeden, Michael（1978）*The New Liberalism: An Ideology of Social Reform*, Oxford: Clarendon Press.

——（1986）*Liberalism Divided: A Study in British Political Thought 1914–1939*, Oxford: Clarendon Press.

——（1996）*Ideologies and Political Theory: A Conceptual Approach*, Oxford: Clarendon Press.

——（2003）*Ideology: A Very Short Introduction*, Oxford: Oxford University Press.

——（2005）"What Should the 'Political' in Political Theory Explore?", *Journal of Political Philosophy*: 13（2）, pp. 113–134.

——（2006）"Ideology and Political Theory", *Journal of Political Ideologies*: 11（1）, pp. 3–22.

——（2008）"Editorial: Thinking Politically and Thinking Ideologically", *Journal of Political Ideologies*: 13（1）, pp. 1–10.

——（2013）*The Political Theory of Political Thinking: The Anatomy of a Practice*, Oxford: Oxford University Press.

Geuss, Raymond（2008）*Philosophy and Real Politics*, Princeton: Princeton University Press.

Hobhouse, Leonard. T.（1904）*Democracy and Reaction*, London: T. Fisher Unwin.

——（1922）*The Elements of Social Justice*, London: G. Allen & Unwin.

Peel, John. D.Y.（1971）*Herbert Spencer: The Evolution of a Sociologist*, London: Heinemann.

Webb, Beatrice（1926）*My Apprenticeship*, London: Longman & Green.

Weiler, Peter（1982）*The New Liberalism: Liberal Social Theory in Great Britain 1889–1914*, New York: Garland.

ヴェーバー、マックス（1998）『社会科学と社会政策にかかわる認識の「客観性」』富永祐治・立野保男訳、折原浩補訳、岩波文庫。

江里口拓（2008）『福祉国家の効率と制御：ウェッブ夫妻の経済思想』昭和堂。

塩野谷祐一（2002）『経済と倫理：福祉国家の哲学』東京大学出版会。

センメル、バーナード（1982）『社会帝国主義史：イギリスの経験 1895–1914』野口建彦ほか訳、みすず書房。

寺尾範野（2014）「初期イギリス社会学と「社会的なもの」――イギリス福祉国家思想の一断面」『社会思想史研究』第三八号、一四四–一六三頁。

フリーデン、マイケル（2011）「政治的に考えることと政治について考えること――言語、解釈、イデオロギー」『政治理論入門：方法とアプローチ』（デイヴィッド・レオポルド・マーク・スティアーズ編著、山岡龍一・松元雅和監訳、慶應義塾大学出版会）、二八三–三〇九頁。

ホブハウス、L・T（2010）『自由主義：福祉国家への思想的転換』社会的自由主義研究会訳、吉崎祥司監訳、大月書店。

ラクラウ、エルネスト（2014）『現代革命の新たな考察』山本圭訳、法政大学出版局。

※本章は、平成三〇–三一年度科学研究費・若手研究（課題番号：18K12218の助成による研究成果の一部である。

第6章　教育におけるポスト基礎付け主義

――クリティカル・ペダゴジーの検討から[1]

市川　秀之

はじめに

究極的な土台の不可能性、基礎付けが不可避的にはらむ失敗、偶発性（contingency）への注視といった要素を考慮しながらも、基礎付け自体は捨てないという考え方であるポスト基礎付け主義は、教育とどのようにつながるのか。序章の内容を踏まえると、この問いを次のように言うこともできるだろう。すなわちそれは、本書序章一一頁の言葉を借りれば、「あらゆる究極的な根拠の不在を受け入れる点でデモクラシーそのものの根拠を疑いつつも、しかしデモクラシーを安易に放棄することにもまた慎重にならざるをえない」中での教育とは、どのようなものなのかというものである。この問いへの応答の仕方は多くあるが、本章ではクリティカル・ペダゴジー（critical pedagogy）の検討から考察したい。

一　ポスト基礎付け主義から見た教育の課題

基礎付け主義と教育

この作業に移る前に、本書のテーマに関して教育の面から行われてきた議論を簡単に確認しておこう。いわゆるポストモダニズム[2]の受容以降、教育学あるいは教育哲学では、基礎付け主義的な近代教育思想に疑念の目が向けられ、新たな展開が模索されてきた[3]。「近代教育学は、どこかに究極の原理を据え、そこから、あるべき人間やあるべき社会の方向を導きだし、それに向けた教育の目的や方法・内容を決めていく、といった形で、自らの議論を正当化してきた」（広田 2009: 112）。近代以降、理性の力を通して人々が無知蒙昧の状況から脱し、究極的な目的に到達するために必須のはたらきかけとして、教育は機能してきた。もう少し詳しく言えば、未熟な状態で生まれてくる人間は、教育を受けて理性の使用方法を学ぶことで、原理に基礎付けられた目的を達成することができる自律的な存在になるとされてきた。

こうした教育はまた、政治社会の形成の側面も含んでいた。理性の使用を妨げる条件の除去は、支配からの解放を同時に意味していた（Misgeld 1975: 23-26）。教育は、理性の使用を可能にする社会において、既に基礎付けられた知識や価値の伝達を通して政治的主体を育てるものとしても機能していたのである。

この政治的主体とは、民主主義社会の担い手であった。啓蒙思想に支えられた教育は、「合理的な原則によって統治され、理性的な思考の力を行使できる社会」（Carr 1995: 77）としての民主主義社会の実現を目指していた。あらゆる人が理性を有し、それの適切な使用を通して世界を認識する。そして、その認識を有した人間が十全に力を発揮できる社会として、民主主義社会が存在する。教育は、このような形で民主主義と関連していた。

「大きな物語」を否定したポストモダニズムの受容後、こうした基礎付け主義的な傾向に疑問が投げかけられた。とはいえそれは、教育そのものの廃棄にはつながらなかった。「[教育とは］ヒトには生まれながらには備わっていない能力を身につけさせようとする行為（作用）、またはその結果をいう。ここにいう能力には、技能や知識や思考力など、ヒトの生存には必要な身体的・知的・情操的な諸力が含まれる」（原 2017: 138 引用文中の［ ］は引用者による補足説明、以下同じ）という簡潔な定義を踏まえるならば、望ましいとされる何らかの知識や価値観の提示によって、他者に変容を促すはたらきかける側面を教育から取り去ることは難しい。それゆえ、「ポストモダン教育学は文化的思想的領域を基礎としながら、（一）近代を批判してこれに背反しながらも、（二）近代を継承せざるをえない教育学、という二つの原理を満たす必要がある」（増渕 2001: 26）とされている。

民主主義と教育　再訪

以上の文脈の中で、民主主義と教育に関する研究も新たな展開を見せている。例えばアメリカの教育哲学では、一九八〇年代以降、民主主義社会の実現を念頭に、「社会的包摂と排除の問題を、グランドセオリーにたよることなく、社会的・学術的論争を考慮しながら問い直していくという課題」（平井 2017: 6）が主要な研究のひとつとなっている。日本の教育哲学でも、ポストモダニズム受容の遺産として、①プラトニズム批判（教育の「本質」という発想の禁止）、②言語論的転回、③人間学的問い（生成や形成という概念を用いた、人間の変化への問いかけ)、④新たな政治的実践性(政治的、社会的コンテクストへの注視)が挙げられ、その後の展開が模索されている(下司 2016: 73–79)。下司晶によれば、①~③が明らかにした真理や言語や人間の文脈性は、教育における「新たな政治実践の可能性」(下司 2016: 78)を指し示している。近年研究されている、皆で決めたという形で決定の正しさを担保するために求められる熟議の技能や、熟議をするにあたって踏まえるべき資質(互恵性など)を育てるものとしての教育、あるいは参加およびアマチュアリズム(専門家に対する素人という意味)を根幹とした市民性を育てる営み(小玉 2017: 191)としての教育の探究は、この模索の一部であるといえよう。これらの研究において教育は、確実性の消失の後に、どのような人間をいかにして育てるのかという問いのもと、民主主義が要請する規範(諸個人の自由の尊重など)、あるいはその規範に基づいて要請される知識や技能の習得を達成するためのはたらきかけとして、位置づけられているのである。

一連の研究は説得力がある一方、民主主義が要請する規範に加え、ある社会が民主主義的に統治されるべきだという考えをどのように基礎付けるのかという問いには、十分には応答していないようにも見受けられる。基礎付け主義の否定はまた、民主主義の望ましさをも括弧に入れているという事実を忘れてはならない。

啓蒙思想が主張するような、民主主義社会の優位性を主張するための「客観的」な哲学的立場は、もはや存在しないと認識する必要がある。このように認識するならば、普遍的に妥当な社会秩序の具現化としてではなく、ある歴史における環境から生じる偶発性を有し、かつ「ポストモダニティ」が主張し描き出す新たな文化的な条件に見合うよう再解釈され、修正されたプロジェクトとして民主主義をとらえ

ることになるだろう。(Carr 1995: 81)

「あらゆるポスト基礎付け主義的な政治が民主主義的というわけではないが、あらゆる民主主義的な政治はポスト基礎付け主義的」(Marchart 2007: 158) であり、「民主主義は偶発性、すなわち究極的な基礎の欠如を必然の前提条件として受け入れなければならない」(Marchart 2007: 158 傍点は原著ではイタリック) ならば、民主主義それ自体の望ましさを基礎付ける仕掛けが必要となる。では、民主主義も含めた諸規範の偶発性を認識しつつ、それらを望ましいものとして基礎付ける営みとはどのようなものなのだろうか。教育はこの基礎付けに、どのように関連するのだろうか。

本章では、クリティカル・ペダゴジーの検討を通して、この問いを考察する。クリティカル・ペダゴジーの代表的な論者であるヘンリー・ジルーは、ポストモダニズムを受容して民主主義教育の理論を展開している。さらにその際、マーヒャルトがポスト基礎付け主義の論者として位置づけるエルネスト・ラクラウらが提唱するラディカル・デモクラシーに依拠し、それと教育とを関連づけている。これらの点から、先に提起した問いへの応答の一つとして、クリティカル・ペダゴジーを検討することには意味があるだろう。以下ではまず、クリティカル・ペダゴジーの議論を参照に、ポスト基礎付け主義と教育との関連を明示する。次に、この関連に潜む問題を抽出する。最後に、ポスト基礎付け主義における基礎付けとしての教育を構想する際の方針を簡潔に示す。

二　ポスト基礎付け主義とクリティカル・ペダゴジー

ルーツとしてのパウロ・フレイレ

クリティカル・ペダゴジーは、一九八〇年代にアメリカで生まれた、民主主義社会の担い手を育てる教育の理論／実践である。この用語を自称する理論／実践は多岐にわたるが、シーホァ・チョウの記述を参考にしてまとめると、以下の三点が共通の特徴となる。それらは、①社会に存在する抑圧がどのような歴史的、社会的背景から形成されているのかを知ること、②学習者および教育者が自らの経験や価値観を①と関連させながら検討すること、③抑圧的な要素を自らの思考や社会の中から取り除き、より自由かつ平等な民主主義社会を創造することである（Cho 2010）。

クリティカル・ペダゴジーの教育論のルーツには、ブラジルなどの国々で貧困に苦しむ人々への識字教育を行った、パウロ・フレイレの思想が存在する。フレイレは、支配を目的として行われる教育の型を、銀行型教育（banking education）と呼ぶ。フレイレによれば、銀行型教育を通して、支配集団は価値のある知とは何かを定めて広める。同時に、意味のある知を生み出す人々の力を否定して、自分たちの知への従属を促すことで、抑圧や支配を正当化する。

知を通した支配の手段としての銀行型教育に代わるモデルとしてフレイレが提唱するのは、「世界を変革するために世界にはたらきかける人間の行動と省察」（Freire 1970=1979: 79）を促すための、課題提起教育（problem-posing education）である。このモデルでは、教育者と学習者が自らの生活について対話することを通して、自分が生きる世界における課題を発見し、その解決策を共同で練り上げて実践する形で、教育が営まれる。一連の活動を通して、学習者は自らが知を生み出して世界を変える存在であることを認識する。

ポスト基礎付け主義と教育との関連の萌芽を看取できるのは、フレイレの晩年の著作においてである。主著『被抑圧者の教育学』を振り返る形で書かれた『希望の教育学』の中で、フレイレはポストモダニズムの一つの形態として新自由主義を挙げ、それに対抗するために「われわれはラディカルにユートピックなポストモダンの観点に、すなわち進歩派の立場に立たねばならないのだ」(Freire 1994=2001: 69) と主張する。この進歩派の立場こそが、民主主義である。フレイレにとってポストモダニズムを通過した民主主義とは、対話に基づく抑圧からの解放への導きを通して、「多様性のなかの統一」(Freire 1994=2001: 220) の実現を可能にするものである。換言すれば、民主主義は新自由主義に対抗し、「ラディカルではあるものの、一部のポストモダニストたちからは嘲笑されるかもしれないヒューマニズムの伝統に根差したユートピアニズム」(Roberts 2003: 465) を実現するための規範を含んだものなのである。

フレイレは、「社会の平等を促し、順調に啓蒙へと導くものとしての教育という空想的な概念を問題とする一方、社会変化の大きなプロセスにおいて潜在的に重要な側面として、進歩的な教授と学習をとらえていた」(Roberts 2003: 463)。偶発性の肯定や基礎付け主義の否定といった言葉は使わないものの、とりわけ晩年のフレイレは、ポストモダニズムを受容した後でもなお基礎付けの必要性を認識していた。そして、反新自由主義的な規範を含んだ民主主義社会の実現に向けた基礎付けの営みとして課題提起教育をとらえていたと考えられる。

ジルーの論とそのポスト基礎付け主義的含意

フレイレの見立てを発展させ、ポスト基礎付け主義的な解釈を可能にする論をつくりあげたのが、ジルーである。「概略的に言って、ポストモダニズムによる差異の強調は、真実、男性–女性、主体性といった、それ以上区分できないように装っているような概念を解体するのに役立っている」（Giroux 1992: 68）とジルーは述べ、ポストモダニズムが差異を関係論的にとらえ、それが権力性をはらんだ言説によって構築されたものであると暴露した点を高く評価する。その一方、フレイレのポストモダニズム受容における「正義と解放についてのモダニスト的な強調」（Giroux 2000: 153）を継承したジルーは基礎付け主義を否定し、多様な差異を尊重しながらも、抑圧状況からの解放を可能とする民主主義社会の実現を重視する（市川 2016: 43）。それゆえジルーは、ポストモダニズム受容後も変わらず、「私の準拠枠は、どのようにしてこの国［アメリカ］を真の批判的な民主主義に変えていくかである」（Giroux 1992: 18）と宣言する。

ジルーによるフレイレの継承と発展について、ポスト基礎付け主義の観点から着目すべきは、ヘゲモニー[4]概念を媒介とした民主主義論と教育の接続である。顕在的であれ潜在的であれ、ジルーをはじめとする多くのクリティカル・ペダゴジーの論者は、ラクラウやシャンタル・ムフが提唱する、ラディカル・デモクラシーを採用している。[5]ポスト・マルクス主義の政治理論であるラクラウとムフのラディカル・デモクラシーは、言説がもたらす意味のシステムの構築をめぐるヘゲモニー闘争により、「階級的位置には還元されない多様な諸アクターの統一」（山本 2016: 55）をつくり出し、自由と平等という民主主義の二大概念の内実を更新し続けることを、左派が取るべき道として提示する[6]（Laclau and Mouffe 1985=2000）。本書第一章でも指摘されているように、この論はポスト基礎付け主義の代表的なものである。

ジルーは一九八〇年代後半にこのラディカル・デモクラシーを受容し、「ラクラウのような論者にとって、基礎付け主義の崩壊は、平板な相対主義や危険なニヒリズムの端緒を示すものではない。究極の意味の欠如は、彼にとって、人間のエイジェンシー［能動的に行為する能力］と民主政治への可能性のラディカル化を意味するのだ」（Giroux 1992: 54）と明言する。そして、これをフレイレ由来の教育と結びつける。この際、フレイレが民主主義を実現するための手段として教育を外部に位置づけているように見受けられるのに対し、ジルーは「ラディカルな政治に関するあらゆる存立可能な概念では、教育が政治の下位集合（subset）ではなく、政治の意味や、政治がつくりだす社会的関係・影響にとって中心を占めていることが認識されていなければならない」（Giroux 2017: 84）と述べ、民主主義の営みの中に教育を埋め込む。

これを可能にしているのが、ヘゲモニーについての解釈である。ラクラウとムフが依拠し、ジルーも初期から積極的に用いていたヘゲモニー論を唱えたアントニオ・グラムシは、「あらゆるヘゲモニー関係は必然的に教育の関係」（Gramsci 1971: 350）であると述べる。ここからジルーは「グラムシにとってヘゲモニーは、政治的かつ教育的プロセスである」（Giroux and Simon 1989: 8）と指摘し、グラムシの考え方を摂取する。ラディカル・デモクラシーの枠内でヘゲモニーと教育についてのグラムシの見解を摂取することで（市川 2012: 78）、ジルーはフレイレから継承した教育についての見立てを、ポスト基礎付け主義的な民主主義論と密接に関連づける。

もちろん、ヘゲモニーによって基礎付けられるものが偶発性を有していることを、ジルーは認識している。偶発的なものとして見るならば、正義や自由といった言説についての基礎付けの準拠枠は、戦略を前もって規定しない。また、特定の社会的もしくは文化的実践を事前に決めるわけでもない。むしろ、基礎付けとして偶発的であるそれらの準拠枠は、ある行動の成果もしくは結果の正確な知識についての超越論的な正当化や保証に依拠せずに、暫定的な戦略が展開されるアリーナの境界を定めるのである。基礎付けとしては、偶発的な準拠枠は重要である。ただしそれは、〔…〕特定の行動を正当化したり可能にしたりする文脈においてのみ、重要となるのである。(Giroux and McLaren 1997: 155)

基礎付けの対象としての準拠枠が偶発性を有するからこそ、ラディカル・デモクラシーの要締であるヘゲモニー闘争としての教育は継続し、民主主義社会が更新されるとジルーは考える。以上のような形でジルーは、ヘゲモニー概念を媒介に基礎付け主義を退けつつ、ポスト基礎付け主義的な解釈が可能な基礎付けとしての教育を民主主義の営みに埋め込むのである(cf. 市川 2016: 49–50)。

この埋め込みに関して注意すべきは、教育には「決定」(Marchart 2007: 2)・「意志の断言」(Wingenbach 2011: 17)が含まれると考えられる点である。マーヒャルトはラクラウについて論じる中で、それ自体への究極的な基礎付けが不可能でありながらも、決定のみが「不在の土台を補いうる」(Marchart 2007: 164)と指摘する。ラディカル・デモクラシーの中でヘゲモニー概念と重ね合わされた教育は、はたらきかけの内実の偶発性を認識しながらも、単なる伝達を超えて何が望ましいのかについての決定を下し、基礎そのものを創り出す。

当然のことであるが、この決定の内容には、民主主義それ自体の望ましさも含まれる。「道徳的、政治的プロジェクトとしての教育が意味するのは、未来へのコミットメントである。それは、未来が社会的により正義にかなった世界となるようにするという仕事を教育者に課す。そのような世界では、理性、自由、平等という諸価値とつなげられた批判と可能性の言説が、民主主義のプロジェクトの一部として、私たちが依拠する土台を変える機能を果たす」（Giroux 2013: 126）とジルーは述べている。しかし、第一節で紹介したウィルフレッド・カーの主張や先のジルーの指摘を踏まえるならば、民主主義自体も偶発性を有していることになるため、確実な土台ではない。そうだとすれば、未来へのコミットメントは、民主主義を望ましいとする決定を含んでいると考えられる。クリティカル・ペダゴジーにおける教育は、社会が民主主義的に統治されるべきだという考え、さらにはその社会で要請される特定の規範（例えば反人種差別）を基礎付けるために、何が望ましいのかについて決定を下すものとして、定位されるのである[7]。

以上の解釈がポスト基礎付け主義と教育との関係について示唆することをまとめると、次のようになる。ポスト基礎付け主義には、望ましさの決定を含んだ規範の基礎付けとして、教育が内在すると考えられる。すなわち、ヘゲモニー関係を教育の関係としてとらえ、その中での特定の規範へのコミットメントを通して、抑圧を退けた民主主義社会を構築しようとジルーが試みたことが示すように、教育が有する決定の要素こそが、民主主義も含めた望ましい価値や生き方を基礎付け、その基礎の上で政治を展開することを可能にする。それ自体が正しいという絶対的な基礎を用意できない時代において、教育は予め決められている普遍的な規範を伝達する行為ではない。それは、人々の間のやり取りのみが基礎付けを可能にするということを露わにすることで、ポスト基礎付け主義の成否を握る地位を占めうるものなのである。

三　基礎付けとしての教育をめぐって

遂行的矛盾？

これまで、フレイレとジルーの論の検討を通して、ポスト基礎付け主義に立脚して民主主義を含む望ましい価値や生き方を論じるための、教育の理路を探究してきた。本節では、この理路に潜む問題を抽出し、解決のためにはどのような方針を掲げうるのかを簡潔に明示したい。出発点としたいのは、ジルーが無批判的に受容する、フレイレの以下のような教育観である。

> 教育はほんらい、指示的で政治的な行為であらざるをえず、ぼくは自分の夢や希望を生徒たちのまえに包み隠さずに示すべきであり、だからこそかえって、生徒たちの考えや立場を尊重することが、ぼくにつよく求められるのだ。ぼくが倫理的たらんとするのは、その認識があるからだ。自分のテーゼ、立場、選好を、真剣に、厳しく、かつ情熱をもって主張すること、しかし同時に、反対意見をいう権利を尊重し、それを支援すること、——それは、発言する権利と、自分の考えや理想のために「争う」義務を教える、またそのなかで相互に尊重しあう精神を教える最良の方法であるはずだ。(Freire 1994=2001: 109)。

フレイレによれば、教育者は規範を含んだ自己の見解を明示する一方で、学習者の経験や声を尊重し、時に自らの考えを反省的にとらえねばならない。それでもなお教育者は、特定の規範へと学習者を導くことが可能であるし、そうすべきである。ジルーもまた、先に紹介した未来へのコミットメントという形で、教育の指導的な性質を肯定している。

こうした考えの根底には、教育者および基礎付けとしての教育そのものの必要性が存在する。例えばフレイレは、被抑圧者の二重性という言葉により、抑圧されている人々が抑圧者に憧れる心情を描き、それを乗り越えるための教育者の介入として、課題提起教育を設定している（Freire 1970=1979）。またジルーも、若者などがいかに抑圧されているかを描いた後、だからこそ教育者による介入が必要であるという論をしばしば展開している。これらから判断すると、クリティカル・ペダゴジーが立脚する教育観では、「解放されるべき人間は、自分たちを解放してくれる誰かを必要とする」（Anwaruddin 2015: 742）という非対称性の前提のもとで、決定を含んだ基礎付けが行われているとも言えるだろう。

この非対称性の前提が、ポスト基礎付け主義にとって厄介な存在となる。ガート・ビースタによれば、これに基づく実践は学習者の教育者への依存を生み出し、両者の間の不平等な関係を永続化させるのに加え、学習者の経験への不信も引き起こす[8]（Biesta 2010: 45-46）。ビースタの指摘を是認するならば、ここまで述べてきたポスト基礎付け主義における教育のあり方は、教育者の意見の押し付けという段階を超えて、遂行的矛盾を引き起こすことになる。というのも、理論上は開かれた基礎付けを可能にすると謳っているにもかかわらず、実践上は教育者を絶対化する属人的な基礎付け主義となり、偶発性を抑え込む方へと向かってしまうからである。

もちろん、フレイレやジルーは、属人的な基礎付け主義という批判を受け入れないだろう。フレイレは『被抑圧者の教育学』の中で、「民主主義を賛えながら民衆を黙らせるのは茶番であり、ヒューマニズムについて論じながら人間を否定するのは虚偽である」（Freire 1970=1979: 102）と述べ、学習者と教育者が対等な関係で対話に臨むべきであること、教育者は学習者でもあるべきことを強調する。また、初期から「フレイレの著作は、……人々に一方的にはたらきかけるのではなく、人々と共に動く時に変革が生まれるのだということを示している。こうした、人々の闘争と希望に対する敬意の精神に基づいてこそ、解放的な教育が生まれうる」（Giroux 1981: 139）と肯定的に指摘していることから示唆されるように、ジルーもフレイレと同様の考えを有している。

ある方針とその問題——ジャック・ランシエールの論から

では、ポスト基礎付け主義と結びついた教育が、遂行的矛盾によって基礎付け主義という茶番へと傾きかねない事態に、どのような方針で臨むべきだろうか。これを考えるためのひとつの参照点として取り上げたいのが、「［啓蒙主義的な解放を志向する］原理主義的傾向と、その教育概念に内在する道具主義」（Biesta 2005: 147）と手を切り、異なったポスト基礎付け主義の構想のもと、極めて薄い基礎付けのみに教育の役割を限定するという方針である。

この代表的な論者として取り上げたいのが、ビースタをはじめとする論者がしばしば依拠するジャック・ランシエールである。ランシエールは『無知な教師』において、「すべての人間は平等な知性を持っているという原則」（Rancière 1987=2011: 27）に基づく教育のあり方を提唱する。ランシエールによれば、誰かに強制されてにせよ、自らの欲求が高まってにせよ、「自らを突き動かす力」（Rancière 1987=2011: 80）である意志のもとで、何らかを習得するにあたって必要な諸力としての知性[9]——これは個人によって異なっている

――を諸個人は用いることができる。[10] そのため、「知性が己を他のすべての知性と平等であるとみなすとき、その知性が何をなしうるか自覚させること」（Rancière 1987=2011: 60）が、教育の要となる。

このタイプの教育では、教育者は「探究者をその人自身の道、その人がたった独りで弛まず探究し続ける道に引き留めておく者」（Rancière 1987=2011: 51）であり、その役割は、「自分自身の知性と意志に従っていると学習者に確信してもらうこと」（Anwaruddin 2015: 745）に限定される。このはたらきかけは常に成功するわけではなく、学習者がいつ自らの知性を十全に使用できるようになるのかも分からない（Rancière 1987=2011: 75）。

「我々にとって問題なのは、すべての知性が平等だと証明することではない。この仮定に基づけば何ができるのかを見ることである」（Rancière 1987=2011: 68-69）と述べるランシエールにとって、知性の平等は絶対的な原理ではない。それは、教師による具体的な指導なしに、人々が自らの知性を用いて独力で何らかを習得したという事実から暫定的に導き出された「臆見」（Rancière 1987=2011: 67）でしかない。基礎付け主義的な意味での基礎付けを放棄したようにも見えるこうした論について、トッド・メイは、「ランシエールの平等概念には規範的な要素が不可避的に存在する」（May 2008: 106）と述べ、究極的な土台が欠けた状態で規範を普遍化する試みとして解釈している（May 2008: 104-106）。メイの解釈を肯定してあえて言うならば、ランシエールの論もまたポスト基礎付け主義的である。この枠組みにおいて教育が語ることができる規範の望ましさは、その役割ゆえに極めて少ない。

基礎付け主義に回帰することなく、望ましい価値や生き方を基礎付けるための教育のあり方という本章で扱ってきた事柄からすると、ランシエールの論には決定的な問題がつきまとう。それは、ランシエールの言う教育が、常に望ましい結果をもたらすと仮定しているように見える点である。マーヒャルトは政治学の立場から、ランシエールの論に「解放のアプリオリズム」(Marchart 2007: 159)を看取し、それがカール・シュミットに由来する友‐敵の概念に支えられた政治的なものに、倫理を事前に滑り込ませる倫理主義に他ならないと指摘する(Marchart 2007: 159)。知性を用いることを重んじるランシエールの論は、どのような方向にそれを用いるべきかを扱わないため、帰結として導出されうる事柄を支える規範の望ましさを語ることはできない。それにもかかわらずランシエールは、知性の平等に基づく解放が何らかの望ましい結果を生み出すと期待しているというのである。ラクラウもまたマーヒャルトと同様の点を指摘し、知性の平等が招来するかもしれないファシズムのような「オルタナティブを考慮に入れず、政治の持つ可能性を解放の政治が持つ可能性と重ね合わせ過ぎている」(Laclau 2005: 246)とランシエールを批判する。

これらの批判が妥当だとするならば、ランシエールに由来する教育も同様の難点を抱え込むことになるだろう。実際、ランシエールに直接的に言及するわけではないが、教育学から同型の批判が出されている。ダレン・ウェブは、ユートピアを掲げる教育理論の類型を、規範を掲げて具体的な未来像を提示するものと、そうした行為を否定し、「内容を欠いた」(「ラディカルに開かれた」)空間を想像する」(Webb 2017: 558)ものに分類する。ウェブによれば、フレイレに代表される前者は近年では退潮気味であり、後者が主流となってきているという。ウェブはこの傾向を批判し、次のように述べる。

> 抑圧された歴史の発掘それ自体は、ユートピア的な未来への道を示すわけではない。対話の空間の構築それ自体は、眠っていたユートピア願望を揺り起こすわけではない。〔…〕内容とビジョンを欠いてし

まえば、ユートピア教育学は、目的がない状態で過程を理想化する、空虚かつ先の見えないプロジェクトとなってしまうのだ。(Webb 2017: 560)

上記の指摘に加え、「ユートピアはそもそも規範的であり、具体像を持つ」(Webb 2017: 560) という記述を踏まえると、ウェブの考えは教育における解放のアプリオリズム批判として読むことができる。ウェブに従えば知性の平等という規範は空虚であり、現実の批判や秩序の創造に直接的には手を出し得ない。あらゆる発言や行動を知性の平等に基づくものとして扱いうるため、教育は民主主義を破壊する発言や行為に対抗する基礎付けを行うことが難しくなる。つまり、薄い基礎付けのみによる教育概念の再構成は、方向性なき空虚な望ましさの提供になってしまう可能性があるのだ。

そうだとするならば求められるのは、決定を含んだ基礎付けとしての教育およびそれに付随する非対称性の前提に、ポスト基礎付け主義の原理を向けることにより、開かれた基礎付けを確保することであると考えられる。規範の偶発性などの要素を取り入れようとも、ヘゲモニーの行使としての教育が遂行的矛盾を犯すのであれば、基礎付け主義的な教育とポスト基礎付け主義的なそれは何が異なっているのかが明確にはならないはずである。[11] 基礎付けによる規範の担保を行いながらも、その行為に潜む不確実性や偶発性を取り上げることで、ポスト基礎付け主義的に望ましさを決定する教育の姿を考えることが可能となるのではないだろうか。

おわりに

本章では、クリティカル・ペダゴジーを参照に、ポスト基礎付け主義と教育との関連について考えてきた。これによって導き出されたのは、ヘゲモニーの行使として教育をとらえるならば、それは民主主義を含めた規範の開かれた基礎付けに不可欠となること、およびその見立てのもとで属人的な基礎付け主義に陥る遂行的矛盾を回避するべきだということであった。

教育におけるポスト基礎付け主義を考えるためには、それを民主主義論とつなげるだけでは不十分である。これに加え、教育そのものをもポスト基礎付け主義の知見から捉え直さなければならない。ポスト基礎付け主義の立場からより厳密に考察をするためには、政治と教育との密接な関連を認識しつつも、一方を他方に回収させることなく、おのおのに固有の問題に向き合うことが求められるだろう。

注

1 本章は、教育思想史学会第二七回大会で発表した内容を修正したものである。発表内容を要約した報告は、拙稿（2018a）を参照のこと。また本章は、クリティカル・ペダゴジーの枠内で規範の定立・伝達過程について論じた拙稿（2016）を踏まえ、そこで展望として簡潔に示した、クリティカル・ペダゴジーをポスト基礎付け主義的にとらえることが可能ではないかという指摘について、教育という行為そのものに射程を広げて発展的に議論することを試みるものである。

2 基礎付け主義を批判し、大きな物語への疑義を呈する一連の思想を指す。

3 この詳細については、増渕幸男・森田尚人編（2001）『現代教育学の地平：ポストモダニズムを超えて』南窓社を参照のこと。

4 もともとヘゲモニーは、「ある階級が他の階級に対し政治的、文化的に支配し指導すること」（桜井 2008: 284-285）を意味していた。ラクラウとムフはこの定義から階級概念を取り去り、さらに指導をポスト構造主義的な言説理論と接続させた。この解釈では、「何よりもまず言説が、変化し続ける歴史的形態における異種混交的な諸要素を繋げ、修正するというある種の社会実践となる」（Howarth 2015: 10）。

5 ラディカル・デモクラシーの詳細は山本圭の著書（2016）を参照のこと。また、ジルーによるフレイレ解釈の変化および本章で要約的に記述したラディカル・デモクラシーの摂取については、拙稿（2012）で詳細を論じている。

6 エド・ウィンゲンバックによれば、「ポスト基礎付け主義の政治理論に課せられているのは、基礎の破壊ではない。そうではなく、通常の実践の中に、社会的、政治的生についての常に不可避的に不完全かつ不十分な土台を探究・争議・再形成し続けることを政治が取り入れられるようにするために、基礎それ自体の偶発性を可視化することである」（Wingenbach 2011: 12）。ラクラウとムフのラディカル・デモクラシーはまさに、こうした営みを軸としている。

7 理性は、こうした基礎付けを行う際にはたらかせる能力として再解釈される。ジルーは、「クリティカル・ペダゴジーの中で、理性の啓蒙的概念は再構成されるべきである」（Giroux 1992: 77）と断言し、絶対的な正しさについての認識を可能にする理性という見方からは距離を取る一方で、論理的な推論からよりよい方向を打ち出すための能力という側面は擁護する。なお拙稿（2016）においては、決定については論じていない。

8 ビースタによる批判の詳細は、藤井佳世の論文（2017）を参照のこと。ただし、藤井はジルーを詳しく扱っているわけではない。拙稿（2018b）においても、ビースタの批判を簡潔に紹介しているが、本章では彼の批判をポスト基礎付け主義が有しうる難点を提示する呼び水として用いている。

9 「知性とは、観念の結合である以前に注意であり探究である」（Rancière 1987=2011: 80）、「知性の行為とは見ること、そして見たものを比較することである。知性はまず行き当たりばったりに見る。知性が努めなければならないのは、反復すること、つまり、一度見たものを再び見るための、同様の事実を見るための、見た者の原因でありうる事実を見るための諸条件をつくり出すことである」(Rancière 1987=2011: 82)。

10 ランシエールによれば、理性とは「あらゆる言語を習得する能力」(Rancière 1987=2011: 80)を指す。「理性的な意思伝達は自己の評価と他者の評価との平等に基づき、この平等を絶えず確認しようと努める」(Rancière 1987=2011: 118)という記述が示唆するように、理性は人々の個別性を同等に担保するために他者を理解したり、自らを表現したりする際に用いられる。

11 紙幅の都合上詳論できないが、こうした作業には教育哲学での成果を用いることができる。例えばニコラス・バービュレスは、教育行為の予測不可能性やはたらきかけの結果の不確実性を悲劇の感覚(tragic sense)と呼び、「悲劇の観点から教育を見るならば、基礎付け主義は廃棄され、疑念と不確実性こそが私たちをよりよい教育者へと差し向けるのだと信じるようになる」(Burbules 1990: 478)と指摘する。これにより、①教育行為における発見や話し合いなどの機会をつくりだし、②目的達成に寄与する教育者の能力の限界を認識した上で、学習者やその他の人々との協力関係を促進し、③社会変革や改良に対する謙虚な姿勢をとることが可能となる(Burbules 1990: 478)。バービュレスのこうした論は、ポスト基礎付け主義的な教育論を精緻化するための足掛かりとなるだろう。また、拙稿(2018b)においては、本章で提起した課題にクリティカル・ペダゴジーの枠内でいかに応答しうるかについて、フレイレとランシエールの統合を試みるタイソン・ルイスの論を参照に探究している。

文献一覧

Anwaruddin, Sardar. M. (2015) "Pedagogy of Ignorance", *Educational Philosophy and Theory*, 46 (7), pp. 734-746.

Biesta, Gert (2005) "What Can Critical Pedagogy Learn from Postmodernism?: Further Reflections on the Impossible Future of Critical Pedagogy", in Gur-Ze'ev, Ilan (ed.) *Critical Theory and Critical Pedagogy Today: Toward a New Language in Education*, Haifa: University of Haifa, pp. 143-159.

—— (2010) "A New Logic of Emancipation: The Methodology of Jacques Rancière", *Educational Theory* 60 (1), pp. 39-59.

Burbules, Nicholas, C.（1990）“The Tragic Sense of Education”, *Teachers College Record* 81（4）, pp. 469–479.

Carr, Wilfred（1995）“Education and Democracy: Confronting the Postmodernist Challenge”, *Journal of Philosophy of Education* 29（1）, pp. 75–91.

Cho, Seehwa（2010）“Politics of Critical Pedagogy and New Social Movements”, *Educational Philosophy and Theory* 42（3）, pp. 310–325.

Freire, Paulo（1970）*Pedagogy of the Oppressed*. New York: Continuum.（小沢有作・楠原彰・柿沼秀雄・伊藤周訳『被抑圧者の教育学』亜紀書房、一九七九年。）

——（1994）*Pedagogy of Hope: Reliving Pedagogy of the Oppressed*, New York: Continuum.（里見実訳『希望の教育学』太郎次郎社、二〇〇一年。）

Giroux, Henry, A.（1981）*Ideology, Culture, and the Process of Schooling*, Philadelphia: Temple University Press.

——（1992）*Border Crossings: Cultural Workers and the Politics of Education*, New York and London: Routledge.

——（2000）*Stealing Innocence: Corporate Culture's War on Children*, New York: Palgrave.

——（2013）*America's Education Deficit and the War on Youth*, New York Monthly Review Press.

——（2017）*The Public in Peril: Trump and the Menace of American Authoritarianism*, New York and London: Routledge.

Giroux, Henry, A., and Peter McLaren（1997）“Paulo Freire, Postmodernism, and the Utopian Imagination: A Blochian Reading”, in J. Owen, and T. Moylan, eds., *Not Yet: Reconsidering Ernst Bloch*, London and New York: Verso, pp. 138–162.

Giroux, Henry, A. and Roger Simon（1989）“Popular Culture as a Pedagogy of Pleasure and Meaning”, in Giroux, Henry, A., et al., *Popular Culture, Schooling, and Everyday* Life, Bergin and Garvey, pp. 1–29.

Gramsci, Antonio（1971）*Selections from Prison Notebooks*, New York: International Publishers.

Howarth, David（2015）“Introduction: Discourse, Hegemony, and Populism: Ernesto Laclau's Political Theory”, in D. Howarth, ed., *Ernesto Laclau: Post-Marxism, Populism, and Critique*, London and New York: Routledge, pp. 1-20.

Laclau, Ernesto（2005）*On Populist Reason*, London and New York: Verso.

Laclau, Ernesto and Chantal Mouffe（1985）*Hegemony and Socialist Strategy: Towards a Radical Democratic Politics*, London and New York: Verso.（山崎カヲル・石澤武訳『ポスト・マルクス主義と政治：根源的民主主義のために』（復刻新版）大村書店、二〇〇〇年。）

Marchart, Oliver（2007）*Post-Foundational Political Thought: Political Difference in Nancy, Lefort, Badiou, and Laclau*, Edinburgh: Edinburgh University Press.

May, Todd（2008）*The Political Thought of Jacques Rancière: Creating Equality*, Pennsylvania: The Pennsylvania State University Press.

Misgeld, Dieter（1975）"Emancipation, Enlightenment, and Liberation: An Approach toward Foundational Inquiry into Education", *Interchange* 6（3）, pp. 23-37.

Rancière, Jacques（1987）*Le Maître ignorant : Cinq leçons sur l'émancipation intellectuelle*, Paris: Fayard.（梶田裕・堀容子訳『無知な教師：知性の解放について』法政大学出版局、二〇一一年。）

Roberts, Peter（2003）"Pedagogy, Neoliberalism, and Postmodernity: Reflections on Freire's Later Work", *Educational Philosophy and Theory* 35（4）, pp. 451-465.

Webb, Darren（2017）"Educational Archeology and the Practice of Utopian Pedagogy", *Pedagogy, Culture & Society* 25（4）, pp. 551-566.

Wingenbach, Ed（2011）*Institutionalizing Agonistic Democracy: Post-Foundationalism and Political Liberalism*, Farnham: Ashgate.

市川秀之（2012）「ヘンリー・ジルーのクリティカル・ペダゴジーにおける政治理論と教育理論のつながり――押しつけという批判に応答するために」『教育哲学研究』第一〇五号、六九-八七頁。

――（2016）「クリティカル・ペダゴジーにおける規範」『日本デューイ学会紀要』第五七号、四三-五二頁。

――（2018a）「ポスト基礎付け主義の教育理論としてのクリティカル・ペダゴジー」『近代教育フォーラム』第二七号、一三九‐一四〇頁。

――（2018b）「クリティカル・ペダゴジーの美的側面――教育による解放の再考」『日本デューイ学会紀要』第五九号、一〇一‐一一〇頁。

下司晶（2016）『教育思想のポストモダン：戦後教育学を超えて』勁草書房。

小玉重夫（2017）「民主的市民の育成と教育カリキュラム」秋田喜代美編『岩波講座　教育　変革への展望5　学びとカリキュラム』岩波書店、一八五‐二〇八頁。

桜井哲夫（2008）「ヘゲモニー」今村仁司・三島憲一・川崎修編『岩波社会思想事典』岩波書店、二八四‐二八六頁。

原聡介（2017）「教育」教育思想史学会編『教育思想事典　増補改訂版』勁草書房、一三八‐一四一頁。

平井悠介（2017）『エイミー・ガットマンの教育理論：現代アメリカ教育哲学における平等論の変容』世織書房。

広田照幸（2009）『ヒューマニティーズ　教育学』岩波書店。

藤井佳世（2017）「批判的教育学の批判」『横浜国立大学教育人間科学部紀要Ⅰ教育科学』第一九号、一四五‐一六二頁。

増渕幸男（2001）「ポストモダンと教育学の展望」増渕幸男・森田尚人編『現代教育学の地平：ポストモダニズムを超えて』南窓社、七‐三五頁。

山本圭（2016）『不審者のデモクラシー：ラクラウの政治思想』岩波書店。

第7章　「教育」を必要とするデモクラシー
――ポスト基礎付け主義としてのプラグマティズム再理解に向けて

生澤　繁樹

はじめに――デモクラシーは「教育」を必要とする？

歴史を通して眺めるならば、「教育」をめぐる思想は、デモクラシーというある特定の政治制度や政治的態度を必要としたわけではなかった。ときに独裁的な政治や全体主義の国家は、学校教育や社会教育といったかたちをとりつつ、既存の政治体制を強化したり持続させたりするためのツールとしてまさに「教育」を利用した。しかし、「統治の形態」としてあるか、私たちの「生き方」としてあるかにかかわらず、デモクラシーはデモクラシーそれ自体のために「教育」を必要とする。ただし考えなければならないのは、デモクラシーがどんなものであれ「教育」を必要とするということではなく、それがどのような「教育」を必要としているのかということである。かつてそのように述べていたのは、プラグマティズムの哲学者ジョン・デューイ（John Dewey）であった。『デモクラシーと教育』のなかで、デューイは次のように論じている。

デモクラシーが教育に熱意を示すことはよく知られた事実である。表面的に説明すれば、みずからの統治者を選挙しそれに従う人びとが教育されていなければ、普通選挙に基礎をおく政治はうまくいくはずがないということになる。しかしデモクラシーに基づく社会は外在的な権威による原理を否認するという理由から、それに代わるものを自発的な性向や関心のなかに見いださなければならない。それらは教育によってのみつくりだすことができる。(Dewey 1980: 93=1975a: 141-142)

すなわち外在的な「権威」という原理によってではなく、それに代わる「性向」や「関心」を内在的な作用として生みだそうとするために、デモクラシーは「教育」を必要とする。そしてそのようなデモクラシーは単に既成の社会を存続させるためだけにあるものとは違った教育の基準と方法を求めているとデューイは語った(Dewey 1980 : 87=1975a: 133, cf. 生澤 2015)。「教育」を必要とするのは、ただ「教育」を抜きにした「政治」が想像しにくいからではない。「教育」が単に「政治」を実現するための基礎になるという理由からでもない。「政治」がみずからのあり方と独立して配慮し対応すべき対象や題材であるという以上の規範的意味を「教育」が抱え込んでいるからである。

本章では、デモクラシーが「教育」を必要とし、またこの「教育」というプロセスを良くも悪くも引き受けていることの意味を考察する。そこから「ポスト基礎付け主義(post-foundationalism)」としてのプラグマティズム再理解の可能性を探ってみたい。まずは、プラグマティズムとデモクラシーのつながりを眺めたうえで、「反基礎付け主義(anti-foundationalism)」として定位されたプラグマティズムの困難がどこにあり、その乗り越えを現代のプラグマティズムがどのように図ろうとしているかを検討する（第一節〜第三節）。そのうえでプラグマティズムとデモクラシーがともに「教育」の問いなおしを求めたことに着目しながら、デューイの教育思想の読みなおしを試みる（第四節〜第五節）。この再読を通してわかるのは、「反基礎付け主義」に対する「ポスト基礎付け主義」の問題提起にプラグマティズムがどのように応答でき、またどのように応答できないかということである。

一　プラグマティズムの方法――リスの挿話に見る「包摂」と「寛容」のデモクラシー

ウィリアム・ジェイムズ（William James）のリスの挿話を取り上げてみよう。ジェイムズが回想するのは、あるキャンプのなかで参加者たちの意見を二分するほどに交わされた、リスと木と人間の位置関係をめぐる哲学的議論である。あるひとが、木の反対側へと逃げ込み隠れていくリスを追いかけ、樹木のまわりを廻っている。この見えないリスの「まわり」をひとは「廻っている」といえるのか。これに対してジェイムズは、議論の参加者たちに意見を求められ、次のように応答する。まず、リスが所在した「位置」をそのひとが「北」、「東」、「南」、「西」と「順々に占めていく」と捉えるならば、リスの周囲を廻っていることになる。けれども、リスの「正面」、「右手」、「背後」、「左手」と廻っているかと考えてみると、「リスはいつまでたってもその腹を人の方に向け、その背はむこう向きにしたまま」である。だからリスのまわりを廻るということはありえない。要するに、「『どちらが正しいかは』と私はいった、『リスの『まわりを廻る（going round）』ということを諸君が実際にどういう意味でいっているかによって定まることだ。〔…〕諸君が『まわりを廻る（to go round）』という動詞を実際的にどう考えるかに従って、諸君はどちらとも正しいといえるし、またどちらも誤っているといえよう』」（James 1977：376-377=1957: 37–38, cf. Cerryholmes 2002: 89–90）。

　ジェイムズの『プラグマティズム』第二講の挿話として語られたこの有名なリスの物語を読み解きながら、クレオ・チェリーホームズ（Cleo Cherryholmes）はプラグマティズムの方法のもつ特徴を二つの側面からまとめている（Cerryholmes 2002）。第一に、チェリーホームズによれば、この挿話から見えるプラグマティズムの方法は、対象の本質や真理についての「基礎」を探し求める形而上学的議論ではなく、さまざまな帰結とのかかわりから対象の意味がもつ「実際的効果（practical results）」をどのように考えるかが重視されるという特徴をもつ。「プラグマティズムの方法は、コンテクストにおける帰結の意味をめぐるものであり、帰結の抽象的な意味——これが矛盾した表現であるのは確実だが——をめぐるものではない」（Cerryholmes 2002: 92）。つまり、私たちが手にしたり依拠したりする「真理」は、唯一の絶対的なものではない。いいかえれば、さまざまな状況に置かれることによってその都度「有用」になるかもしれない真理の候補がつねにたくさん存在しうる。

　ジェイムズの「余計な真理（*extra* truths）」というアイデアは、このことをよく表わしている。ジェイムズは次のようにいっていた。すなわち、「真の観念の実際的価値は、第一義的には、その対象がわれわれにたいして有する実際的な重要さから由来する。実際、その対象はいつでも重要なわけではない」（James 1977: 431=148–149）。ジェイムズが示したのは、私たちの世界がこうしたつねに正しいとは限らず「状況」や「文脈」によって「真の観念」となるような真理の過剰さに溢れているということである。「そのような余計な真理が実際にいざ必要となると、それは冷蔵庫から取りだされて現実世界で働くことになり、それにたいするわれわれの信念が活動しはじめる。そのとき諸君はその真理について、『それは真理であるから有用である』とも言えるし、また『それは有用であるから真理である』とも言える。〔…〕真とは、いかなる観念にせよ真理化の過程を惹き起こすような観念の名であり、有用とは、その観念が経験のうちで真理化の作用を完成したことを表わす名なのである」(James 1977: 431=149)。

第二に、チェリーホームズの理解に戻れば、プラグマティズムの方法のもうひとつの特徴は、なによりそうした「真理化の作用」や何かを「真理」としていく「探究」のプロセスが、ある種の「寛容」や「包摂」の支えがあることによってはじめて成り立つ点に見いだされる。チェリーホームズによるリスの挿話についての考察は、興味深いことに、ジェイムズを加えることとなったキャンプ一行の形而上学的な問いをめぐる豊かな「会話(conversation)」を成立させるうえで、ある種の「包摂」と「寛容」のデモクラシーが隠れた役割を果たしていたことの重要性を教えてくれる。

その説明によると、「ジェイムズはこの物語をおもにはプラグマティズムの方法の知的特徴を証明するために用いている。プラグマティズムの方法それ自体はコンテクスト――プラグマティズムの方法をそれ自体に適用するひとつの実例――のなかでのみ使用可能なものとなり、すべてのコンテクストがそのような探究と行動に等しく合致するわけではない。プラグマティズムの探究がどんなテクストを研究するか――たとえば『まわりを廻る(go round)』に関する問題――を明確化すれば、あとの問題は、その研究がどのようにして前へと進められるだろうかという問いになる」(Cherryholmes 2002: 92-93)。そしてこうした「探究」は、社会性や多元性を含み込む「寛容と包摂のエクササイズ」(Cherryholmes 2002: 93)が存在することによってはじめて前進していくとチェリーホームズはつづけて述べる。

論争がはじめキャンプ一行のなかでその問題をめぐっていずれかの立場に二分されていたということを思い起こそう。ジェイムズが戻ってくる。かれは議論に入ってくるよう誘われた。当初ジェイムズは、かれがいずれかの立場の支持に回ってくれるものだろうとそれぞれの立場が期待して、一票を投じるためにに招かれた。それゆえ一行は、当初は、議論のために一人の新しい参加者を招き入れ、加えた。〔…〕かれらがジェイムズを招いた真意は、議論に勝とうとするためであった。それにもかかわらず、かれらの誘いは、新たな観点、すなわち一票を投じることによってではなく、かれらが問うていたことのもつさまざまな帰結を理解するための新しい方法を与えることによって、意見の不一致を解決するような観点を会話にもちこむこととなった。多元的な包摂と寛容――この場合であれば新しい参加者と新しい見解が含まれる――は、その問題についての当初の一義的な概念化の土台を掘りくずした。プラグマティズムの方法がうまくいくのは、包摂と寛容の恩恵に浴しているときである。この包摂と寛容において、「異質」であるような人びとは、ますます広大で、もっと生産的で、いっそう美的に満足を与える一連の帰結をイメージする試みのなかへと加わるよう、招き入れられる。(Cherryholmes 2002: 93)

二　「探究」はどこに向かうのか？――デモクラシーとプラグマティズムの躓きの石

リスをめぐる形而上学的問題においては、ジェイムズが議論に加わることによって、その場では一見明快な結論に落ち着くように思われた。そうして今度は、問題の所在として明確化された「まわりを廻る」の

「実際的効果」をめぐる研究がつづけられていく。しかし、私たちの議論のなかではよくあることだが、「意見の不一致を解決するという観点」がジェイムズの挿話のようにうまく見つかるとは限らない。まして研究の対象や題材が複雑になるほど、それだけ議論は「一致」をみることなく延々とつづけられることになる。そのときは明解な結論だと思ったことでも、「状況」や「文脈」が変わればそうではなくなる。夜更けまで議論をして決着がつかなければあくる朝まで、それでも答えがでなければ次の日も、真理の候補を求めて、ときにはさらなる参加者を招き入れながら、キャンプの議論はつづいていく。

プラグマティズムの方法に基づくデモクラティックな「会話」としての探究のプロセスがいったいいつまでつづき、またどこへと向かっていき、さらに探究において前進しているということがどのように説明づけられるかという点は、それ自体、道徳や政治の理論においてもおよそ明解な「結論」や「意見の一致」がついていないように思われる（e.g. Bernstein 2010=2017, Saito 2005, Misak 2013）。とりわけ、「有用さ」を「真」と読みかえながら、真理を「真理化の過程を惹き起こす観念の名前」として捉えたことを、哲学者リチャード・ローティ（Richard Rorty）がジェイムズやデューイの名を借りて「反基礎付け主義」の御旗のもとに徹底して推し進めたことは知られるだろう。ローティは、「真理」という概念の実在性や客観性、あるいはその合理性や規範性をすべて解釈学的な「敬称」へと薄め、主観化することを推奨しながら、次のようにプラグマティズムを特徴づけた。つまり、プラグマティズムにおいては「会話への拘束以外には、探究に課せられている拘束は一切存在しない」（Rorty 1982: 165=1994: 367）。ローティによれば、「対象、精神、言語などの本性から導き出される卸売り的拘束ではなく、仲間の探求者たちの意見によって課せられるあの小売り的拘束のみが存在する」（Rorty 1982: 165=367）。それゆえに、「プラグマティストに言わせれば、くもりのない心の眼や厳格な方法、明解な言語によって対象に接近すれば、対象そのものがそれについての真理を信ずるようにわれわれにしいてくれるはずであるという期待は、無意味」であり、「いつ真理に到達したか、いつ以前よりも真理に近いのかを知る方法など、まったく存在しない」（Rorty 1982: 165-166=367-368）。

しかしそれでは、こうした会話としての「探究」は、全体としていったいどこへと進んでいくのか。はたして「政治」における「正しさ」や「善さ」や「望ましさ」といった規範をそこから語りだすことはできるのか。こうした疑問を手にしたとき、容易に想像できるのは、「反基礎付け主義」として解釈されたプラグマティズムがこの点において優れた説明を提示してくれるというよりも、いっそう深刻なアポリアに突きあたるということである。現代プラグマティズムの哲学者シェリル・ミサック（Cheryl Misak）が疑問を投げかけているように、もし仮に何かしら「邪悪な」信念を主張しそれに基づき行動することが実際的効果として有用であるとされるとき、私たちはそれを複数ある真理の「平等な」候補のうちのひとつとして数え入れることができるだろうか。あるいは「個人の平等」や「平等な尊敬」といった理由からそうした信念を非難することもまた、単に歴史的に条件づけられたものとして、異質な人びとへの憎悪や不平等に根をもつ「邪悪な」信念を表明する理由とその身分や価値においてまさに同じ権利をもつものと捉えてよいか（Misak 2000: 16, cf. Misak 2013: 230-231）。とりわけ「真理」の概念をローティとともに解釈学的な「敬称」として理解するとき、このことはより善くより正しい政治につながらない恐れがあるという意味でデモクラシーの躓きの石へと転化するに違いない。

こうした懸念は、まさにミサックのようにプラグマティズムを現代的に評価しようと考える哲学者たちの一部をチャールズ・サンダース・パース（Charles Sanders Peirce）の再解釈へと積極的に向かわせている

(Misak 2007, cf. 加賀 2014, 伊藤 2015)。リチャード・バーンスタイン(Richard J. Bernstein)が指摘するように、たとえばパースの次のような有名な一節は、「余計な真理」としてどれもが等しく真理の候補となるような事態とは明らかに異なる何かを考えていたことを指し示す(Bernstein 2010: 111=168)。

> さまざまな人びとが、非常に相反する見解をもって出発するかもしれないが、研究が進むにつれて外部の力によってひとつの同じ結論に導かれる。この場合、人びとの望んでいる所へではなく、あらかじめ定められた目標へ導いていく思想の活動は、運命の作用に似ている。既存の考えをいかに変更しても、研究の対象としていかに他の事実を選んでみても、またたとえ生まれながらの性向がどうであれ、わたしたちは、あらかじめ定められた意見からのがれることはできない。こうした強い期待が、真理と実在の概念にふくまれている。すべての研究者が結局は賛成することがあらかじめ定められている意見こそ、わたしたちが「真理」ということばで意味しているものであり、こうした意見によって表現されている対象こそ「実在」にほかならない。(Peirce 1934a: 268=1980: 99)

結局のところ、ローティが(パースをなかば切り捨てながら)デューイやジェイムズを後押しして述べるように、終わりのない「会話」としての「探究」だけが延々と無限につづく——すなわち、その会話の「『成功』とは、たんにそれを『つづけること』以外にはありえない」(Rorty 1982: 172=379)——といい立てるだけでは、政治における「正しさ」について語ることは難しい。というのも、ローティによって独創的に理解されたラディカルな「反基礎付け主義」としてのプラグマティズムは、みずからを相対主義から質的に区別することも、〝より正しい〟や〝より善い〟とどこかで判定するための「規範」を析出することも断念せざるをえないからだ。むしろローティからみれば、「正しさ」や「善さ」は、つねに会話の継続によって「相互主観的に」確かめられていくほかなく、デモクラシーの信念とたとえばナチやファシストの抱く信念とのあいだの「差異」を論じるための「中立的で共通の土俵」すら存在しない（Rorty 1999: 15, 23=2002: 65, 77-78, cf. Misak 2013: 228）。だが、こうした会話の継続性だけがあるという状態は、バーンスタインが「デカルト的不安（the Cartesian Anxiety）」と呼んだ「不変なものは何も存在しないという狂気や混沌への恐怖」をどこまでも掻き立てていくに違いない（Bernstein 2010: 53=79, cf. Bernstein 1983: 18=1990a: 36）。なぜなら、進行中の探究がよりよく積み重なっているかどうかが問われず、ただ「つづいている」としかいえないとき、「探究」はまさにその探究それ自体の「正しさ」や「善さ」を語れないという意味で、密かにプラグマティズムそれ自体の躓きの石ともなるからである。

三　「探究」の終わりと終わりのなさ——「余計な真理」から「理想的限界」へ

探究の帰結を正当化し、客観的なものとして語りうるような何かしらの「規範」を、「反基礎付け主義」として理解されたプラグマティズムによって調達することはきわめて困難だといわざるをえない。これに対するひとつの応答としては、プラグマティズムにおける「余計な真理」からパース的な「真理」と「探究」の結びつきへと思考をいま一度転回させる再理解が考えられる。周知のようにパースは、「事実」そのものではなく「事実の配列（arrangement of facts）」に関する問題としてコンテクストのなかでもつ「実際的効果」を問うていくプラグマティズムの基本的方法の重要性を説くとともに、他方では、対象と独立した「真理」や「実在」とのかかわりを問うことも、同じく「事実の配列」をめぐる問いとして触れようとした（cf. Peirce 1934a: 270=101）。科学や数学における真理のように、私たちがどんな信念や知識をもったとしても、もし探究がうまく進めば最終的にはそのような個別の信念とは関係なくたどり着くような独立した「真理」があるという想定を抱くことはできるだろうか。もしもこうした「真理」の捉え方をある種の「希望」として語ってよいならば、そのときそうした「真理」は政治や道徳のような社会の複雑かつ複合的な「価値」にかかわる問題についても同様に論じることができるのか。

ミサックは、「合意（agreement）」を道徳や政治の哲学の中心とみなす現代の熟議デモクラシーの議論が陥りがちな難点を吟味しながら、パースのプラグマティズムにおける「理想的限界（the ideal limit）」や「覆滅不可能性（indefeasibility）」としての「真理」というアイデアを通してさらにそうした疑問に応じ、プラグマティズムの議論を新たに鍛えなおそうと考えている（Misak 2013: 36-37, cf. Peirce 1934b）。ミサックが指摘するように、現代の「熟議」においては——先の「会話」としての「探究」と同じく——「非循環論的な」正当化や「論点回避的でない」正当化がなされてきたわけではない。むしろそこでは「道徳」や「政治」の意思決定について、なぜ私的な決断や投票ではなく「議論」や「論争」が中心的な概念となるかについてさえ正当化することができていない（Misak 2000: 5）。ここでは「道徳的探究（moral inquiry）」と「探究の終わり（the end of inquiry）」というミサックの論点を中心的に見てみよう。この二つの論点を確認すれば、「理想的限界」から「余計な真理」の抱える難点を克服しようとする主張の要点がより明らかとなるはずである。

①　道徳的探究——ラディカル・デモクラシーとしての他者からの学び

まず、ひとつめの論点は、客観的なものとかかわる私たちの「道徳的探究」のあり方についてである。ミサックによれば、政治における「善さ」や「正しさ」のような道徳的な「規範」についての探究は、科学や数学の探究と根本的に違っているかといえばそうではない。問題に対する「合意」の明確さの程度という点では異なるかもしれないが、道徳的探究は科学的探究における「判断」との類推が可能であることをミサックは明示しようと試みる（Misak 2000: 89）。ミサックが例として挙げているように、「いじめが残酷でひどいものだ」という私たちの観察にもとづく直観は、多くの場合、「主観的」で「当てにならない」かもしれない。だが、そうした直観を私たちの「解釈」や「経験」のなかで確かめたり、「反省的な検討」を施したり、理解を「改善」したりしていくことはできるだろう（Misak 2000: 90-91）。したがってミサックによれば、それは必ずしも「個人的主観」のなかに閉ざされたものとはいえず、ときには「議論」や「説得」であったり、ときには「勇気」や「慈悲」や「みずからにさしだされた手助け」などによって示される新しい可能性であったり、また広くいえば「他者とのかかわり」であったり、私たちの道徳へのかかわりのなかにある「客観的な現象」を理解するため方法が存在する（Misak 2000: 91）。

そのため、「善さ」や「正しさ」をめぐって個人がそれぞれに抱く構想や解釈や考えは、決して主観にのみ依拠したものではない。私たちが思っているほどそれは「個人的なもの」でもなければ、「変更不可能なもの」でもなく、それは「経験、議論、思考実験、理由に応答的なものである」とミサックは論じる（Misak 2000: 91）。しかもこのことは、「原理上、人は他者から学ぶことができる」というデモクラシーの熟議についての一般的説明によっても支持される（Misak 2000: 7）。ミサックによれば、「私たちはみずからの判断を改訂させてくれるような経験をもつことが可能である。つまり私たちは新しい経験によって正当性を疑われうる。『他者』と直接対面しあうことによって、私たちはかれらについての理解やかれらに対する行動に修正を加えざるをえなくなるかもしれない」し、私たちが道徳的な「熟議」や「探究」にかかわるとき、「主張すること、要求すること、信じること、判断すること」は、まさに「正当化のプロセスにかかわりをもつこと」となり、またそれが「理由を与えるということにみずからかかわる」と同時に「その主張を他者や他ならぬ自分自身に向けて正当化すること」となり、それは「新しい理由や議論や経験に応答すること」となる（Misak 2000: 94）。

こういうわけで、プラグマティズムは「ある種のラディカル・デモクラシーを支持すること」につながる思想であるとミサックはつづけて主張する。すなわち、「信念のなかに含まれているのは、他者に対して、ある見解を正当化しようと準備し、また他者の経験と対立するみずからの信念を検証する準備をするということである。それゆえ、探究者たちの差異――異なるものの見方、感じ方、経験――はまじめに考えられなければならない。もしそうでなければ、もっとも善いまたは真であるような信念はまったくありそうにない」（Misak 2000: 94）。ミサックによれば、この意味においてデモクラシーはつねにプラグマティックであり、また探究そのものにほかならず、プラグマティズムとデモクラシーとが結びつかない余白を残したローティのプラグマティズム理解とは基本的に異なっている（Misak 2013: 228）。

② 探究の終わり――探究を統制する理想的限界としての真理

もうひとつの論点は、「探究の終わり」というアイデアである。それは「収束（convergence）」という考えによって示される。ミサックが論じるように、「私たちの信念がある種の探究の理想的限界へと収束するだろう」といったパース流のプラグマティズムの立場は、ある意味で「真理」を無前提に「ひとつの極限として定義」し、それを「真なるもの」と捉えるのではないかとの誤解を受けやすい（Misak 2000: 95, Misak 2013: 126）。だがミサックはそれをある一定の理想状態へと収束するものではなく、探究があらゆる証拠や議論を考慮しうまく進んでいったとしたときに、あらゆる疑惑にも耐えられ、覆滅されることができないようなものを「真理」と捉えることにより、この誤解の受けやすいアイデアを「再定式化」しようと試みる（Misak 2013: 133）。私たちに「探究の終わり」という収束点の予期を可能にさせるこの仮定法的語りは、探究に対して（たんなる会話の継続というレトリックには回収されない）何かしらの方向づけを与えるある種の「統制的想定（regulative assumption）」ともいうべき考察の地平を提供する（Misak 2000: 99）。

> パース流のプラグマティストは、ジェイムズやおそらくはローティとともに、「真理」がただ保証された信念に対して私たちが授ける敬称用語であるとは考えない。また、どんな点においても私たちが役立つとか便利だとかと感じるような真理に思いを馳せるべきだという考えもパース流のプラグマティストは受け入れない。そうではなく、パース流のプラグマティストは、私たちの真理の概念への接近が何でなければならないのかに注意を向ける。真理の概念についてもっている私たちの唯一の理解は、真理とは私たちが探究のなかで目指しているものだということである。私たちが探究のなかで目指すもの――探究が生みだすことのできるだろう、まさにその最善のもの――を獲得するとき、私たちは真なる信念をもつようになる。（Misak 2004: 163）

しかし、こうした「探究の終わり」によって示される「理想的限界」としての「真理」の概念は、ミサックによれば、決して「理想的な合理的探究者（an ideally rational inquirer）によって確信されるはずのもの」として理解されるわけではない。なぜなら第一に、「正しい判断」や「真なる信念」は、たとえ個人が判断をくだすとしても「個人にとっての問題」というよりは「探究者たちからなるコミュニティにとっての問題」といえるからである。すなわち、「個々人は信念の所有者であるが、ある個人の信念が正しいかどうかはそのコミュニティが何を決定するかという問題である」（Misak 2000: 95）。そして第二に、この場合において何が正しく真であるかを決定する探究者たちのコミュニティは、「哲学者」や「科学者」のような、何らかの原則や基準を手にしていると想定される特定の「専門家」によって構成されるわけではない。なぜなら、「正しさ」や「真なること」を判定する原則や基準はつねに「進化」しており、たとえ哲学者や科学者であっても私たちはそれらが「十分に進化したといえるところまで到達することはできない」からである（Misak 2000: 97）。

もし私たちが、何が善いかということをめぐり信念と称してある（誤った）主張に耳標をつけ、またそれらを理想の一部に仕立てて賛美するなら、それは、私たちが自分たちのもっている偏見を強め、探究の道を阻むことにもなりかねない。〔…〕もし私たちが本当にあらゆる経験と議論の説明を果たしてくれる信念にたどり着くという希望をもっているとしたら、探究には終わりがないこと、そして他のものの見方をまじめに受けとるということへのかかわりは失われないようにしなければならない。（Misak

2000: 97)

したがって、ここでいう「探究の終わり」は、探究の終わりが「開かれて」おり、「終わりをもたない」ことと結びつく。探究の終わりを「開いて」いこうとするならば、私たちはみずからの基準や方法でさえも、つねに「改訂する」用意をもたねばならない。ミサックによれば、こうした「可謬主義」を採用するための「余地」は、まさに私たちの「外部」にいる人たちの基準や方法を考慮することによって生じる。したがって、「もし、ある集団や他者に特有の基準や価値が複数あるとしたら、それらはこうした弁証法の一部でなければならない」とミサックは主張する（Misak 2000: 97）。その弁証法は、「ただ耳を傾けられねばならない参加者たちの実践」という含みをもつだけではない（Misak 2000: 97）。いわば「参加を望んでいるけれども禁じられた人たち、またそうした実践に直接的・間接的に影響を受けている人たち、現実味の薄い実践のなかで感じたことにただ反応するだけでいるような人たちもまたいうべきことをもっている。私たちはそうした人たちから学ぶということに開かれていなければならない」（Misak 2000: 97–98）。

このように、ミサックは探究が終わりをもつことと終わりをもたないことという二つの相反する主張の調停を試みる。そのさいミサックが強調するのは「探究を統制する理念（a regulative ideal of inquiry）」（Misak 2000: 98）として「真理」を想定する理解である。ここでいう「統制的理念」とは、イマヌエル・カント（Immanuel Kant）から借り受けた考えであるが、この統制的理念としての真理は、それがなければ私たちの探究がつづいていかなくなるものであると同時に、カントそれ自体の理解とは異なり、その理念や想定自体が「真なるもの」という含みを決してもつわけではない（Misak 2000: 100, Misak 2013: 138）。ミサックの説明にしたがえば、それは私たちの論争を解決してくれる「理想的な合理的探究者」や「理想的な傍観者」の立場から探究がたどり着くべき「真理」を考えるということでもない。また「神」の視点から「真理」を捉えることでもない。

私たちは、状況の細部に注意深く目を向けながら、同時に、もし探究が満足いくかたちで進められうるところまでつづけられたとしたら、それ自身を明らかにするようなひとつの最善の答えがあるだろうという想定とともに、みずからが知る最善の方法で自分たちの論争を解決しなければならない。〔…〕こうした仮定法を強調するにもかかわらず、探究の終わりは、私たちが完全で非の打ちどころもない証拠を発見するというような、未来における何らかの地点を描くものではない。完全な真理を構成する諸言明の体系、ありとあらゆる言明に確定された真理値が割り当てられるような体系として描かれるものでもない。(Misak 2000: 98)

四　「教育」への問い――「探究」自体を（不）可能にするもの

ミサックが明快に述べるように、「統制的理念は、実現可能なものとは考えられない。その役割は、現実の配列に対する批判に方向を設け、焦点を与えることである」(Misak 2000: 98)。ここでパースの言葉を借りて「事実の配列」をめぐる問いの一種として「真理」や「実在」への問いを捉え、私たちの探究を方向づけるひとつの「統制的理念」の実際的効果を考慮に入れるならば、たしかにこうした真理への接近の仕方はただ会話としてつづけていくとだけしかいえない反基礎付け主義の「探究」に対する牽制と、ある種の希望的観点を私たちに与える有力な後ろ盾となるだろう。ミサックがローティに抗いながら論じる通り、「どんな問題についてであろうと探究が想定するのは、真理に到達するという希望が存在するということ」であり、「手の届くところに疑問に対する答えがあるという希望がなければ、論争や研究にはどんな論点も存在しないことになる」(Misak 2000: 101)。そしてこのように「真理への到達」と「探究」が結びつけられることによって、私たちのデモクラティックな「熟議」もまた正当化されるとミサックはいう。すなわち、「私たちの政治的問題に対する正しい答えは、統治者によって与えられるのでもなければ、義務でも、大文字の理性が定める規範によってでもない。そうではなく、正しい答えというのは、私たち(人びと)がもし仮に開かれたかたちで議論し、熟議し、探究するとしたら、そのとき到達するだろうものとして仮定されるようなものである」(Misak 2013: 231n)。

しかしこうした「真理への到達」を喚起する「探究の終わり」のイメージをめぐってはやはり難点があるとの指摘もある。しばしばパースの「収束」をめぐる統制的理念それ自体もまたさまざまな批判を受けてきた(Bernstein 2010: 112=170)。なぜならバーンスタインがいうように、そこには「いまという時点で未来の探究を統べる規範を明確にすることができないのではないか」といった、より根本的な疑問が免れえないからである(Bernstein 2010: 112=171)。つまり、「ミサックによるパースの真なる信念という説明の再定式化は、仮説としての探究の終わりや理想的状況に一切言及することはない。しかしその代償として、私たちは現在抱いている信念がどれも実際に真であると主張することができなくなってしまう。〔…〕私たちが『真なる信念』について語りうるのは仮定法においてのみとなる」(Bernstein 2010: 115=175)。

さらにチェリーホームズのリスの物語に立ち戻るならば、ミサックによるプラグマティズムの再理解は、方法論的に導かれたメタ原理であり、真理に近づくという希望に「内容」や「内実」を与えていくための現実の探究を生成し、突き動かすための現実の方法への問いには向かわない。この問いを具体的に考察するところまではやはり相当の距離、もしくは深い断絶がある。

ミサックは、真理が「コミュニティ」に根ざしたものにほかならず、私たちの道徳的判断が「不一致」や「多元主義の事実」を否定することなく、「普遍的な合意という幻想」を求めない点を強調する（Misak 2000: 131）。しかし同時にプラグマティストは「あるひとつの文化、コミュニティ、生き方、あるいは善き生の構想を明示化したり個別化したりすることは――完全に不可能ではないにしても――きわめて困難である」と認める点で、ある種の「コミュニタリアニズム」を退けるともミサックは慎重に明言する（Misak 2000: 132）。真理はまさに「コミュニティにとっての問題」といっても、現実のコミュニティは「他者」の存在を会話から弾きだしたり、「正しい判断」や「真なる信念」を無理やり指し示し、強制したりすることもある。

だとすれば問題は、私たちの探究の「終わり」を排他的に措定しないコミュニティ、いいかえれば探究の継続を阻害せず、さらなる探究を鼓舞するようなコミュニティを具体的に可能にするものとは何かということだろう。リスの挿話のなかでは可能であった「新しい参加者と新しい見解」に対して「寛容」で、それらを「包摂」するデモクラシーを可能にするものとは何かといってもよい。しかしこの意味において「探究」と「真理」の探求を具体化・実質化させるための基本的諸条件をいかに創出するかという問いにミサックは直接触れることはない。チェリーホームズの表現にならって、まさに「教育」こそが「プラグマティズムのエクササイズ」（Cherryholmes 2002: 96）であったと見るならば、こうしたプラグマティズムの再理解のなかで「教育」への問いはいかにして問われなかったかということをまじめに考えておく必要がある。

他方、私たちがリスの挿話からなおも学ぶべきことがあるとするなら、それはデモクラシーがまさに「教育」への問いを必要としたということである。プラグマティズムの条件ともなったキャンプ一行の「包摂」と「寛容」のデモクラシーは、現実には、当初より完成された理想状態としてあるわけでなく、完成した人間としての成人や大人が議論の参加者としてはじめから存在したという想定によって成り立つわけでもない。そこに参加したり導き入れたりする状況をかたちづくっている「教育」のあり方、そこに参加している人たちを育んでいる「教育」のあり方がまさに避けることのできない問いとして要請される。

ダニエル・マクベス（Danielle Macbeth）をはじめ、ロバート・ブランダム（Robert B. Brandom）、ヒュー・プライス（Huw Price）、スーザン・ハーク（Susan Haack）といった現代のプラグマティストたちと比べれば、ミサックは今日の哲学的関心の広がりと深まりのなかで一見すると置き忘れられたプラグマティズムの別の系譜――古典的にはジョン・デューイやジェーン・アダムズ（Jane Addams）、ジョージ・ハーバート・ミード（George Herbert Mead）、現代においてはリチャード・バーンスタイン、コーネル・ウェスト（Cornel West）、あるいは大きく立場は異なるがリチャード・ポズナー（Richard A. Posner）、さらにはミサックらとともに同じくパースを再評価するロバート・タリッセ（Robert B. Talisse）といった多数の論者たちの仕事――において積極的な焦点となった社会・政治理論への接近を独自に果たそうとするように見える（cf. Westbrook 2005: 44ff., 伊藤 2015: 253ff.）。けれども、ミサックはみずからの道徳と政治の哲学を展開するにあたり、次のようにはっきり宣言する。

〔…〕すべての人に開かれ、すべての人が参加できる議論を可能にし、またそうした議論を促すために、私がどんな種類の制度上・教育上の改革が求められるだろうかということを具体的なかたちで指摘するとしても、私は社会がどのようにみずからを構築するべきかを問うための青写真を提供するつもりはない。これらのすべては単なる提案、つまりそれ自体が論争に開かれた、また道徳的探究と真理の探求とをもっともよく促進するものは何かについての提案にすぎない。／つまり私が提示しようと思うのは、探究に向けたひとつの方法論上の指導的原理にすぎない。（Misak 2000: 7）

しかしミサックが「教育」への問いに答えないのは「方法論上の指導的原理」への関心が先行するからなのか。実のところ、それはこの問いのもつ根本的な扱いがたさのためであったとはいえないだろうか。「制度」を含めた「教育」への問いの扱いがたさは、それが「探究」と切り結んでいる関係性の複雑さに着目するとはっきりする。というのも、この問いについての答え方こそが、プラグマティズムとデモクラシー双方の躓きの石ともなるからである。このことは、「教育」への問いがどのような意味で社会的・政治的探究が取り扱う主題であったかを考えるとき、なおのこと明確になる。なぜならここでいう「教育」は、まさに探究の参加者たちがより善くより正しい「真理」として求めていくような対象や題材として設定されるだけではなかったからだ。デューイがしばしば論じたように、対象や題材としての「教育」をめぐって熟議していく会話の漸進的な「探究」のプロセスそのものが「教育」にほかならず、「教育」のプロセスそのものがまさに「探究」となる。そのように捉えるならば、私たちは「より善い」とか「より正しい」とかいった意味での保証された「真なる信念」や「正しい判断」へと到達しようとする「探究」それ自体をどのように「教育」が可能にし、不可能にしていくのかということを問わねばならない。

五　「教育」の終わりと終わりのなさ――プラグマティズムと「教育」を引き受けるデモクラシー

よく知られるように、デューイは「教育の一般理論（the general theory of education）」として「哲学」を捉えた。この言明の基底にある考えは、「教育」の理論を普遍化させ結晶化させたものが「哲学」であるということではない。「教育」を導くための一般理論を「哲学」が導くということでもない。「哲学」がまさに「教育」において実験され、試されなければならないということである（Dewey 1980: 339=1975b: 202-203）。

デューイの表現に即していえば、デモクラシーの政治もプラグマティズムの哲学もともにその理念や考えを実現するための「アラジンのランプ」を手にしていない（Dewey 1980: 339=1975b: 202, cf. 生澤 2017）。「教育」のあり方や「制度」のかたちそのものがどのように想定されるかによって、プラグマティズムやデモクラシーの「探究」は可能ともなれば、おそらく妨げられもしてしまう。デューイは、プラグマティズムとデモクラシーを現実に生きられた経験へと移すための試金石として「教育」への問いに重みを加えた。「教育」や「制度」を演繹的に導くための「哲学」ではなく、「哲学」それ自体の考察の真価は、「教育」のなかでつねに実験にさらされ、「教育」の営みや働きかけからの厳しい検証によって測られる。

①「探究」のプロセスとしての「教育」

デューイによれば、「教育」が「哲学」や「政治」の真価を試す「実験室」である限り、「教育」それ自体もまた、つねに「探究」のプロセスとして従来の「教育」とは異なる何かとならねばならない。それはどこか外在的な目的や固定した目標から設定され伝達してゆく「遠く離れた未来への準備」(Dewey 1980: 117=1975a: 179) という教育観とはそもそも異質であるような、終わりのない未来へとかかわりつづける、それ自体を越えた目的をもたない何かである。デューイは、「教育のプロセスとは、連続的な再組織化、再構成、変容の過程」であり、それは「それ自体の目的」であると語っていた (Dewey 1980: 54=1975a: 87)。

　重要なのは、デューイのプラグマティズムの慧眼が、「教育」の終わりを外から支配し措定する「教育」の素朴概念からデモクラシーの「政治」を解放することにあったということである (Dewey 1980: 107=1975a: 162)。「デモクラシー」と「教育」というこの二連対句の呼びかけは、単に「教育」について「哲学」や「政治」が付加的に考慮するということを表明するものではない。外在的に設定された「遠い未来」――大文字で示される「神」や「真理」、あるいは絶対的権威として君臨する「理想」や「目的」や「教義」などと呼びかえてもよいだろう――に向かうものではなく、「成長」それ自体であるような教育的なものの再考を、デューイはデモクラシーという考え方を理解するさいの中心に据えた。このことの意義を示す観点のひとつは、デューイが「成長の固定的限界」をもつものとして「成人」や「大人」を捉えず、まさにそれらをどこまでも成長の途上にあるものとして理解したということである。たとえば『哲学の改造』のなかのある一節は、そのことを明解に語っている。

> 教育を準備として捉える考えと大人であることを成長の固定的限界として捉える考えは、ひとつの不愉快な虚偽が有している二つの側面にほかならない。もし若い人たちと同様、大人の道徳的課題もまた経

験を成長させ発展させていくことであるとするならば、社会的依存や相互依存からもたらされる教育は、子どもと同じく大人にとっても重要である。〔…〕政治、ビジネス、芸術、宗教、あらゆる社会的諸制度は、ひとつの意味、ひとつの目的をもっている。その目的は、人間個々人の能力を人種、性、階級、経済的地位にかかわりなく解放し、発展させることである。そしてこのことがただ示しているのは、あらゆる個人をその可能性の最大限にまで教育するかどうかというところで、それらの価値が試されているということである。（Dewey 1982: 185–186=1968: 161–162）

けれども、ここでどのような「教育」が具体的に必要とされ、その「教育」によってどのようなデモクラシーが実質化されるのか。無限につづく「教育」や「成長」のプロセスにただ「つづく」ということ以上のどのような「非循環論的」説明が与えられるかという疑問がここでも繰り返しなされるならば、こうした課題はやはり簡単に答えられる問いではない。しかもそのことにより、バーンスタインが語ったあの「デカルト的不安」と同型の恐怖が「教育」の終わりのなさに対しても易々と反復されることだろう。[1]

②「教育」の終わりのなさと「責任を引き受けること」

教育の「終わり」や成長の「固定的限界」を措定しないものとして理解されたデューイの教育思想は、このように「探究」の活動それ自体と同じく外在的な目的をもたない営みや働きかけとして「教育」を再定義する。そしてどこまでも教育・成長していけるかどうかという点からそれ自体の意味が試されるという意味で、その具体化と実質化に可謬主義的な「探究」が要請されるという二重の構造をもつ。だがその「探究」

としての「教育」はいったいどこへと向かい、そのプロセスの「善さ」や「正しさ」はどこまで「（それ自体を超える）目的なし」に正当化されるのか。このことは、「農夫」と「教育者」という類推を用いて説明するデューイの主張から再考することができる（生澤 2019）。

もし仮に農夫が、土壌、気候、植物の成長特性といったこれらの諸条件に少しも注意を向けることなく、農業の目的を定めるとしたら、それは不条理なことだろう。〔…〕それは親であろうと、教師であろうと、教育者にとっても同じである。農夫が諸条件と無関係に農業の理想を定めることが不条理なことであるように、教育者が子どもたちの成長の正しい目標として教育者「自身の」目的を定めるのは不条理である。目的とは、農業であれ、教育であれ、ある役割を遂行するのに必要な観察、予想、準備をおこなう責任を引き受けることをいう。活動をおこなうその瞬間や時間ごとになされている観察、選択、計画に役立つならば、どんな目的にも価値がある。（Dewey 1980: 113–114=1975a: 172–173）。

ここでデューイが「農夫」と「教育者」とを同じように見立てることは二つの意味で興味深い。ひとつは「教育」を私たちの諸条件を考慮に入れた「探究」のプロセスとして、あるいは「探究」そのものとして理解している点である。そしてもうひとつは、それにもかかわらず「教育」を探究の題材や対象と見た場合、「教育者」と「農夫」の理想・目的・行動を重ね合わせて解釈できるほど、両者のプロセスは同じではないという点である。実のところ二者の営みと働きかけは連続的に捉えられるものではない。デューイがなかば真剣に語ったこととは裏腹に、その主張を素直に読めば、私たちは両者の類推関係に並々ならぬ困難さを感じとってしまうはずである。つまり、「農夫」と「教育者」は、探究の帰結の「重大さ」において決して同じ水準に位置づけられない。それどころか両者の「探究」は、およそ質的に異なる営みではなかったか。というのも、子どもの教育のプロセスは帰結の一回性がより高く、作物のように帰結の失敗に対する取り換えはきかない——「今回はうまくいかなかった、だから次に育てるときにはこうしよう！」といった過去の探究結果への反省に基づく明るく前向きな可謬主義が倫理的に失効する——という直感がにわかに働くからである（cf. 生澤 2019）。

もちろん、これを質的な違いではなく、やはり連続的な「程度」や「確率」の問題だと捉えることも可能である。作物もまた、もちろん同じ状況は二度とはやってこないし、同じ出来事が繰り返されることはない。そもそもプラグマティズムが強調した「コンテクストにおける帰結の意味」（Cherryholmes 2002: 92）は、農夫と作物の関係にとっても、教師と子どもの関係にとっても、等しくその状況や文脈ごとの一回限りのものであるはずだから、もしかしたら作物の種や苗木に対しても同じことが起こりえないからこそ、深刻な責任をそこに感じることがあるかもしれない。したがって問題の核心は、作物か子どもか、農夫か教育者か、といった二者択一の問いではない。

こうした直感のなかに潜んでいるのは、よりよくいえば帰結の責任にかかわる倫理的な問いといえるだろう。私たちは、行為の不可逆性の度合いや誤差としては最小化しにくい両者の質的な差異を認識するほど、その帰結や帰結のための「責任を引き受ける」という意味の重さを感じる。そしてそうした重量に耐えきれなくなるほど、一度は反省したはずの「基礎」や「方向」や「規範」への揺り戻しが再び起こる。とりわけ、「教育」という営みや働きかけが、状況や文脈における帰結の意味を読みとるにはかなり「不透明」なプロセスであり、その帰結が「事後的」にしか説明できない「不確実性」に満ちているという指摘を踏まえれば（cf. 田中・山名 2004, 今井 2004）、このような不安はいっそう加速してしまうに違いない。

しかし、考えるべき「ポスト基礎付け主義」の「規範」の行方という問題は、そうした不安を補塡してくれる、新たな「基礎」や「方向」を確実なものとして再度探しあてるということではない（Marchart 2007）。むしろ私たちがそのような不安のなかでどのような「責任」を「引き受け」ていたのだろうかと問うことは、それを再考するための手がかりを与えてくれる。デューイが試行錯誤の連続という通俗的なプラグマティズムの態度ではなく、「責任を引き受ける」と論じたことにあらためて注意を喚起してみたい。「教育」が「教育」である点において、私たちは終わりなき「探究」のプロセスの循環に「非循環」を与える営みや働きかけをおこない、ある種の避けられえない決断として一定の「善さ」や「正しさ」といった「規範」に応じた行為の遂行を引き受けている。すなわち、「探究」と「真理」への探求を進めるために、どのような「人間」となり、どのような「コミュニティ」となり、そのためにどのような「教育」と「成長」が求められるのかについての「正しい判断」や「真なる信念」を手にしているわけではない。けれども、私たちは「それにもかかわらず」（村井 1988: 299）というパラドックスのもとに、実際的な行為において「教育」としての意図的・組織的な営みや働きかけをさしあたり終わりのない未来へのかかわりとして果たしていかざるをえない。[2]「それにもかかわらず」という戸惑いやためらいや願いや応答のもとにありながら、「教育」をおこなう限りにおいて、何らかの「規範」に準拠し、時間のなかで確定された一定の目的を（たとえ明示的でなくとも）手にとり、引き受けている。

絶対的な信念や確信に裏づけられた「意図」と「目的」のもとでなかったとしても、ある種の「探究」

――「哲学」や「政治」を可能にするための実験的企て――として「教育」がなされるとき、その営みにせよ、働きかけにせよ、あるいは具体的な方法にせよ、制度にせよ、そこには何かしらの「規範」が決断として組み込まれる。こうした決断と規範を回避するプラグマティズムとデモクラシーはありえない（だからこそそれらは「教育」によって検証される）。たとえデモクラシーが「探究」としての異なる教育の「基準」や「方法」を必要とするといっても、その「探究」を「探究」とするために何かを伝えたり、受け継いだり、形成したり、伸ばしたりするような「教育」という、この「規範」に拘束された不確かな行為それ自体から完全に自由になるわけではない。敢えていえば、デモクラシーが「教育」を必要とする限り、デモクラシーはこの意味においてつねに「教育」を引き受けていくほかはない。

おわりに――「過去」と「未来」の探究のあいだで

ミサックは、プラグマティズムと呼ばれる哲学・思想には「正しい判断」や「真なる信念」に対する二つの異なる態度が見られたのではないかと語っている。ひとつは、パースがそうであったように、ある問題の「真理」をめぐって完全な解釈に到達することはできないが、それでもなお私たちが解釈している「問題」は存在するという態度、そしてもうひとつは、デューイがそうであったように、どんなに抽象的な言葉を尽くしてもそこに「解釈」から切り離された「何か」があると述べることは決してできないとする態度である（Misak 2013: 116）。

こうした二種類の態度は、ミサックが論じるように、プラグマティズムにおいて「規範的なもの」をどこに見いだすかの違いとしても説明できるものである。すなわち「パースは規範的なものを未来の探究のなかに位置づける。もし仮に探究に磨きがかかるにつれてある信念や方法が探究により覆されるということがあったとしたら、それは望ましい信念や方法ではない。他方、デューイもまた探究から生じる規範について考えている。だが、かれは規範を過去のなかに位置づける。もしある信念や方法が望ましいものではないと探究が結果として示し、探究者がそのことに気づくことができないなら、その信念や方法は望ましいものではない。／パースとデューイとのあいだには共通点がある。それにもかかわらず、そこには非常に微かではあるがとりわけ顕著な違いがある」(Misak 2013: 118)。

すでに終了した過去の探究の結果が「規範」となって未来の次につづく探究の始まりとなる。そのような視点からデューイを理解しパースとの相違を確認するだけでは、デューイがどのように「教育」への問いと向き合おうとしたのか、そして私たちがどうして、それでもなお「教育」への「責任」を引き受けなければならないのかという側面をよりよく見通すことはできないだろう。なぜなら「教育」はまさに「過去」の探究と「未来」の探究との隔たりやはざまのなかに立ち現われるものだからである。

プラグマティズムの方法に基づくデモクラティックな「探究」は、ただ過去の探究によって確証された既成の真理の確認や保存をめざすものではない[3]。むしろそれが真理の新たな生成と発見のプロセスであったと捉えるならば、私たちの「会話」としての「探究」のなかでは、「教育」を引き受ける責任とともに現実には「教育」を超える「教育」——さらに成長しつづけること——が起こっていることに眼を向けるべきだろう。それゆえ「教育」を必要とするデモクラシーは、既存の政治体制を強化・持続させるための単なる「教化(indoctrination)」や「教え込み(inculcation)」や「社会化(socialization)」といったプロセスに回収されえない「教育」の再定義を求めている。

その意味で、プラグマティズムとデモクラシー――そして「教育」や「成長」の終わりのなさ――につきまとう「デカルト的不安」は、それこそが何かしらの「事実」についてではなく「事実の配列」をめぐる問いのヴァリアント――すなわち「まわりを廻る」の実際的効果をめぐる問いの一種――であったといえるだろう。永続的な「規範」や「方向」を確実に示すことができるという想定自体、哲学が疑似的に構築した幻想、私たちのこの「責任」への耐えられなさという直感が駆動させた幻想であった。したがって、私たちはそのような意味で「基礎付け主義」の誘惑に引き戻されるべきではない。プラグマティズムの方法から眺めれば、「真なる信念も邪悪な信念も含め、あらゆる主張が等しく同じ権利をもつのだろうか」、「私たちは善さや正しさや望ましさ、あるいは規範的なものについて語ることができないのではないか」という問題こそ、「基礎付け主義」と「反基礎付け主義」とを二項対立的に組み立てる図式の裏返しとして成立しうる不安から生まれた応答課題であったといえる。まさにデューイが希望をもって印象深く語ったように、「失敗のリスクがないところに成就といったものは存在せず、また可能性として達成する見込みがないところに挫折といったものは存在しない」(Dewey 1984: 195=2018: 198) というべきだろう。

注

1 その揺り戻しの一例としては、デューイの終わりのない教育・成長観への批判として現われた「反-反基礎付け主義(anti-antifoundationalism)」の再解釈が挙げられる (Saito 2006, 齋藤 2007)。齋藤直子の指摘にならって「成長は何に向かうのか?(growth towards what?)」という疑問を「基礎」や「規範」を思考する「反-反基礎付け主義」の「反動」と特徴づけることができるとすれば、このような疑問への応答としては、デューイの終わりなき「成長」を終わりなき「完成」へと読みかえる試み――齋藤が試みたスタンリー・カベル（Stanley Cavell）によるラルフ・ウォルド・エマソン（Ralph Waldo Emerson）の「道徳的完成主義（moral perfectionism）」を通した「反-反基礎付け主義」への批判的応答の試み――がもっとも有力な再理解のひとつとして考えられる（Saito 2005, Saito 2006, 齋藤 2007, cf. 生澤 2019）。とはいえ、ここでは「教育」という営みや働きかけのもつ規範的な特性からこの問いを再考したい。なぜなら、そこにデューイを「反基礎付け主義」として理解するのでもなく、「反-反基礎付け主義」として不満を抱くことでもない、「ポスト基礎付け主義」のための考察の糸口や再理解の余白が残されているように思えるからだ。

2 教育学者の村井実の「パラドックスとしての教育」という古典的問題は、「それにもかかわらず」というかたちで私たちが果たさざるをえないこうした責任の引き受けを語っている。村井によれば、教育の営みや働きかけはパラドキシカルであり、「善さ」を予め知りえないにもかかわらず、「知っていないけれども教える」とか「知っていないからこそ教える」といった「善くする」という行為を引き受けるところに教育固有のパラドックスが生じている。しかしこうした一見不条理なパラドックスは「教育を推進するうえに何の妨げにもなるわけではない」と村井はいう。「教育という仕事は、本来それがパラドックスであることを知ることから始まらなければならない。そして、あえてそのパラドックスを引き受けるという自覚をもって推進されなければならない。／〔…〕私たちがそれをあえて引き受ける覚悟をもつことによって、教育の強力な起動力となり、また、人間の文化と社会に対して、『善さ』に向かっての不断の展開を保証することにもなる」（村井 1988: 303-304）。

3 どんなに「意図」や「目的」に沿って「教育」を遂行しようとしても、「教育」にはときに誤解やすれ違い、抵抗や反逆といった「意図」や「目的」を大きく裏切る帰結を生みだす。だがそれは教育学者の今井康雄が指摘するように、そのような「教育」が当初の計画や予測を超えた、「教育的意図には還元できない」新たな帰結の生成をもたらす「自由の契機」が織り込まれているということでもある（今井 2008: 143-144）。教育する／されることによって意図や目的のなかに解消されてしまいがちな不規則性、形成されるべき成人や大人という「固定的限界」から逸れてしまうもの、またそうした教育の予定調和な帰結には収まらない異質なものの居場所といった諸々の新たな帰結の可能性は、単に「教育」という営みや働きかけの「意図」と「成功」の一致という両者の真理保存的な探究から生みだされるわけではない（cf. Scheffler 1960=1981）。

参考文献

Bernstein, Richard J.（1983）*Beyond Objectivism and Relativism: Science, Hermeneutics, and Praxis*, Philadelphia: University of Pennsylvania Press.（丸山高司ほか訳『科学・解釈学・実践：客観主義と相対主義を超えて（Ⅰ・Ⅱ）』岩波書店、一九九〇ａ／ｂ年。）

――（2010）*The Pragmatic Turn*, Cambridge: Polity Press.（廣瀬覚・佐藤駿訳『哲学のプラグマティズム的転回』岩波書店、二〇一七年。）

Borradori, Giovanna（1994）*The American Philosopher: Conversations with Quine, Davidson, Putnam, Nozick, Danto, Rorty, Cavell, MacIntyre, and Kuhn*, Crocitto, R.（trans）, Chicago: University of Chicago Press.

Cherryholmes, Cleo（2002）"James's Story of the Squirrel and the Pragmatic Method", in Garrison, J. Podeschi, R, Bredo E., eds., *William James and Education*, New York: Teachers College Press, pp. 89–96.

Dewey, John（1980）*Democracy and Education: An Introduction to the Philosophy of Education*（1916）, in Boydston, J. A. ed., *John Dewey: The Middle Works, 1899–1924*, vol. 9, Carbondale: Southern Illinois University Press.（松野安男訳『民主主義と教育（上／下）』岩波文庫、一九七五ａ／ｂ年。）

――（1982）*Reconstruction in Philosophy*（1920）, Boydston, J. A.（ed.）, *John Dewey: The Middle Works, 1899–1924*, vol. 12, Carbondale: Southern Illinois University Press.（清水幾太郎・清水禮子訳『哲学の改造』岩波文庫、一九六八年。）

――（1984）*The Quest for Certainty: A Study of the Relation of Knowledge and Action*（1929）, in Boydston, J. A. ed., *John Dewey: The Later Works, 1925–1953*, vol. 4, Carbondale: Southern Illinois University Press.（加賀裕郎訳『確実性の探求：知識と行為の関係についての研究　デューイ著作集４』東京大学出版会、二〇一八年。）

James, William（1977）*Pragmatism*（1907）, in McDermott, J. J. ed., *The Writings of William James: A Comprehensive*

Edition, Chicago: The University of Chicago Press.（桝田啓三郎訳『プラグマティズム』岩波文庫、一九五七年。）
Marchart, Oliver（2007）*Post-Foudational Political Thought: Political Difference in Nancy, Lefort, Badiou and Laclau*, Edinburgh: Edinburgh University Press.
Misak, Cheryl（2000）*Truth, Politics, Morality: Pragmatism and Deliberation*, London and New York: Routledge.
——（2004）*Truth and the End of Inquiry: A Peircean Account of Truth*, expanded paperback edition, Oxford: Oxford University Press.
——（2013）*The American Pragmatists*, Oxford: Oxford University Press.
Misak, Cheryl（ed.）（2007）*New Pragmatists*, Oxford: Oxford University Press.
Peirce, Charles S.（1934a）"How to Make Our Ideas Clear（1878）", in Hartshorne, C. and Weiss, P.（eds.）, *Collected Papers of Charles Sanders Peirce*, vol. 5, Pragmatism and Pragmaticism, Cambridge: Harvard University Press, pp. 248-271.（上山春平責任編集『パース・ジェイムズ・デューイ』中央公論社、一九八〇年。）
——（1934b）"Truth（1906）", in Hartshorne and Weiss（eds.）, *Collected Papers*, vol. 5, pp. 388-398.
Rorty, Richard（1982）*Consequences of Pragmatism*, Minneapolis: University of Minnesota Press.（室井尚ほか訳『哲学の脱構築：プラグマティズムの帰結』御茶の水書房、一九八五年。）
——（1999）*Philosophy and Social Hope*, New York: Penguin Books.（須藤訓任・渡辺啓真訳『リベラル・ユートピアという希望』岩波書店、二〇〇二年。）
Saito, Naoko（2005）*The Gleam of Light: Moral Perfectionism and Education in Dewey and Emerson*, New York: Fordham University Press.
——（2006）"Growth and Perfectionism?: Dewey after Emerson and Cavel", in David T. Hansen（ed.）, *John Dewey and Our Educational Prospect: A Critical Engagement with Dewey's Democracy and Education*, Albany: State University of New York Press.
Scheffler, Israel（1960）*The Language of Education*, Springfield: Charles C Thomas Publisher.（村井実監訳『教育のこと

ば：その哲学的分析』東洋館出版社、一九八一年。）

Westbrook, Robert B. (2005) *Democratic Hope: Pragmatism and the Politics of Truth*, Ithaca and London: Cornell University Press.

今井康雄（2004）『メディアの教育学：「教育」の再定義のために』東京大学出版会。

――（2008）「教育において『伝達』とは何か」『教育哲学研究』第九七号、一二四–一四八頁。

伊藤邦武（2016）『プラグマティズム入門』ちくま新書。

生澤繁樹（2015）「『意図』と『附随』のデモクラシー――デューイの民主的教育論における『媒介された経験』の問題」『日本デューイ学会紀要』第五六号、日本デューイ学会、六三–七六頁。

――（2017）「荒野をさまよう『判断』と『責任』――デューイアン・プラグマティズムの論理と行動によせて」『教育哲学研究』第一一六号、教育哲学会、六〇–八一頁。

――（2019）『共同体による自己形成：教育と政治のプラグマティズムへ』春風社。

加賀裕郎（2014）「ミザクのプラグマティズム思想史解釈の批判的検討――包括的プラグマティズム思想史構築に向けて」『同志社女子大学総合文化研究所紀要』第三一巻、三三–五七頁。

松下晴彦・生澤繁樹（2017）「プラグマティズムは『教育』をどう問いなおしてきたか？――現代プラグマティズムが切り拓く問いの地平を踏まえながら」『教育哲学研究』第一一五号、教育哲学会、一三三–一三九頁。

村井実（1988）『村井実著作集1：教育学入門』小学館。

齋藤直子（2007）「大人の教育としての哲学――デューイからカベルへ」『近代教育フォーラム』第一六号、教育思想史学会、五一–六六頁。

田中智志・山名淳編著（2004）『教育人間論のルーマン：人間は〈教育〉できるのか』勁草書房。
※本章は、平成二八–三〇年度科学研究費・基礎研究（C）（課題番号：16K04460）の助成による研究成果の一部である。また本章で展開した議論は、拙論「『教育』と『探究』――デモクラシーとプラグマティズムの躓きの石？」（松下・生澤

2017: 135–138）を大幅に改稿し、再構成したものである。あわせてご参照いただきたい。

第8章　「ポスト基礎付け主義」の「後」で？
――存在論の政治的〈適用〉をめぐって

柿並良佑

はじめに

本論集の随所で参照されるように、本章も参照軸の一つをオリヴァー・マーヒャルトの手になる、そのタイトル自体が問題の所在を指し示す書物に負っている。『ポスト基礎付け主義の政治思想』、その副題にはルフォール、バディウ、ラクラウと、今日政治思想が語られる場面で鍵となる人々に先立ってナンシーの名が挙がっている（Marchart 2007）。しかしナンシーはその他の人物と同じような意味で「政治思想家」なのだろうか。もちろん、端的に「哲学者」と呼ばれる人物が同時に政治的理論家であることになんら矛盾はない。だがその二つの役割はいかにして兼ねられるのか。あるいはまた、特定の条件下においてその二つは同じことを意味するのか。そこには一つの理論的・実践的な態度決定があるのではないか。

本章は以上のような問題意識を背後に忍ばせつつ、マーヒャルトのナンシー論を検討する形をとる。ここでは、ナンシーの「政治思想」の梗概といった趣を呈する先述の著書の当該章ではなく、その後に書かれた論文「共に抗して存在すること」を取り上げてみたい[1]。後者の論文にはマーヒャルトのナンシー理解および批判が簡潔かつ鮮明に表れていると考えられるためである。

以下、英語圏のナンシーの哲学研究が翻訳・紹介された機会はほとんどないため[2]、冗長のきらいがなくはないが、まずはマーヒャルトのナンシー読解をたどることにする。ナンシーの近年の政治論から振り返る形で八〇年代の主要著作における政治観についても言及がなされるので、同時にナンシーの政治思想を概観することにもなると考えられるからである。それを承けて、マーヒャルトによる読解および再構成に含まれる問題点を吟味・批判していくことになるだろう。結果として本章は『自由の経験』というナンシーの哲学的主著の政治的争点をめぐる探求の端緒となることを目指すものである。

一　基礎付けの不在による政治理論

ポスト基礎付け主義・存在論・政治

あらためて確認しておくと、マーヒャルトの言う「ポスト基礎付け主義（post-foundationalism）」とは、われわれの行動や制度を支える様々な根拠を想定した場合に、「いかなる究極的な根拠も、正当性を保証するためのいかなる超越的な原理」も利用可能ではないと考える立場を指す。これは「すべての確固たるものは溶解し、われわれの共通の問題を築くための一切の根拠（grounds）はない」と主張する「反基礎付け主義（anti-foundationalism）」とは区別される。ポスト基礎付け主義によれば、諸種の根拠は、「複数で（*in the plu-*

ral)」、「一時的に（＝時間のうちで *temporarily*）」のみ効力を発するものと考えられる。

マーヒャルトによれば、ナンシーは以上のように要約できるかぎりでの「ポスト基礎付け主義を政治の領域に転送した」思想家である。その立場は「引き退いていく根拠を跡づける（retrace this receding ground）」ことを試みるという点で、同時代のポスト基礎付け主義者のなかでも最もハイデガー的とみなされる。マーヒャルトの見立てによれば、ここでは「存在論的差異」によって問題の枠組みが与えられており、通常の社会や政治が「存在者の ontic」レベルに、各存在者の（不）可能性の条件を記述しながら退引する次元が「存在論的 ontological」なそれに割り当てられる。[3] これはすでにマーヒャルトが自著で指摘したように（Marchart 2007: 65）、「政治 politics」と「政治的なもの the political」の区別に対応しており、二つのレベルは決して重なり合う《オーバーラップ》ことはない。

以上を踏まえたマーヒャルトの目論見は、いわば〈存在論的な政治的なもの〉へのナンシーの加担に抗して「存在的政治 ontic politics」を重視することで、「オルタナティヴなポスト基礎付け主義理論」（173）へ舵を切ることにある。そこにはナンシーの議論に含まれる存在論的アプローチと倫理的アプローチの間の揺れ動きを指摘した上で、「倫理化」され「脱政治化」された存在論の望ましからぬ帰結に対する警戒が認められるが、この点は後段で再度論じることになろう。

デモクラシーの内的欠如と「ポスト-」の意味

より具体的に[4]議論を追っていこう。マーヒャルトはナンシーの政治論を「ポスト・デモクラシー」の文脈に置き直しつつ、そしてまたデモクラシーがラクラウの言う意味での「空虚なシニフィアン」と化している状況に言及して、この語の意味の無際限な拡張ないし弛緩に留意する。[5] ナンシーが『デモクラシーの真理』[6]の一節のタイトルに掲げたとおり、それは「デモクラシーがおのれの理念に合致していないこと」（Nancy 2008a: 17–18=2012: 122）とも表現できる。デモクラシーには外的・内的な脅威以前に「構成的な欠如 manque」（同前）――マーヒャルト曰く「存在論的欠陥 ontological deficiency」――があるというわけだ。

　こうした欠如ないし欠陥はデモクラシーの核心部、その基礎付け＝根拠付けの次元にあるとマーヒャルトは言う。該当するナンシーの一節を引こう。

> デモクラシーは近代において創設されたときには、政治的な事柄に対して全面的な基礎の与え直し re-fondation を行おうとしていた。基礎付けようと欲する者は、基礎 fondation そのものよりもいっそう深いところまで下りていく。（Nancy 2008a: 59–60=2012: 164）

基礎よりも根源的な次元への遡行ないし下降、言い換えれば基礎付けの無限後退――そのような深淵――ニーチェの言う「深淵の上の舞踏者」が逆説的に承けられている（Nancy 2008a: 61=2012: 165）――がここに口を開いているが、マーヒャルトの指摘どおり、一方ではそこに主体の基礎付けとの平行関係をみることができる。

　ナンシー曰く、六八年の思考の核心はデモクラシーを担う主体の危機ではない。主体は近代においてすでに危機に晒されていたのであって、「パスカルが〔…〕見てとっていたものへと「主体」が開かれていくという事態」、言い換えれば「人間は無限に人間を乗り超える」（Nancy 2008a: 25=2012: 130）という根拠付けの原理的な不可能性は今に始まったことではなかった[7]。だとすれば、すでにマーヒャルトの見取り図はいささかの修正を必要とする。あるいは「逆説的な根拠 a paradoxical ground」(175)などと呼ばれる事態をさらに敷衍しておくべきだろう。言うなれば、「ポスト基礎付け主義」の「ポスト(〜の後)」は「基礎付け」そのものの内に棲み着いているのだ、と。この場合の「後」は、基礎付け(主義)の後に来るものという意味ではなく、基礎付け(の基礎付け)がつねに後へ後へと繰り延べられてしまうことの謂いだ、と言い換えてもよい。

マーヒャルトは政治が基礎付けの完全な不在を想定しては作動しないことに留意しつつも、以上のように、「意志の主体」に基づかない「人民主権 popular sovereignty」において「主権者 sovereign は基礎付けの形象ではなく、基礎付けの基礎的な不在の形象 a figure of a fundamental absence of foundation」であることを指摘している。この点はナンシーの政治論の内にしばしばジョルジュ・バタイユの名が見え隠れすることへの注釈となっている。実際、マーヒャルトもかの有名な一節、「主権＝至高性は何ものでもない La souveraineté n'est rien」(Nancy 2008a: 57=2012: 161)に言及する。ほとんど何でもないもの、ただし実体化された虚無(le néant)ではない何ものか、モノ(res)としての無が逆説的至高性としての主権であるならば、やはりほとんど何でもないものとしての民＝デモスがこれも逆説的ながら主権を引き受けることができる――マーヒャルトはこの可能性/力能を強調している[8]。

根拠の不在という「命令」

ハイデガー的文脈――いわゆる脱－底(Ab-grund)としての根拠――を前提とする政治理論において、以上の論の運びはいわば共通了解に属すところだろう（cf. Marchart 2007: 22）。しかしながら、このような無、すなわち根拠の後退を引き受ける「責任」としてデモクラシーを把握することは「倫理的命令 an ethical injunction」であって、論理的必然ではないとマーヒャルトは留保を示す。根拠の不在は当の不在を引き受ける理由にはならない。こうしたマーヒャルトの疑義は政治から倫理的次元を排除することを目指すものではなく、先の「倫理的命令」の理論的位置付けを明確化すること、また同時に「政治の倫理化」という危険を回避することに向けられている（176）。

マーヒャルトはこの課題に「裏側」から接近するという戦略を提案する。すなわち「普遍的計算可能性」――ナンシーがマルクスから頻繁に引く語では「一般的等価性 l'équivalence générale」――を根拠－原理とする資本主義とデモクラシーの対比だ。もちろん両者の対比は珍しいことではなく、そのなかば幸福な関係、あるいは「多かれ少なかれ起源を同じくする」（176）という偶発的事情はすでに指摘されてきたことである。ナンシー自身、この点を見逃してはいない。今問題になっている資本主義とは、「デモクラシーが――そのものとしてではないにせよ――そのなかで、あるいはそれとともに生まれてきた資本主義」（Nancy 2008a: 45-46=2012: 148）のことだ。

計算可能性という原理に対置されるのは「計算不可能なものの尺度」としての「正義」であり、それを踏まえて資本主義のカウンターに配されるのは「正義という形式をとったデモクラシー」である。[9] 原理による基礎付けには別の基礎付けではなく「根拠の後退＝退引 *retreat*」をもって応じるのが、ポスト基礎付け主義の戦略となる。「計算不可能なもの＝共約不可能なものの尺度 mesure de l'incommensurable」という逆説は近年の政治論のみならず、すでに『自由の経験』（1988）でも争点となっていた。そこでは八〇年代冒頭から議論されてきた「政治的なもの」がアーレントの公的空間にも比せられる政治空間として考察されていたが、さらには諸種の政治を思考可能にする「原《アルシ》-政治的なもの」として先の尺度が規定されていたのだった[10]。

共有可能なものと共有不可能なもの

『自由の経験』の時期のナンシーは「分有 le partage」という概念を核にして共同体という主題を「政治的なもの」との強い関連のもとに思考していた。マーヒャルトはナンシーの思想における力点の移動についてとくに指摘してはいないが、二〇〇〇年に起こった「自己批判」後の展開をみると、ナンシーは「政治」についての留保を置き始めたのだった。政治の場——マーヒャルト曰く、相互に共有可能なものの秩序付け——において、そのものとしては共有不可能でありながら、われわれが同じ空間を分かち合うという事態を成立させるような次元、それが「計算しえないもの」であり、政治はこの次元に全面的に関与することはできない——「デモクラシー的政治はこの分有を自らのものとして要求することを控えつつ、分有がなされることを保証する」(Nancy 2008a: 34=2012: 139)。

しかし、一般には共通の理念を引き受けることなきデモクラシーには「失望」がつきまとう。言い換えれば「国民の運命」や「共同のものの同一性《アイデンティティ》」の「絶対的な分有」への期待は原理に基づかないデモクラシーによって裏切られることになる。そうした期待が「君主」のみならず、ある種の「人民」のように絶対的な権力を帯びた形象によって容易に絡め取られてしまうことに対しては警戒を怠ることはできまい(cf. Nancy 2008a: 34=2012: 140)。

マーヒャルトはここに平等の問題を見出す。デモクラシーにおいて要求される平等は一方ですべての個人が等価となる「区別なき俗流民主主義 un démocratisme d'indistinction」（Nancy 2008a: 41=2012: 146）に堕す危険がある。だとすれば、これに対してデモクラシー的「非等価性 non-équivalence」をいかに獲得すればよいのか？　「共約不可能な価値の肯定」、「何ものも互いに等価ではない」ことを保証する非等価性という原理ならざる原理は、例えば以下のような一節と背馳するようにもみえる――「厳密な平等が、これら共約不可能なものたちが分有しあう体制である」（Nancy 2008a: 47=2012: 151）。

　等価性原理のもとでは各個人は相互に交換可能な行為者と化すが、デモクラシーのもとで比較不可能な行為者は「特異な singulier」存在と呼ばれる。

> 各人――一人の、二人の、大勢の、ある人民の、特異な各「一人／一つ」chaque « un » singulier――は唯一性によってただ一つ《ユニーク》となる、つまり現実の行為、営為、労働のうちに現れることを無限に義務付け、自分自身の義務とする特異性によってただ一つなのである。（Nancy 2008a: 47=2012: 151）

「現代のポスト基礎付け主義的思考における最も顕著な概念」とされる特異性については丁寧な分析が必要とされるが、別の箇所で着手しているのでここでは繰り返さない（柿並 2018b 参照）。今はそれが非人称的、前個体的、過程的《プロセス》……等々の形容詞と共に、同時代の思想家たちが異口同音に援用する概念であるという事実を確認しておくにとどめよう。マーヒャルトはここに、正義が計算しえないもの（*un*-calculable）、共約不可能なもの（*in*-commensurable）という否定性によって定義されるのみならず、肯定的な名を持つことを強調しているが、ナンシーの政治思想における課題は、平等と特異性の困難な両立が問われているという点にある。さらにここでみておくべきは、先の引用でナンシー自身が強調していたとおり、義務（obligation）の闖入だろうが、この点は後で検討することにしよう。

仮借なき自由

マーヒャルトはナンシーの政治論全体の当否を検討する前に、政治的地平の構成要素《コンポーネント》をもう一つ挙げる。すでに引かれている著作の題にも現れる「自由」のことだが、それは主体の「権利一覧」である「諸自由」とは次元を異にした、いわば「理念」である（Nancy 1988: 42=2000: 52-53）。「生活の必要条件」とされる前者の次元では自由と平等はときに衝突すると考えられるが、その内実が十分に把握されているとは言い難い理念としての「自由」、「いかなる自由からも自由」だとされる自由（Nancy 1988: 110=2000: 143）、必然性との関係から解放された実存そのものとしての自由は、平等と両立不可能ではない。「正義」、「特異性」、「平等」と並んで「自由」がデモクラシー的地平を分節する名として「同じ存在論的次元に位置付けられねばならない」（179）とマーヒャルトが指摘する所以である。端的に言って、「自由は直接、平等に等しい」（Nancy 1988: 96=2000: 125）という恐ろしいほどに簡潔な一節の意味が『自由の経験』を存在論の書でありながら政治哲学の要請たらしめている。[11]

その哲学は――第一の絶対的な根拠を求めるのが形而上学としての哲学だとするなら、端的に「思考」は――根拠の根拠を徹底的に探る航海に出る。それは「海賊行為」に接する危険な航海でもあろう。[12] ハイデガーという先達に続く航海は、すでに触れた「深淵」というモティーフを含むその遺産との格闘を避けることはできない。そこでは自由とは、「自分自身ではおのれを基礎として保証しない基礎 le fondement」（Nancy 1988: 111=2000: 145）のことであり、それに――留保付きながら（Nancy 1988: 77=2000: 99）――与えられたモティーフが「深淵」、より正確にハイデガーの語を引くなら「脱-底 Abgrund」あるいは「無根拠性 Abgründlichkeit」としての「根拠 Gründlichkeit」であった（Nancy 1988: 112=2000: 146）。

もちろん、そうしたモティーフが呈示されているだけでは政治哲学にはなりえまい。いかに思弁的にみえようともそうした「存在論的な自由」は「存在的に現勢化されているときにのみ、根拠付け／脱根拠付けという役割を引き受ける」という点をマーヒャルトは指摘している（179）。「存在はつねに存在者の存在である」というハイデガー的命題を政治理論に適用するなら、たしかにありうべき注記と言えるだろう。しかし、おそらくは潜勢的／現勢的という対を存在論的／存在的という対に対応させることに問題が含まれていないかどうか、あらためて検討の余地がないとは言えない。その理由は次節冒頭で明らかとなろう。

二　「政治的存在論」の可否

いくつかの点は補足したものの、おおむね以上のようにマーヒャルトはナンシーの政治思想を要約している。その整理には、大部ではないがゆえに主張の見通しやすい近年の『デモクラシーの真理』から『自由の経験』へと遡ることで、錯綜し凝縮された印象の拭い難い後者の争点を浮き彫りにできるという利点がある。もう一度確認しておくなら、正義・平等・自由という「準-超越論的な諸様態《モード》を結び付けているもの」は実定的・経験的な内実との関連ではなく、実体・主体・全面的共同体・同一性・等価性といったものを「引き退かせるwithdraw」（180）ものとの関連で定義される。このとき、マーヒャルトが再度注意を喚起しているように、「根拠の退去withdrawalにもかかわらず、存在論的な次元と存在的な次元は元来絡み合ったままである」。別の言い方では、「根拠の退引retreatを表わす存在論的な名称[13]」である自由や平等は、つねに解放の政治的過程とリンクしている。「自由の政治的な行為l'acte politiqueは、行為における＝現実態にあるen acte自由（平等、友愛、正義）であるのであって、自由の統制的理想un idéal régulateurの目標ではない」（Nancy 1988: 103=2000: 135）。

補足しておくと、それはまた「現勢態にある思考」（Nancy 1988: 200=2000: 270）とも呼ばれており、先に諸自由と理念としての自由との対立と仮に呼んでおいたものは、「技術の部品」としての諸自由と、理念ではなく「特異な事実」としての自由（Nancy 1988: 208=2000: 284）という対立に修正される。バディウがコミュニズムを「仮説」として提示するのに対して、ナンシーが「事実」として、さらにはデモクラシーの真理として出発点におくことはしばしば論者の指摘するところともなっている[14]。ただ、ここでのマーヒャルトはアガンベンやランシエール、あるいは「来たるべき蜂起委員会」を念頭に置きつつ、「アクティヴィスト的」ナンシーの「蜂起」的言説に対する留保ないし批判的立場を表明している。そこで参照されている箇所をどう読むか、解釈の当否は分かれるところだろう。すなわち、「正義は与えられていない以上、或る権力の行使を責任を持って開始する（したがって、対抗的-権力、権力の転覆、権力の同盟協調などの行使を開始する）」（注9参照）。もちろん、主権概念を退けた後の権力の問いは提起されている。そこに「引き受けなき政治」の問いもあるが、この点も後で再度論じよう。

存在論的／存在的――二つの政治？

マーヒャルトの異議は、ナンシーの政治論において権力や国家の問いが回避されているわけではないとはいえ、「「単なる」政治"mere" politics」(180) が軽視されていることに関わっている。すなわち「厳密な平等」の体制のためにどのような制度が可能か、サパティスタ運動やLGBTQ運動を承けた制度論はどのように構想されるべきなのか……、こうした面での議論が手薄になる。政治的なものの退引という視点からの議論では存在論的次元が強調され、「存在的政治 ontic politics」がなおざりにされるというわけだ。これに対してマーヒャルトは体制としてのデモクラシー、およびラディカルなデモクラシー闘争の本性という二点を理論化するために、不可視委員会、アガンベン、ルフォール、ラクラウ&ムフらを参照して、「存在的」なレベルでの補足の必要性を訴える (181)。だが、政治が存在的な次元での「補足」にとどまるのであれば、じつは『デモクラシーの真理』でも同様のことが述べられていたのではなかっただろうか。

一方でマーヒャルトはナンシーの議論の争点を正確に捉えている。ナンシーが問題にしているのはしかじかの制度ではなくデモクラシーの「精神 esprit」(Nancy 2008a: 53=2012: 157) であり、マーヒャルトは「形而上学的に負荷のかかった精神の概念」を回避するため、「倫理的なものの次元」を「デモクラシー的倫理」(181) と呼ぶことを提案している。ただし、その際には「条件づけられたものの領域」に属する政治と「無条件なもの」の次元にある倫理――レヴィナス、デリダの系譜に連なる倫理――を区別する必要が出てくる。ナンシーの主張によれば、無条件的なものは「その「実現不可能な」絶対性において」(Nancy 2008a: 32=2012: 138) デモクラシーの駆動・発動に関わり続けるという役割を担っている。マーヒャルトは「責任」という語を用いて、以下のように「ポスト基礎付け主義のデモクラシー思想」をめぐる自身の主張を要約している。

> デモクラシーのうちで――付け加えるならデモクラシーにおいてのみ――必然的に偶発的で究極的に根拠付け不可能な本性をもつ社会への責任、また同様に無条件的に条件づけられた本性をもつ政治への責任が引き受けられる。そのような責任は根拠のなさという単に存在論的な条件とともに生じることはなく、さらなる努力が要求される――そのような根拠のなさを乗り越え不可能なものとして引き受けるという倫理的な努力である。(181)

さらにそこから、自由や平等は「それ自体として、言い換えれば存在論的に深淵としての性格を持つわけではない」(182)ことが導き出される。すなわち自由や平等は「デモクラシー的倫理」と連接されたときにのみ、言い換えればそれらの無根拠性が倫理的に引き受けられたときにのみ深淵的なものとなる。非常に奇妙に聞こえるかもしれないが、自由や平等は「それ自体としてはデモクラシー的ではない」ことになる。

マーヒャルトの議論は以上に概観されたように、ナンシーの思想にみられる存在論的次元の重要性を踏まえつつ、それを個人的倫理とは区別されるデモクラシー的倫理の次元において現勢《アクチュアル》化させることを主眼としている。この両者の間で揺れ動く立場が論の運びに一定のリズムを与えているようでもあれば、その逡巡を示しているようにも思われるが、結局のところ、存在論的な次元と存在的な次元の分節は次のように試みられることになるだろう。

自由がいかに無根拠的なものであるとしても、部分的には制度化され、解放や制定といった政治的行為を通じて部分的な根拠へと変えられる必要がある。〔…〕正義をめぐるデモクラシー的倫理と共約不可能なものへの責任はいずれも、デモクラシー的闘争の内で再現勢化され、体制としてのデモクラシー諸制度によって登録されねばならない。(182 強調引用者)

より端的に言えば、マーヒャルトの立場は「倫理的なものに対して政治的なものに優位性が与えられなければならない」とみなすものである。学術的文体が要求する措辞にみえるかもしれないが、言葉遣いに注意しておこう。マーヒャルトは同様にこうも述べている。先述のような「引き受けや承認や責任は、デモクラシー的制度のうちに、そしてデモクラシー的地平を拡張するラディカルなプロジェクトのうちに統合されることによって、政治的になる必要がある」。

この「～ねばならない must／必要がある have to」という要請はどのようなものなのだろうか。もちろんそれは「デモクラシー的倫理」によるものだということになるだろう。だがそれは「美しき魂」とも形容されている理念としての倫理とどのように区別できるのだろうか。

この命題の正当性をおそらくマーヒャルトは「政治的なものがあらゆる政治の(不)可能性の条件を構成しているという単純な理由」に求めている。マーヒャルトの「政治的なもの」の理解はここでナンシーと袂を分かつ。そのこと自体は後者が「すべては政治的である Tout est politique/Everything is political」という思想、言い換えれば社会領域全体の「過剰な政治化 over-politicization」のリスクを拒否していることからも明らかである。「あらゆる政治」に関与するような「政治的なもの」は想定しえまい(cf. 柿並 2014: 86)。

その拒否の理論的根拠を、マーヒャルトは『単数複数存在』にみられるようなナンシーの「社会的存在論がおどろくほど非政治的な線に沿って展開されている」ことによって説明する。この存在論は、「単数的／特異なものと複数的なものの——倫理的と呼んでおきたい——線に沿って存在をフレーム化するという決断によって初めから脱政治化されている」(182-183) というわけだ。マーヒャルトはここに「精神」としてのデモクラシーの扱いの原因、すなわち倫理の存在論化／存在論の倫理化を看取する。

　存在がつねに単数かつ複数で在ることがいかに理論化されようとも、すなわち単数性・特異性が複数であることが精緻化されても、それはただちに政治的概念になるわけではない。マーヒャルトはこの点に関して、例えば同時代のラクラウに特殊と普遍の政治的弁証法の可能性を見出している。自身が最後にあらためて要約しているように、マーヒャルトの疑義は「政治を存在論的に概念化する」だけでなく（根拠・基礎付けの不在をめぐる思考）、同時に「存在論的なものを政治的に概念化する」必要性を訴えることに存している。

　複数での存在、共に在ることを考える際には必ず「関係」を考えることになる、とマーヒャルトは強調している。その際、関係もやはり政治的に分節されることよってのみ関係たりうると彼は考える。だとすれば、そこには必ず非対称性や「排除することで結びつける審級としての敵対関係《アンタゴニズム》というカテゴリ」がみられるはずだが、ナンシーの倫理的存在論からこれは排除されてしまうことになる。論考のタイトルの意味はここで歴然としている。考えるべきは「共に在ること being with」の存在論ではなく、「共に抗して在ること being with against」の存在論なのだ、と。

三　様々な二項対立——論点の再定式化

以上のマーヒャルトによるナンシー読解の主要論点を今一度確認しておけば以下のように列挙できるだろう。

一、「ポスト基礎付け主義」の「ポスト（〜の後）」は「基礎付け」そのものの内に棲み着いている。
二、「倫理的命令」の理論的位置づけを明確化する必要がある。
三、二と関連して、義務 obligation の概念の明確化も検討を要する。ただし、前節最後に触れたように、マーヒャルト自身も繰り返す「〜ねばならない」という命法の根拠を検討する必要も生じる。
四、〈潜勢的／現勢的〉という対を〈存在論的／存在的〉という対に対応させることは可能か。
五、引き受けなき政治の内実はどのようなものか。
六、存在論的なものを存在的なものによって補足するとはいかなる挙措か。

第一の点については、マーヒャルトも述べている基礎付けの退去という点をナンシーのテクストに沿って言い換えたものであったため、ここではこれ以上触れる必要はないだろう。

第二の点を問いの形で言い直すなら、根拠の不在という事実からその不在の尊重という倫理的命令はどこから来るのか。あるいは第三の点とともに確認すれば、それを遵守するという義務はどこから来るのか。第一節で引用したとおり、『デモクラシーの真理』ではこう言われていた。「各人は〔…〕現実の行為、営為、労働のうちに現れることを無限に義務付け、自分自身の義務とする特異性によってただ一つなのである」(Nancy 2008a: 47=2012: 151)。

ここで踏まえておくべきは『自由の経験』でのカントとハイデガーをめぐる議論である。目下、丁寧に追うことはできないが、『人間的自由の本質』でのハイデガーがカントにおける因果性と自由の関係を逆転させ、存在の問題を自由の問題と捉え、純粋意志の法則を立法の形式とみなしていることを確認しておこう。「純粋意志は法から生じる義務 obligation の意志である」(cf. Nancy 1988: 32-33=2000: 39-40)。しかしその義務とは何らかの主体が特定の法律や条文に従うようなものではなく、「ひとつの義務への実存の放任＝放棄」だとされている。ごく単純に言えば、存在そのものに組み込まれた義務、当為(Sollen, devoir)とも呼ばれる、存在そのものとしての義務が問題になっているのだ。そのまま議論に組み入れられることはないにしても「法への尊敬の感情」(Nancy 1988: 31, 131n=2000: 38, 175n)というカント的モティーフは義務の尊重の前提となっている。[15]

自由はもとより哲学の伝統的な主題であったが、自由「について」、概念として論じられるだけでは自由は決して経験されない。自由そのものを経験すること、思考が自由になることがナンシーの目指すところであり、存在論が旧来のような「自由(についての)論 traité de la liberté」ではなく「自由学 éleuthérologie」(Nancy 1988: 24=2000: 29)にならなければならないと言われる所以である。哲学が「おのれの論理の主題として、と同時におのれの実践のエートスないし状態《ヘクシス》として」[16]前提としてきたというこの自由学は、理論が同時に実践であり、思考が同時に行為であることを求めるナンシーの思想の根幹に関わっている。

その立場からすれば、存在論的なものの存在的次元における補足、理念の政治的次元における現勢化、といったマーヒャルトの指摘は単独でみれば常識的・良識的に聞こえはするだろうが、ナンシーの理論的賭けにどこまで応じているのか、疑問に付されるところだろう。

第三の点については以上にまとめて言及したので第四の点に移ろう。今しがた触れた現勢化、ならびにそれと対をなす潜勢態／潜勢力について簡単にみておくと、たしかに、『デモクラシーの真理』では無条件的なものの「実現不可能」性が強調され、無条件の現実化に服従する必要のない潜勢力（puissances）として様々な可能性が考えられていた（Nancy 2008a: 32=2012: 138）。そうした可能性群が出会う好機、クロノスならざるカイロスとして六八年五月が見出されていたわけだが、それはナンシー自身がこの語を用いているとおり「物象化」の危険を回避して潜勢態にとどまることのできる諸種の力の謂いだろう。

しかしながら『自由の経験』での扱いをみると、潜勢態（in potentia）と現勢態（in actu）という対はそのままでは受け入れられないようだ（Nancy 1988: 35=2000: 43）[17]。理論的な著述と示唆的な行為との間で、しかしそれがいずれも思考ならざるものへと化してしまう危険に注意を払いながら、思考がどのようなものでありうるか、ナンシーの根本的な問いの構えが古典的な語彙を繰りながらはっきりと示されている――「思考が言説と身振りの間の非決断に曝されている」（Nancy 1988: 200=2000: 270）[18]。「行為の状態にある＝現勢的な en acte 思考」が非決断によって「宙吊りにされ」、同時に「潜勢的な状態に en puissance」にもあることを考えれば、二つの状態は対立するものとは言えなくなる。

潜勢態／現勢態が歴然と区別されない以上、第六の点を先取りすることになるが、〈存在論的なもの／存在的なもの〉という区別をこれに対応させることは難しくなるだろう。存在論＝非-政治的な次元（無根拠的な原理としての正義）と存在的な次元（必要最低限の＝部分的な制度化された政治）というマーヒャルトの二元的図式はどうやら支持しがたいようである。前者に割り振られる「政治的なもの」にしても、ナンシーはたしかに『無為の共同体』から『共出現』の時期にかけてはこれを存在論の次元に接近させていたが、二〇〇〇年頃にみられる自己批判を経てそのような図式を変更したのであった（cf. 柿並 2014: 77）。同時期の論考でも「政治は全一性 unitotalité を引き受ける場ではない」（Nancy 2000b: 82=2002: 207）と明言されているように、政治的なものはそれまであまりに多くのもの――端的に言って〈存在〉と存在者――を引き受け過ぎていた。そうした「転回」の先にマーヒャルトの参照する『デモクラシーの真理』が位置しており、そのなかでは同様にこう述べられていたのだった。「デモクラシー的な政治とは引き受けることから身を引いた政治 politique en retrait d'assomption である」（Nancy 2008a: 60=2012: 164）。第五の論点を再度定式化すれば、引き受け（assomption/acceptance）という概念は政治を語るのに適切なのかどうか、ということになろう。

あらためて第六の点だが、存在論的なものと存在的なものの区別もまた問いに付されねばならない。すでに引いたとおり、マーヒャルト自身が「根拠の退去にもかかわらず despite the withdrawal of ground、存在論的な次元と存在的な次元は元来絡み合ったままである」（180）と述べていたのだった。しかしおそらくはむしろ逆であって、存在者の根拠と考えられるような存在が退去するからこそ存在者がある。繰り返すが存在そのものは（それを語りうるとしてだが）然々の存在者の間からは隠れており、ただし別の次元へと隠れるのではなく、つねに存在者の存在であることによって「目立たないもの」[19]となる。

ただし、こうした存在論的差異の基本的な把握を踏まえて、ナンシーは存在と存在者の一種の重ね合わせ、再圧縮という方向へ議論を展開している。[20]『自由の経験』で論じられるように、存在と存在者の差異、「存在するのではない」差異、「存在-存在論的差異」ですらない差異はおのれの差異のうちに退却してしまう。「この退却 recul が存在と存在者の同一性、つまり実存である」(Nancy 1988: 210=2000: 287)。この実存そのものにまさしく自由の名が与えられている。そのとき、「存在に関するあらゆる定立=措定の退引」が生じ、哲学がこれまでに論じてきた存在は、ただ事実としての自由にその場を明け渡すために、存在者から異なるものとしてすらも退引していくという。そのような場合に存在論はいかにして問われるのか——この問いに取り組むにはまた別の機会を待たなければならない。

おわりに

手短ではあるがマーヒャルトの結論に戻ろう。ナンシーの社会的存在論が脱政治化されているのかどうか、詳細に検討するなら相当の時間が必要になる。ここでは、初期から「社会化 sociation」なる語で個人と社会の対立に先行する存在そのものの社会性が論じられ、それが『単数複数存在』という書物にまで引き継がれていることを確認するにとどめる。ただその社会化において、単に「結合 liaison」だけではなく「解離 déliaison」もまた同程度に重要な契機であることは再度指摘しておいてよい[21]。「共に avec」という鍵語が一定の近さをニュアンスとして孕むのと同時に、「〜から d'avec」といういささか奇妙なイディオムに体現されるように、社会化のうちには解離と遠隔化の運動が含まれてもいるのだ[22]。そうであれば、マーヒャルトの言う「共に抗して存在すること Being with against」はすでにナンシーの構想していた存在論そのものに他ならない。ただしこの「抗して against」の生じる次元を「存在的」で「単なる政治」的なそれに落とし込んでいる点が問題となっているのだった。

「単なる政治」の限界内に留まるわけではないが、『単数複数存在』の冒頭や別の箇所では、様々な共同体の形象が「連禱 litanie」の形をとって列挙されていることを最後に指摘しておこう。[23] ナンシーはボスニア、コソヴォなどの名と惨状を挙げながら、グローバル化すると言われている世界のなかで、「様々な共同体的本質という最後の手段に打って出ることを、われわれはくじくことも掘り崩すこともできなかったし、むしろ昂進させてきた」ことを喚起している。諸種の区別をひとしなみに無化する運動――無区別 indistinction――のなかで差異と尊厳 distinction を保つときに、共同体の本質に頼るのとは「断固として異なる構成と分節を、共同での存在 l'être-en-commun について把握することも発明することもできなかった」という現状認識が示される。[24]

はたしてマーヒャルトの言うように、存在論は脱政治化されているのだろうか。たしかに先にみた自己批判以降、存在＝複数的なものと政治的なものの単純な同一化は回避されている。しかしながら存在――共に存在すること――が問われているのは、間違いなく政治的な抗争のただなかなのだ。

注

1　Marchart（2011）. 以下、頻繁に参照するマーヒャルト論文の引用については本文中に頁数のみを記す。この論考については柿並（2014: 89）でもごく簡単ながら言及しておいた。本章はその遅れ馳せながらの補遺でもある。

2　英語圏の研究として、すでに『ナンシー事典』（Gratton & Morin 2015）が刊行されているほか、近年の「思弁的実在論」などの動向も視野に入れたナンシー論集として Gratton & Morin（2012）を参照。またオランダ・ノルウェーの研究者が中心になって宗教をめぐる問題を扱った論集として、Devisch et al.（2012）がある。

3 この点について、より広い文脈については乙部（2018: 106, 115–116）も参照。

4 マーヒャルト自身が以下をその「文脈」として挙げている。クラウチ（2007）、およびランシエール（2005）。

5 Nancy 2009: 77=2011: 110–111.

6 この論考のタイトルの訳については柿並（2014: 90）で所見を述べておいた。

7 この表現はパスカルの名を欠いてはいるものの、絶対的な開始である「自由」を論じた書物『自由の経験』でも、絶対的な根拠付けという限界的経験を指し示すために援用されていた（Nancy 1988: 115=2000: 151）。なお、パスカルのフレーズ中、「乗り超える」（passer）という動詞は、マーヒャルトの依る英訳では「超越する」（transcend）と強めに訳されている。

8 “[T]he people *can* – if only provisionally and precariously – assume the role of the sovereign […]” (175). ナンシー自身によるバタイユのフレーズへの注釈としてはNancy 2002: 158=2003: 135を参照。

9 論考「すべては政治的なのか?」でも、「尺度は一つの名を持つ——正義である」と明言されている（Nancy 2000b: 80=2002: 205）。マーヒャルトも参照するように、ここで権力の問いが成立する。「正義は与えられていない以上、或る権力の行使を責任を持って開始する（したがって、対抗的-権力、権力の転覆、権力の同盟協調などの行使を開始する）」。ナンシーの小論は政治的なものと経済的なもの（あるいは社会的なもの）という対概念を偽の対立と捉え、いずれにも全体化の構図ないしその危険をみてとっている。先の権力（pouvoir）はそうした全体化に抗う力（pouvoir）の意だろう。したがって論考のタイトルも「全体 le tout は政治的なのか?」というニュアンスを読み取ることができるはずだ（Nancy 2000b: 81=2002: 205）。事実、後年の論考ではそのような言い換えがみられる（Nancy 2008a: 60=2012: 164）。

10 Nancy 1988: 101=2000: 132. 柿並（2018a）ではごく簡単ながらアーレントとナンシーの比較を試みた。マーヒャルトは「予見不可能性」、「新たに始めること」や、ポイエシスとプラクシスの区別（Nancy 1988: 104=2000: 138; ただしNancy 1988: 112–113=2000: 147–148をも参照）など、いくつかの類似点を挙げて「ナンシーの黙せるアーレント主義」（184）を指摘している。
カント『たんなる理性の限界内における宗教』の記述（第四編第二部第四節）を踏まえつつ、自由は成熟度などに応じて与えられることはできないと考えるナンシーが「自由は獲得する prendre ことができるのみだ」（Nancy 1988: 103=2000: 137）と述べ、それを「革命の伝統」の内実と断言する際にもまた、『革命について』の著者との対決が示唆されている。

11 柿並（2018a）でも言及したように、ほぼ同時期、バリバールもまた自由と平等をかけ合わせた「平由 égaliberté」の原理を提唱していた（cf. Balibar 2000）。

12 ナンシーは『自由の経験』で「経験 expérience」と「危険 péril」や「海賊行為 piraterie」の間にある語源的連続性を喚起し、根拠なき創設という身振りの回避しえぬ危険性を指摘している（Nancy 1988: 25, 113, 118, 122=2000: 30, 148, 156, 162）。同様にラクー＝ラバルトもこの語源に注意を促している（Lacoue-Labarthe 1986: 30-31=1997: 50）。ピーター・フェンヴズはヒュームの言葉（ヒューム 1949: 117）を頼りに、哲学史の内にこの航海のイメージを辿っている（Fenves 1993: 164=Nancy 1993: xx）。

13 withdraw と retreat はいずれもフランス語の retrait の訳語として用いられる。マーヒャルトも厳密に使い分けているわけではないようであり、時に前者が、時に後者がより包括的な概念として用いられている（Marchart 2007: 64, 74）。英語圏での用法・議論については Nancy & Lacoue-Labarthe（1997）、とくに編者序文を参照されたい。

14 Nancy 2008a: 24, 55=2012: 129, 159. この点については Morin 2012: 114 sq などがある。もちろん権利と対立する単純な事実だけでなく、事実と権利が混ざりあってしまうような次元が問題になっている（Nancy 1988: 103=2000: 135）。

15 政治哲学的書物を少なからず著しているマルク・クレポンもまた『デモクラシーの真理』を起点としながらナンシーの哲学を再構成している。クレポンは「共に生きる：世界の思考」と題されたナンシー論で、このタイトルに示されるフレーズに、ニーチェ以降の思考の「課題・努め tâche」、それも「ニヒリズムからの脱出」（Nancy 2008a: 21, 42=2012: 126, 147）なる課題に応える「命令 injonction」であることを含意させている（Crépon 2012: 20）。「ニヒリズムからの脱出」は単に理論的な問題ではなく、同時に実践でもあるがゆえに、ナンシーのいう「エートス」の位置づけを示す指標だと考えられる（ただし、クレポンが依拠するもう一つのテクスト「ニヒリズムの彼岸の無 « Nichts jenseits des Nihilismus »」は『隠された思考』の Ethos のセクションではなく Kenos のセクションに収録されている）。ナンシーの別の主著『世界の意味』を踏まえて、「世界の思考」が「世界の意味の実践」とならねばならない「命令」であると喝破するクレポンの議論はさらに参照されてしかるべきものである（Crépon 2012: 25）。

クレポンの論考はポスト基礎付け主義という文脈を直接意識しているわけではないにせよ、根拠の無化（≠単純な反基礎付け主義）がニヒリズムへと反転することを拒否するという点で、ナンシーの絶対的自由の論理が単なるアナーキーを指すわけではないことを――仮にニーチェ的な「デモクラシーは〔…〕アナーキーに等しい」（Nancy 2008a: 57=2012: 162）のだとしても――示す論点を提示しうるものだろう。あるいはまた失墜した古き世界表象・世界観の復権や新しいそれの単なる構築が「受動的ニヒリズム」と呼ばれているのだが（Crépon 2012: 22, 26）、それはマーヒャルトが提案している「部分的な」根拠の採用に対する根本的な批判となっているのではないだろうか。

16 「ハイデガーの「根源的倫理」」（『隠された思考』所収）にみられるように、ナンシーは単に倫理と存在を対置することはなく、後者のうちに根本的な振る舞いとしてのエートスを読み取っていく（Nancy 2000a=2001-2002）。また『自由の経験』でもエートスの語は「住まい、滞在」といった意味を担って用いられている箇所がある（Nancy 1988: 172=2000: 228）。
『デモクラシーの真理』末尾でも「一切の「倫理」と一切の「政治」に先立つエートス」が語られているため、政治と倫理の単純な対立の彼方に位置づけられるエートスをめぐっては注意が必要である（Nancy 2008a: 62=2012: 167）。このような意味でのエートスが「非／脱政治的」である点に、本来であればマーヒャルトの批判は関わってくるはずだが、その分節ははっきりとなされていないように思われる。

17 主体性の存在論に基づく自由概念を検討するときですら、そのように考えられている（Nancy 1988: 45=2000: 57）。

18 ナンシーの思考の内的展開という観点から補足しておくと、先立つ著作『失神のディスクール』（Nancy 1976）では「著作家カント」の（非）決断がまさにこうした語彙を用いて執拗に追われていたのだった。

19 晩年のハイデガーが自らの思考を「目立たない＝現れないものの現象学」と呼んだことはよく知られているがここではその問題には踏み込まない。

20 この点についてはすでに浅田彰やカトリーヌ・マラブーの指摘がある。マラブー（Malabou 2004）は、存在そのものの現れを「ファンタスティックなもの」と呼び、その例として、レヴィナスの「ある」、サルトルの「ねばねばしたもの」と並んで、ナンシーの「コルプス」を積極的に捉えている。存在論的差異を踏まえた上で、存在と存在者をいわば「圧縮」する観点はナンシーとの対談の中で浅田が指摘したことでもあった。ナンシー・浅田（1997: 50以下）参照。

21 この点については柿並（2013）を参照されたい。

22 この表現については例えば以下の箇所に説明がある。Nancy 2000a: 118n; Nancy 2008b: 207=2014: 193.

23 この点に目を留めたクレポンの前掲論考の慧眼はやはり銘記されるべきだろう。

24 Nancy 2000a: 116, cf. Nancy 1996: 11–12=2005: 13–14.

参考文献

Balibar, Étienne（2010）*La proposition de l'égaliberté. Essais politiques 1989–2009*, Presses universitaires de France.

Crépon, Marc（2012）« Vivre avec : une pensée du monde », in Gisèle Berkman et Danielle Cohen-Lévinas（éds.）, *Figures du dehors. Autour de Jean-Luc Nancy*, Cécile Defaut.

Devisch, Ignaas, Laurens ten Kate and Aukje van Rooden（2012）*Re-treating Religion: Deconstructing Christianity with Jean-Luc Nancy*, edited by Alena Alexandrova, Fordham University Press.

Fenves, Peter（1993）"From empiricism to the experience of freedom", in Paragraph, vol. 16, no. 2, On the Work of Jean-Luc Nancy（July 1993）= "Foreword", in Nancy, Jean-Luc（1993）*Experience of Freedom*, Stanford University Press.

Gratton, Peter and Marie-Eve Morin（eds.）（2012）*Jean-Luc Nancy and Plural Thinking: Expositions of World, Ontology, Politics, and Sense*, State University of New York Press.

——（eds.）（2015）*The Nancy Dictionary*, Edinburgh University Press.

Lacoue-Labarthe, Philippe（1986）*La poésie comme expérience*, Christian Bourgois（谷口博史訳『経験としての詩：ツェラン・ヘルダーリン・ハイデガー』未來社、一九九七年。）

Malabou, Catherine（2004）« Pierre aime les horranges », in Francis Guibal & Jean-Clet Martin（éds.）, *Sens en tous sens.*

Autour des travaux de Jean-Luc Nancy, Galilée, 2004.（郷原佳以訳「ピエールは恐怖のオレンジを好む」『SITE ZERO/ZERO SITE』メディアデザイン研究所、第2号、二〇〇八年。）

Marchart, Oliver（2007）*Post-Foundational Political Thought: Political Difference in Nancy, Lefort, Badiou and Laclau*, Edinburgh University Press.

——（2011）« Being With Against: Jean-Luc Nancy on Justice, Politics and the Democratic Horizon », in Benjamin Hutchens（ed.）, *Jean-Luc Nancy: Justice, Legality and World*, Bloomsbury Publishing.

Morin, Marie-Eve（2012）*Jean-Luc Nancy*, Polity.

Nancy, Jean-Luc（1976）*Le discours de la syncope*, Aubier-Flammarion.

——（1988）*L'expérience de la liberté*, Galilée.（澤田直訳『自由の経験』未來社、二〇〇〇年。）

——（1996）*Être singulier pluriel*, Galilée, 2013（2e éd.）.（加藤恵介訳『複数にして単数の存在』松籟社、二〇〇五年。）

——（2000a）*La pensée dérobée*, Galilée.（合田正人訳「ハイデガーの「根源的倫理」」『みすず』488, 489, 491号〔抄訳〕、二〇〇一～二〇〇二号。）

——（2000b）« Tout est-il politique ?（simple note）», in *Actuel Marx*, Presses universitaires de France, n° 28.（大西雅一郎・松下彩子訳『共出現』松籟社、二〇〇二年。）

——（2002）*La création du monde ou la mondialisation*, Galilée.（大西雅一郎・松下彩子・吉田はるみ訳『世界の創造あるいは世界化』現代企画室、二〇〇三年。）

——（2008a）*Vérité de la démocratie*, Galilée.（渡名喜庸哲訳「民主主義の実相」『フクシマの後で：破局・技術・民主主義』以文社、二〇一二年。）

——（2008b）« Les différences parallèles.（Deleuze & Derrida）», in *Derrida, la tradition de la philosophie*, Galilée.（大池惣太郎・柿並良佑訳「パラレルな差異（ドゥルーズ&デリダ）」『現代思想 特別増刊号（特集　デリダ）』青土社、二〇一四年。）

——（2009）« La démocratie finie et infinie », in Giorgio Agamben et al, *Démocratie, dans quel état ?*, La Fabrique.（河村

一郎訳「終わりある／終わりなき民主主義」『民主主義は、いま?：不可能な問いへの8つの思想的介入』以文社、二〇〇一年)。

Nancy, Jean-Luc and Philippe Lacoue-Labarthe（1997）*Retreating the political*, edited by Simon Sparks, Routledge.

乙部延剛（2018）「〈政治的なもの〉から〈社会的なもの〉へ?」松本卓也・山本圭編『〈つながり〉の現代思想：社会的紐帯をめぐる哲学・政治・精神分析』明石書店。

柿並良佑（2013）「恐怖《パニック》への誕生――同一化・退引・政治的なもの」『思想』二〇一三年一月号。

――（2014）「存在論は政治的か?」『思想』岩波書店、二〇一四年二月号。

――（2018a）「思考とその運動、その身振り、その空間――アーレントとナンシーの間」『Arendt Platz』アーレント研究会会報、第三号。

――（2018b）「特異性の方へ、特異性を発って」松本卓也・山本圭編『〈つながり〉の現代思想：社会的紐帯をめぐる哲学・政治・精神分析』明石書店。

クラウチ、コリン（2007）『ポスト・デモクラシー：格差拡大の政策を生む政治構造』山口二郎監修、近藤隆文訳、青灯社。

ナンシー、ジャン＝リュック・浅田彰（1997）「討議」安原伸一朗訳、『批評空間』太田出版、第二期一三号。

ヒューム、ディヴィッド（1949）『人性論』第二巻、大槻春彦訳、岩波文庫。

ランシエール、ジャック（2005）『不和あるいは了解なき了解：政治の哲学は可能か』松葉祥一・大森秀臣・藤江成夫訳、インスクリプト。

第9章　基礎付けなき判断——「政治的なもの」としての反省的判断力とその拡張

大河内 泰樹

はじめに

基礎付け主義を論ずるにあたって、そもそも基礎付け主義とは何なのかということを明らかにしておかなければ、その議論は無意味なものとなるだろう。そして基礎付け主義が、基礎付けという理論的操作を前提としているかぎりにおいては、この基礎付けという操作について理解することなしには、この問いに答えることは出来ないはずである。しかし、この「基礎付け」ということについても必ずしも共通の理解があるわけではない。

基礎付け主義にひとつの範型を与えると考えられるのはカントである。『道徳形而上学の基礎付け *Grundlegung zur Metaphysik der Sitten*』という著作名において「基礎付け」は、本論としての「道徳形而上学」に先だって、その可能性を明らかにすることを意味している[1]。しかし、『基礎付け』や『実践理性批判』[2]で展開されているカントの道徳哲学については、超越論的つまり基礎付け主義的解釈と同時に構成主義的な解釈も存在し[3]、この基礎付けの地位については議論の余地がある。

したがって、カントにしたがったとしても、基礎付けは一義的に定義できるものではない。しかし、本稿ではカントが別の著作、つまり『判断力批判』で導入した「規定的判断力」と「反省的判断力」の区別に依拠し、前者によって基礎付け主義を、後者によって反基礎付け主義を規定することとしたい。つまり、普遍が一義的に与えられており、そのもとに特殊を包摂することによって成立した判断が「基礎付けられている」と見なされ、それにたいしてここで擁護される反基礎付け主義は、そうした普遍は、あらかじめは与えられておらず、判断において蓋然的に設定されざるを得ないと主張するものである[4]。

以下では、この区別を前提として、カントの「反省的判断力」の系譜に連なると見なされうる哲学者たちの議論を再構成することで反基礎付け主義の立場を描き出すこととしたい。それにあたって、本章が取り上げるのはアレント、ローティ、ロールズ、ブランダムという、それぞれ背景も立場も異なる（一部は基礎付け主義者とも見なされてきた）哲学者たちである。とくに、アレント以外の論者は反省的判断力そのものについて論じているわけではない。しかし、以下ではこの論者たちも、「反省的判断力」の系譜に連なる議論を展開していることが明らかとなるだろう。

まずアレントによるカントの趣味判断についての議論を確認し（第一節）、ローティが「哲学」を真理の探究でなく、会話の継続としての「啓発的」なものとして再定義するさいにこの「反省的判断力」の射程を理論的領域に拡張していることを明らかにする（第二節）。さらに、通常基礎付け主義と見なされるロールズ正義論に対して、ローティの解釈に沿いながら反基礎付け主義的な解釈を提示し（第三節）、共同体の共通感覚の再構成が、反基礎付け主義的規範理論の要点をなすことを明らかにする。そして第四節で、補論的にカントに立ち帰り、アレントの解釈がカントにおける「実例」概念を間違って理解していること指摘したあと、最終的に、適切な「実例」概念をブランダムの社会的・歴史的合理性の議論に接合することで、本章における反基礎付け主義的立場を規定する（第五節）。それはまた、カントの反省的判断力をめぐる現代の議論が、「教養形成 Bildung」というヘーゲル的概念へと行き着くことを示す行程でもある。

一　反省的判断力と政治——アレント

政治的判断としての趣味判断

すでによく知られているように、ハンナ・アレントの功績のひとつは、カントの反省的判断力、とりわけ趣味判断の政治的な意義を発見した点にある。[5] そもそも判断は特殊を普遍（規則）に包摂するはたらきである。カントが規定的判断力と呼ぶ、通常の判断能力においては、規則としての普遍が与えられており、それを特殊ないし個別的事例に適用することによって、判断が行われる。その限りにおいて、その判断はあらかじめ与えられた普遍としての規則によって基礎付けられているということができる。

それにたいして反省的判断力は、普遍が与えられていないときに、特殊を普遍に包摂するという、いうならばアクロバティックな判断である。普遍が確定されたものとして与えられていないため、この判断は蓋然的なものとして仮に普遍をおくことによって成立する。いわば規則の適用を行うと同時に規則を創造しなければならないのである。それゆえ、この判断そのものも蓋然的なものとならざるを得ない。（そして蓋然的であるかぎりにおいて、その「普遍」も修正されうる。）したがって、反省的判断力において判断は基礎付けられていない。

後者の反省的判断力が大きな困難をはらんでいることは明らかだろう。[6] 普遍が存在するならば、特殊的なものあるいは個別的なものを（例えば「金」あるいは「この金」）について、それが普遍（「金属」あるいは「動物」）に含まれているものであるならば、肯定判断（「金は金属である」）を、含まれていなければ否定判断（「金は動物ではない」）をつくることができる。ところが、反省的判断力においては、特殊が包摂される別個の普遍が与えられていない。それは、述語となるものを我々が知らないということを意味するわけではない。それでは我々は文を作る、つまり判断を行うことさえできないだろう。カントが述べているのは、我々が用いる述語の中には、そこに何が包摂されるのかという規則が、あらかじめ与えられていないものが存在するということである。

カントにおいて趣味判断は、この意味で反省的なものとされる。そこで問題となる述語は「美しい」である。「この花は美しい」というとき、「美しさ」に何が包摂されるのかという規則が、あらかじめ確定されているわけではない。その判断の根拠は、あくまで主観的なものにとどまり、何を美しいものと見なすべきなのかに本来的な意味で客観的な規則はない。しかし、また私が、「この花が美しい」と口にするとき、私は他者がそれに同意することを求めており、他者はそれを肯定することも否定することもできる。そうしてさらに我々は、どの判断が正しいのかについて議論を交わし、相手を説得しようとすることも、説得されることもできる。

したがって、趣味判断は最終的には主観的なものであるとしてもそれは完全に恣意的なわけではない。カントによれば、この規則は規定的判断力が必要とするような客観的な規則ではなく、共同主観性としての規則である。

私が「この花は美しい」という判断を行うとき、それは、その判断に他者も合意することを求めている。しかしまた同時に、私はこの判断を行うにあたって「他のあらゆる人の立場で思考し」(Arendt 1968: 220=1994: 298) ていなければならない。「美しい」という述語が何を包摂するのかについて客観的な規則は存在しない。とはいえ、この判断を行うとき私は、他者に共有されるであろう規則を想定しているのである。

アレントが、この趣味判断に、政治的判断のあり方を見出したのは、共同体感覚としての共通感覚 sensus commnis がそこで前提されているからである。趣味判断は、根拠を用いて合意を強制することはできない。しかし、私たちはそれによって、他のすべての人々の感覚を規則として想定しながら、他者に同意を求め、他者を説得しようとしているのである。それが、「労働 Arbeit/labor」および「制作 Herstellung/work」から区別された「行為 Handlung/action」の概念、そしてそれに基づいた彼女の「政治」概念と密接な関連を持っていることはいうまでもないだろう。アレントにとって政治とはまさしく、一元的な支配のないところで、多元性を前提としながら、相互に議論を交わし合うところに成立するものである。アレントがこうして政治を見出したカントの反省的判断力としての趣味判断は、「政治的判断力」(ベイナー) あるいは「手すりなき思考」(アレント/バーンスタイン) のモデルとして、普遍的価値の消失した現代における政治哲学の指針として議論されることとなった[7]。

規定的判断力の貶価

しかし、アレントによる、この反省的判断力の称揚には、逆に規定的判断力の貶価といってもよいものが伴っていた。

さらに、一般に趣味判断が恣意的であると考えられているのは、立証可能な事実や、論拠を持って証明されている真理が合意を強制するという意味では、趣味判断は合意を強制しないことによる。趣味判断は説得を試みるという性格を政治的意見と共有する。カントがこの上なく見事に描き出したように、判断する者は、最終的には他者との合意に達する望みを抱きながら、ただ「あらゆる他者の同意を請い求める」ことが出来るだけである。（Arendt 1968: 222 =1994: 301）[8]

趣味判断が政治的なものとして際だっているもう一つの理由は、ここでいわれているように、規定的判断においては「立証可能な事実や、論拠を持って証明されている真理が合意を強制する」という点にある。真理は、他であることを許さず、議論を許さない。アレントによれば、真理は政治と対立するものであり、「政治の観点から見ると、真理は専制的性格を持つ」（Arendt 1968: 241=1994: 326）のである。

カントの規定的判断力と反省的判断力の区別は、アリストテレスにおけるソフィアとフロネーシスの区別に対応している。ソフィアは確実な認識の可能な対象（自然）についての知識に関わるのに対し、フロネーシスは蓋然的な知識に関わる。[9] ただし、カントは自然認識だけでなく道徳的判断もまた規定的判断力の対象と考えていたのに対し、アリストテレスにとって倫理はフロネーシスの対象であった。

カントが、認識と道徳を規定的判断力の対象としたとき、彼は美や自然における目的と違い認識と道徳は基礎付け可能であると考えていた。しかし、アレントは、反省的判断力による判断こそが本来の判断であり、規定的判断は判断ではないとさえ主張する。

こうした判断の持つ妥当性は、認識命題や科学的命題が持つ妥当性を有することはない。認識命題や科学的命題は、厳密に言えば判断ではない。〔…〕同様に、他の誰かを、「これは美しい」とか「これは間違っている」といった、自分の判断について同意するよう強制することは出来ない。（カントは道徳的判断を反省や構想力の産物とは考えていない。それゆえそれは、厳密に言えば判断とは言えない。）(Arendt 1977: 72=1987: 111)

したがって、アレントの考えでは理論的判断も道徳的判断も、規定的判断力によるものであるかぎりにおいて本来の判断ではないことになる。判断とは、普遍的な規則がないところで行われるものなのであり、そこに政治もまた位置づけられているのである。

二　共通の基盤なき共通感覚――ローティ

認識論批判

確実に一元的な答えの出るものではなく、多様な意見が可能な中で判断を求められるものを政治的と呼ぶのは、我々の「政治的」という語の日常的用法にも見られる。「それは政治的問題だ」といわれるときにはしばしば、それはその問題が、論理的に結論が出る問題ではなく、状況を踏まえた判断を要求されていることを意味する。

アレントは、規定的判断力と反省的判断力の対比を際だたせるために、「真理」と「意見」を対置し、それぞれ前者と後者に割り振っていた。もちろん私たちは実際には何が「真理」であるかについて、「意見」を闘わせあうことがある。しかし、真理について意見を闘わせることが可能であるとしても、その際に我々は通常、最終的に真理は一つであり、それは客観的なものとして私たちに依存することなくそれとしてあるものだと考えている。アレントが「真理は合意を強制する」と述べるのはそうした意味においてのことである。

しかし、ローティが『哲学と自然の鏡』で反基礎付け主義を打ち出した際に批判の対象としたのはまさに認識論を中心とする伝統的な哲学が持っていた、そうした想定である。彼がその文脈で認識論の想定する「共約可能性」を次のように要約するとき、その裏返しとして想定されるローティの立場は、右記のアレントによる政治概念に近づいている。

「共約可能」ということで私が意味しているのは、諸言明が衝突し合うと思われるあらゆる点に関する論争を決着するに際して、いかにしたら合理的一致が得られるのかを示すような一連の規則をわれわれが持ちうる、ということである。これらの規則は、除去できなかったあらゆる不一致が「非認知的なもの」か、たんなる言葉上のものか、あるいはさもなければたんに一時的なものにすぎない――もっと努力すれば解決できるもの――かのいずれかであると判明するような、理想的状況の構成方法を示してくれる。重要なことは、かりに解決がなされうるとするならば、何がなされるべきかについて一致がなければならない、ということである。〔…〕認識論に支配的な考えによれば、合理的であるとか、完全に人間的であるとか、なすべき事をなすとかいうことに必要なのは、他の人間たちとの一致を見出しうるということである。認識論を構成するとは、他者との最大限の共通の地盤を見出すことである。(Rorty 2009: 316=1993: 368-369)

認識論が共約可能性によって「他の人間たちとの一致を見出しうる」というとき、ローティはこれを積極的に主張しているわけではない。むしろそうした「共通の地盤」を確保することが可能だと考えていた認識論、そして認識論を基礎としていた哲学全般に異議を唱えている。

「共通の基盤」の否定と共通感覚

一見この「共通の基盤」の否定は、アレントの評価するカントの「共通感覚」の批判を意味するものであるように見える。しかし、そうした印象は誤りである。なぜならこの共通の基盤は、真理についてのどの意見が正しく、どの意見が正しくないのかを一義的に決定できるような、(誰もが受け入れているとされる)その基準を指しているのにたいして、カント/アレントの趣味判断において、共通感覚は決してそのものとしては存在せず、ただそれがあるかのように想定されるものに過ぎないからである。言いかえればローティのいう「共通の基盤」は基礎付けを可能にするものであるが、カント/アレントの共通感覚は基礎付けを可能とするものではない。後者には「他の皆の同意を「せがむ woo」か「請い求める court」ことができる」(Arendt 1977: 72=1987: 111) 共通性が想定できればよいのである。以下の引用はローティが、基礎付け主義的で体系的な哲学を支持するひとと自らの「啓発的哲学」を支持するひとの区別について述べたものであるが、その内容は認識論の想定するような「共通の基盤」なしに、理解し合おうとする人々一般に拡張して理解できるように思われる。

そうした共通の地盤がないのだとすれば、なしうることは、我々自身の観点から他の側がどのように見えるのかを示すことだけである。すなわち、我々になしうることは、対立者に対して解釈学的であることだけである。つまり、彼らのいう耳慣れぬ、逆説的で不快な事柄が、彼らの語ろうとする残りの事柄と、いかにつじつまの合ったものであるかを示し、彼らの語ることが我々の側の言い回しで表現されるとどのようになるのかを示すことを試みるだけである。(Rorty 2009: 364-365=1993: 424)

ここでローティは明らかにドナルド・デイヴィッドソンの「慈善の原理 principle of charity」(Davidson 1984) を参照しているが、カント/アレントの「共通感覚」も、こうした規則のない解釈学的な試みの中で理解されるべきものであろう。「共通感覚」は、私の判断に先立って、確固としたものとして、私の前に存在しているわけではない。それであれば、私が趣味判断を行うときには、規定的判断に従って、共通感覚において示されている普遍に特殊を包摂すればよいだけだからである。むしろそうではなく、私たちはその都度、他者が行う判断を参照しながら、いわばその都度共通感覚をつくりだし、それをまた他者の判断に委ねているのである。[10]

ローティがここで否定しているのは哲学における基礎付け主義であり、ローティは、「真理の発見」から人類の「会話の継続」へ哲学の課題を転換することを主張する（Rorty 2009: 432=1993: 373）。しかし、この哲学における基礎付け主義の放棄は、哲学による政治の基礎付けという構想の否定も帰結する。よく知られているように、彼の主張するところではリベラル・デモクラシーに哲学的正当化は必要ない（Rorty 1991: 178-179）。必要なのは「「深い形而上学的な要求」という我々の病を治療すること」（Rorty 1989: 46=2001: 101）、そしてみずからの偶然性、歴史的制約を自覚しながら、「リベラル・アイロニスト」として生きることである（Rorty 1989=2001）。

三　コモンセンスの再構成としての政治哲学——ロールズ

「コモンセンス」の再構成

以上によって我々は、アレントとローティが同じことを主張していると言おうとしているわけではない。アレントは真理と政治を切り離しながらも、真理の追究という営みの意義を否定するわけではないし[11]、何よりも「リベラル・アイロニスト」として生きることを受け入れはしなかっただろう。カントによる規定的判断力と反省的判断力の区別から両者を検討することで見えてきたのは、アレントにおける政治も、ローティにおける哲学も、規定的判断力から引き離され、反省的判断力の対象として理解することができるということである。ローティにおいては、アーレントの意味での政治が哲学をも包摂しているということもできる。

ここで参照したいのがロールズである。ロールズの『正義論』（Rawls 1999=2010）は、正義を哲学的に基礎付ける試み、つまり基礎付け主義的プロジェクトとして理解されてきた。しかし、ローティは（自らもかって思い込んでいた）こうした理解は間違いであり、それは『正義論』以降の著作によって明確になったと主張する（Rorty 1991: 185）[12]。まさに、以下のようにロールズが述べるとき、彼はローティに、そしてさらに判断力について語るアレントに近づいている。

> 政治哲学が民主的社会の公共文化において提示されるときに、政治哲学が目指しているのは、すでにコモンセンスの中に潜在していると考えられている共有された考えや原理を明確にし、明示的にすることである。あるいは、しばしば実際にそうであるように、もしコモンセンスが控えめでぼんやりしており、何を考えるべきか分かっていないという場合には、このコモンセンスに、そのもっとも本質的な確信と歴史的伝統とに相性のいい特定の構想 conception や原理を提示してやるということである。民主的社会の内部において、カント的な構想を正当化するということは、たんに与えられた前提から正しい推論をおこなうということでもなければ、あるいは公的に共有され相互に承認された前提から正しい推論をおこなうということでさえもない。［政治哲学の］本当の仕事は、コモンセンスの中に埋め込まれていることが期待される、合意のより深い基礎を発見し定式化することである。あるいは、人々のよく考察された確信の広汎な領域と結び付けられることによって、歴史的伝統の中に見出された確信を、新たな形式で表現し、そうすることを通じて共通の理解のための出発点を開始し、作り出すことでもある。（Rawls 1980: 518）

これによれば、政治哲学の課題は、政治ないし民主主義社会の基礎付けなどではなく、民主主義社会における「コモンセンス」の再構成であることになる。[13] ロールズが、ここで自分の「公正としての正義」を導出する際に依拠している「カント的構成主義」を、彼はカントの道徳哲学から再構成しているにもかかわらず、むしろここでロールズが政治哲学の課題として述べていることは、上記の反省的判断力による、共通感覚の発見、さらには創出であるように思われる。それは、「与えられた前提」や「共有された前提」から（「規定的に」）推論され、導出されるものではない。それはむしろ、「歴史的伝統の中に見出された確信」を「新たな形式で表現」したものである。

反基礎付け主義としての政治的リベラリズム

さらにロールズは次のように述べている。

正義の構想を正当化するのは、我々に先立って我々に与えられている秩序にその構想が忠実であるということではなく、我々自身および我々の願望についての我々のより深い理解と、そして我々の公的生活の中に埋め込まれている我々の歴史と伝統を踏まえたうえで、それが我々にとってもっとも理性的な［筋の通った reasonable］[14] 理論 doctrine であるという我々の認識と、その正義の構想が一致しているということである。（Rawls 1980: 519）

正義の原理は、ア・プリオリな哲学的原理によって正当化されるようなたぐいのものではない。それは我々が生きる（ロールズの場合には民主的）社会において、我々が我々自身について持つ理解に依拠しているのである。この箇所を引いて、ローティはロールズの立場を端的に次のように評価し、ロールズを反基礎付け主義の陣営に引き込んでいる。

> 『正義論』はもはや人間の自己についての哲学的説明にコミットしているのではなく、ただ私たちが今生きている生き方の、歴史社会学的記述にコミットしているようにみえる。(Rorty 1991: 185)

このようにローティは、『正義論』以降のロールズに、反基礎付け主義としての正義論を見出している。[15]しかし、すでに『正義論』の方法も、規定的判断力による基礎付けを行おうとするものではなかった。そこで重要となるのは、(ローティも強調しているように)ロールズの「反照的均衡」という方法である。「反照的均衡 reflective equilibrium」においては、まさに原理と特殊的事例(この場合は正義の原理と「しっかりとした確信」)の間で、後者が前者に照らして判断され、修正されるだけでなく、その反対、つまり原理が修正されることも認められる(Rawls 1999: 18–19, 42–45=2010: 29–30, 68–71)。これは、適用において規則を修正するものであり、そのかぎりで規定的判断力でなく反省的判断力に対応する。[16]さらにこの「反照的均衡」について『政治的リベラリズム』においてロールズが次のように語るとき、ここで対置されている、直観主義と構成主義は、規定的判断力と反省的判断力に対応しているとみることができる。

> いったん反照的均衡に到達したなら、直観主義者たちは、いまや彼らのよく考察された判断は真 true であると、あるいはとてもありそうなことだが、道徳的価値の独立した秩序にかなって true いると言

おうとするだろう。［それにたいし］構成主義者は、構成の手続きによって、社会と人格の適切な把握と一致したしかたで、実践的理性の諸原理が今や正しくモデル化されている、と言おうとする。そうすることで、構成主義者は、民主的体制にもっとも合致した価値の秩序を描いているのである。（Rawls 2005: 96）

したがって、ロールズによれば、正義の二原理の導出は、直観主義者であれば主張するように、客観的な真理を基準としてなされるわけではなく、適切な手続きの結果、民主的社会の価値を適切にモデル化したものを提示するのである。しかも、この手続きによって見出された原理は、最終的なものとは限らない。

どのようにして我々が正しい手続きを見出すのかということについていえば、構成主義者は「反省によって、我々の理性の力を用いて」と言うだろう。しかし、我々は我々の理性を、それ自身を記述するために用いており、理性はそれ自身にとって透明ではないので、我々は、他のことについてもそうでありうるように我々の理性を間違えて記述しているかもしれない。反照的均衡のための奮闘は、他の場合と同様この場合にも、際限なく続くのである。（Rawls 2005: 96）

こうした反照的均衡という手続きは、カントの規定的判断力よりも、反省的判断力に、そしてさらに驚くべきことにはヘーゲルが『精神現象学』の緒論で、意識の経験の学の方法を記述する際に弁証法的運動と呼んだものに近づいている。まさにそこでヘーゲルはカント的認識論を批判しながら、対象についての知識を、即自としての対象を固定された尺度とし、そこに近づいていこうとするものとしてではなく、両者が相互に規定し合いながら、変化するものとして理解していたのである。[17]

四　判断力の歩行器としての「実例」

規定的判断力のアポリア

ここまで、カントの規定的判断力と反省的判断力との区別、そして後者に政治的なものを見出したアレントの議論に依拠しながら、ローティとロールズの主張を検討してきた。哲学と政治哲学という違いはあれ、そこには反省的判断力を軸として、共通した態度を見て取ることができるのである。

その際、我々は規定的判断力を、普遍が与えられれば、一義的に正しい判断を下すことができる能力として前提してきた。しかし、カント自身が判断力について説明を与えるとき、むしろそうした理解があやしいものであることが、見えてくることになる。

『判断力批判』以外で、カントが判断力についてまとまった説明を与えている箇所としてたびたび参照されるのは、『純粋理性批判』超越論的分析論、第二篇「原則の分析論」の序論「超越論的判断力一般について」である。[18]カントはここで基本的には、のちに規定的判断力と呼ばれるものしか念頭に置いていない。それによれば「悟性は一般に規則の能力として説明される」のにたいして、「判断力は規則の下に包摂する能力」である。「規則の下に包摂する」とは、普遍的なものとして与えられている規則に、個別的具体的な事例が当てはまるのかどうかを判定し、当てはまる場合にこの規則に従うものと見なすということを意味する

（Kant 1971=2001: A132/B171）。ところが、カントによれば一般論理学は、この判断がどのようになされるべきなのかについて「指令 Vorschriften」を与えることはできない。なぜならば、その指令はどのような事例にその規則が適用されるのかについての適用の規則であることになるが、この適用の規則の適用について教える規則がさらに必要とされることになるからである。[19] それゆえカントは、判断力を、教えられることはできず、訓練されるしかない「特殊な才能」だとしている（Kant 1971=2001: A133/172）。

ところが、カントがこの箇所で展開する「超越論的論理学」には、このような問題は生じないとされる。カントによれば、「超越論的論理学は、純粋悟性の使用において特定の規則によって判断力を矯正し、保証することを本来の仕事としているように見える」のであり、その特徴は、「悟性の純粋概念において与えられる規則以外に、（あるいはむしろ規則の普遍的条件以外に）その規則が適用されるはずの事例をアプリオリに示すことが同時にできる」点にあるのである（Kant 1971=2001: A135/B174-175）。

ここでは、そのような適用の規則を必要としない判断がそもそも可能であるのかということは脇に置いておこう。しかし、もしカントが述べているとおりだとするならば、普遍的なもののもとに特殊的なものを包摂するという判断が一義的に可能となるのは、超越論的論理学においてだけであることになる。だとするとそれ以外のところでは、反省的判断力とは別の意味で、規定的判断力にも蓋然性が伴わざるを得ないのである。[20]

歩行器としての「実例」

右で、カントが判断力は教えることのできない「特殊な才能」であると述べていることに触れた。したがって「規定的判断」であっても、適切な判断を行うことができるかどうかは「天性 Naturgabe」や「自然的才能 das natürliche Talent」の問題であるとされる。[21] しかし、そうした判断力を「訓練 üben」し、「鋭敏にする schärfen」ことができないわけではない。それは「実例 Beispiele」によってである（「実例は判断力の歩行器 Gängelwagen である」（以上 Kant 1971=2001: A133-134/172-173））。

アレントが、実際『純粋理性批判』のこの箇所に触れながら、普遍のないままに特殊を普遍に包摂するという反省的判断力の困難にたいして、カントが与えた解答の一つとして言及しているのがこの「歩行器としての実例」（Arendt 1977: 76=1987: 118）である。アレントは、『カント政治哲学講義』の第一三講においては、これが「規定的判断力」についていわれているものであることを認識していない。しかし、同年の『判断力批判』についてのセミナーのノートである「構想力」においては、一応ふたつの判断力を区別した上で、『判断力批判』における「範例的妥当性 exemplarische Gültigkeit/exemplary validity」について、次のように述べている。

範例［実例］は、それ自身のうちに概念または一般的規則を含む特殊なもの、あるいは［それを］含むと見られる特殊なものである。例えば、いかにして人はある行動を勇気あるものと判断し、評価することができるのであろうか。そうした判断を行うとき、人は一般的規則からの演繹によらずに、まったく自発的に、「この男は勇気がある」と言う。ギリシア人ならば、「心の奥底で」アキレスを範例［実例］とするかもしれない。この場合にも構想力が必要となる。アキレスが現存していないことは確かであるのに、アキレスを現前させなければならないからである。また、ある者を善良な男だというときにも、我々は心の奥で、聖フランチェスコやナザレのイエスを範例とする。判断力は、範例が適切に選ばれる限りにおいて、範例的妥当性を有する。(Arendt 1977: 84=1987: 129)

ここでアレントは、反省的判断力における構想力のはたらきを、その判断にさきだって判断の原型となるような存在を思い浮かべる(再生する)こととして理解している。

しかしアレントのこの解釈は間違っていると言わざるを得ない。アレントがここで参照している第二二節でカントは実際には次のように述べているのである。

私は、ここでは私の趣味判断を共通感覚の判断の一つの実例として示すのであり、この共通感覚のゆえに私は、わたしの趣味判断に範例的妥当性[22]を付与するのであるが、この共通感覚は単なる理想的な規範である。(Kant 1957: 323)

カントが実例といっているのは、私の趣味判断そのものであり、つまり「この男は勇気がある」という判断であって、この判断を行う際に別に範型として思い浮かべられていた具体的なもの(アキレス)ではない。カントがここで主張しているのは、「この男は勇気がある」というとき、私はこの男が、「勇気がある者」という普遍的なものの一つの実例であることを主張し、この実例とともに「勇気がある者」の意味内容に同意することをも「乞い求めて」いるのだということである。[23]

したがって、アレントが、アキレスやイエスを挙げながら反省的判断力に対し想定していたような「範例」は、規定的判断力において機能するものである[24]。実例はアレントがいうように、反省的判断力において、その困難を回避させるものではない。それは、むしろ規定的判断力における普遍の適用の問題を乗り越えるために言及されたものなのである。

五 判断力の教養形成――ブランダム

反省的判断力と規範的語用論

したがって、アレントが反省的判断力をめぐるアポリアを乗り越えようとして提示した解決策は、失敗していると言わざるを得ない。では、このアポリアは何によって乗り越えられるのだろうか。ここでは依然としてそれは「実例」であると主張したい。それはアレントが考えたような「範型」ではなく、他者が行った反省的判断力の行使としての実例である。

反省的判断力においては、判断を行っているときに我々はその都度「実例」を呈示しているのであって、理想的な原型を参照しているのではない。そこでは、ひとつひとつの判断が、確定的に与えられていない普遍としての規則の適用の例である。この判断を行うことによって、我々は他者の同意を「請い願って」いるのだった。この「請い願い」は、その判断にコミットするのかどうか、その判断が共通感覚の実例であるのかどうかへのコミットメントの表明を、他者にたいして要請することを意味していると理解することもできる。このように考えてくると、ここまで見てきた「反省的判断力」の系譜の末端には、ロバート・ブランダムの規範的語用論が連なっている。

ブランダムは、第四節でカントに即して見た規則の適用に伴う無限後退の問題を回避するために、言語使用の規範は明示的な規則として与えられているのではなく、我々の言語実践の中に暗黙裏に伏在している(implicit)と主張する。我々は、いつもそれと明示することなく、言語使用の規範を解釈し、それを適用してひとつひとつの主張を行っている。いわば、我々は、趣味判断に限らず、すべての判断において、規則を与えられないまま反省的判断力を行使している。

規則の適用の実例としてのひとつひとつの主張 assertion は、その主張を行っている行為者が、どのような命題にコミットしているのかを明らかにするのであり、それにたいして他者はそのコミットメントをその主体に帰属させる。このように、第三者が話者の主張にしたがって、規範的地位を帰属させることは「スコアキーピング」と呼ばれるが、聞き手もまたそうして最初の話者に帰属させられたコミットメントにたいして、自身がコミットするのかどうかの態度表明を迫られるのである。

カントの趣味判断がそうであったように、ブランダムにおける「主張」も、その内容について他者の同意を「請い願い」ながら、他者によってその妥当性が検証される。[25] そう理解されるならば、カント/アレントが共通感覚と呼んでいたものを、理由を与え求めるゲームを行う場としての「理由の空間」として理解することが可能となる。

歴史と Bildung

ロールズが、自分の採用する構成主義的立場を「カント的」と呼ぶのにたいして、[26] ローティにとって、カントは退けられるべき基礎付け主義の代表である。それゆえ、むしろローティにとって、「ロールズはカントに反対して、心からヘーゲルとデューイに同意することが出来る。そして伝統と歴史から自分を自由にし、「自然」や「理性」に訴えようとする啓蒙主義的試みは自己欺瞞的であったということができる」(Rorty 1991: 181)とされるのである。ローティは、こうして解釈学的循環の中で基礎付け主義に対抗する哲学を「啓発的哲学 edifying philosophy」と呼ぶ。「啓発 edification」は、ローティがドイツ語の「Bildung」に対して与えた訳語である。

ブランダムもまた、カントを先駆的プラグマティストと評価しながらも、ローティが社会化/歴史化したロールズを評価したように、合理性を社会的なもの、歴史的なものと考えた点において、ヘーゲルがカントを乗り越えたと見なしている(Brandom 2002)。とくにヘーゲルが提示したとする合理性の「歴史的な構想 conception」をブランダムは、「合理性を、伝統のある種の再構成」として理解し、それは「ずっとすでにその伝統の中に暗黙の内に含まれていた implicit ものとして回顧的に現れるものを、段階的、蓄積的に明示的なものへと広げていくという、表出しながら進歩的していく形式」(Brandom 2002: 12)を持つとしている。まさにそれは「我々」の形成 Bildung の過程ということができよう。[27]

このように、ローティ/ロールズとブランダムをつきあわせてみることによって、「理由の空間」は歴史を持った具体的な文脈として表れてくることになる。我々が反省的判断力を行使することができるのは、こうした具体的な文脈のうちに身を置いているからである。ローティとブランダムが Bildung について語るとき、それは集合的過程として理解されている。しかし、そこには個人の学習過程も組み込まれていると考えることができる。

趣味判断、いやここまで見てきたように判断一般は、実例を通じての感覚の「形成 Bildung」を必要とする。それは真偽を規定的に決定するものではないが、にもかかわらず、相互的な言語行為の中でその判断自体が、他者の主張によって判断される（スコアキーピング）。それぞれの判断は、その行為者の主観にもとづくものであり、原理的に普遍性を持つことはできない。しかし、適切であると認められる判断をするためには、話者はより説得的な判断を行うことができるような形成を遂げていなければならないのである。そうしたセンスとしての「趣味」を、私たちは実例の経験を通じて獲得し、用いている。それは、知識として所有するものではないだろう。

おわりに

以上で反省的判断力をめぐる現代の議論の系譜を辿る中で見えてきたのは、アレントが反省的判断力に見出した「政治的なもの」が、彼女においては限定されていた領域を超えて理解されるべきであるということである。我々の行う判断は、それが理論的対象を扱うものであれ、常に社会と歴史を背景にその都度蓋然的なものとしての普遍的なものを措定しながら、それがその社会の他の構成員によって検証されていくものである。共通感覚は、確然的なものとして存在していないにもかかわらず、我々はそれを解釈しながらその都度作り出し、そして解体することを繰り返していく。そこに、基礎付け主義を放棄しながら、反省的判断力のアポリアを乗り越える回路がある。なぜなら我々は判断を行う限りで、常に社会的歴史的に形成された文脈の中に身を置いているからである。

最後に、ここまでで示されてきた立場にたいして向けられるであろう二つの疑念について応えておきたい。

ひとつはこの立場が体制順応的な政治哲学を帰結するのではないかという疑念であり、もうひとつは相対主義を帰結するのではないかという疑念である。

趣味判断をモデルとする判断は、まさに共通感覚を規則として参照するものであるかぎりで、すでに存在している規範を内面化するだけに終わってしまうように思われる。しかし、第一に、すでに述べてきたように、この普遍は決定的に与えられるものではなく、その話者自身によって、共通感覚として想定されているものである。むしろ、規定的判断力のようには一義的に規則が決定されないところにその政治性と自由が見出されていたのであった。第二に、こうした共通感覚への参照は、既存の規範に対する批判的な主張も含めた、言表行為一般を説明するものと理解すべきである。ローティがいうように、「教育は――革命家や予言者に対する教育でさえも――文化への同化と順応からはじめる必要がある」（Rorty 2009: 365=1993: 425）のである。しかもそうした順応は発生論的に前提とされるだけではない。「サルトル、ハイデガー、ガダマーに共通した、客観性と合理性に対する「実存主義的」態度決定が意味を持つのは、十分に承知された規範からの離脱であることを自覚しながら、われわれがそうする場合だけである」（Rorty 2009: 366=1993: 426）といわれているように、まさに我々は規範を離脱するときにも、共有されていると見なされているその規範を踏まえてそうしているのである。

次に、相対主義という疑念は、ブランダムが上記の合理性の歴史的構想について「ホイッグ的書き換え」（Brandom 2002: 14）に言及していることから、もっともな疑念であるようにおもわれる。その疑念を向ける者が、普遍的に妥当する規範を認めない立場をすべて相対主義と呼ぶのだとするならば、ここまでで示されてきた立場は相対主義だといってもよい。しかし、これは何でもありの相対主義ではない。我々は、何かを主張するためには、その主張が受け止められる前提となる規範がどのようなものであるのかについて、理解を持っていなければならないし、その主張が他者に受け入れられることを求めている。その限りにおいて、我々の主張は、つねに過去の実例としての既存の判断の蓄積とその解釈によって引き出される、規範の解釈に縛られているのである。[28] 民主主義を否定する主張を行うことも原理的には可能である。しかしそうした主張を行う者は、既存の規範を参照しながら、それを説得的に展開し、同意を得なければならない。そうした主張が行われるのを制約しているのは、肯定か否定しか認めない一義的な普遍的規則によってではなく、その主張を行うコストの程度によってである。我々が既存の原理によって、そうした主張を否定するときにも、実際に行っているのは、そうした主張を行うことへのコストを上げる実践なのであり、まさにだからこそそうした主張と闘うことができる。そうした普遍的規則を前提としない実践の可能性によってこそ、ポスト基礎付け主義は基礎付けられているのである。

注

1 カントは、形而上学に基礎付けを与えるのは本来「批判」であるが、すでに『純粋理性批判』が出版されていたことから混乱を避けるために「批判」をタイトルに採用しなかったとしている（Kant 1999: 7-8=1960: 18）。ただし、カントはもちろんのちに『実践理性批判』を出版することになる。

2 Apel 1973=1986, Kuhlman 1992.

3 Cf. Rawls 1980, Korsgaard 1996=2005（特に日本語版序文参照）。

4 こうした定義は必ずしも、すべての基礎付け主義者に受け入れられるものではない。なぜなら、この定義においては普遍が前提されており、その普遍自身が基礎付けられているかは未決定であるからである。アーペル派のように、「究極的基礎付け」が可能であると考える強い基礎付け主義からすれば、その判断はいまだ基礎付けられていないことになろう。以下におけるアーペルのハーバーマス批判を見よ（Apel 1998=2013）。

5　カントの反省的判断力の政治的な含意を広く展開した議論として宮﨑（2009）。しかし宮﨑が、趣味判断を通じて美的なものから政治的なものを論じているのに対し、本稿は美的なものを介さずとも反省的判断力と政治的なものを論じることが可能であることを示す。

6　実は前者の規定的判断力にも、それに劣らず深刻な問題があるのだが、それについては第四節で検討する。

7　Arendt 1977=1987, Beiner 1977=1987, Beiner 1983=1988, Bernstein 1983=1990, Bernstein1992=1997，宮﨑 2009。

8　以下、引用に際して日本語訳のあるものについてはそれを参照しているが、断りなく訳文を変更している場合がある。

9　Arendt 1968: 221=1994, 299. フロネーシスと反省的判断力についてはとくに cf. Bernstein 1983 207ff.=1990, 433ff.

10　ローティは次のようにも述べている。「解釈学は、会話の参加者をオークショットのいう〈社交共同体 societas〉に統一されたものと見なす。彼らは、人生の行路を共にしてはいるが、他に対する丁重な態度によって統一されているのであって、共通の目標や、ましてや共通の地盤によって統一されているのではない諸個人なのである」（Rorty 2009: 318=1993: 371）。

11　とくに、論文「真理と政治」の第五節を参照（Arendt 1968: 259ff.=1994: 353ff.）。

12　ここでは、ローティの読解の線にしたがい『正義論』のロールズとそれ以降のロールズに立場の変更があったかどうかは問わない。

13　その限りで、ホネットがカント主義として批判の対象とするロールズ自身、ホネットが主張する「規範的再構成」を行っているということもできる（Cf. Honneth 2001=2009）。以下の拙稿においてはこの点が十分に理解されていなかった（大河内 2011: Okochi 2012）。

14　ロールズは、『政治的リベラリズム』で、「理性的なもの the reasonable」と「合理的なもの the rational」を区別し、前者を定言命法に、後者を仮言命法に対応させている。しかし、もし我々がここで検討していることが正しいとするならば、この「理性的なもの the reasonable」と「合理的なもの the rational」はむしろ、反省的判断力と規定的判断力の区分に対応するものと理解するべきだろう。ロールズによれば、合理的な人は目的を前提として、その目的を実現しようとする手段について適切に考えようとする。確かに、合理的な人は「目的手段推論」に限定されるわけではなく、人生全体の計画中でその目的のバランスをとったりもする限りで、一義的に決定される推論にしか携わらないわけではないとされている。しかし、「理性的な人」だけが、「人々が自由で平等なものとして、すべての人が受け入れることのできる間柄において他者と協働することのできる社会的世界をそれ自体で欲求する」（Rawls 2005: 50）のであり、「公正な協働そのものに従事し、平等な存在としての他者が理性的に認めると期待される間柄においてそうすることができる」（Rawls 2005: 51）のである。

15 Berstein 1992=1997 の第8章もこのローティのロールズ解釈を取り上げている。

16 またしばしば忘れられている（ように思われる）のだが、ロールズはこの反照的均衡の着想はアリストテレスにさかのぼると述べている（Rawls 1999: 45=2010: 71）。必当然的判断の可能なソフィアではなく、蓋然的判断としてのフロネーシスの伝統に反照的均衡という方法は位置づけられている。

17 ヘーゲル『精神現象学』（Hegel 1980=1997）「緒論」を参照。ここでは論じることができないが、このことと、ロールズがヘーゲルを「リベラル」と呼んでいたこととは無関係ではない（Rawls 2000: 330）。

18 この箇所については拙論（大河内 2018）で論じたことがある。

19 ここで指摘されているのは、そこに特殊が包摂されるべき普遍が与えられておらず、判断それ自身において生み出されなければならないという先の問題とは、別の問題である。この問題については拙稿（大河内 2018）を参照のこと。

20 おそらく一般論理学において、論理的な言明どうしの関係は一義的に決定することが可能なはずである。カントが上記の問題を指摘したのは、個別具体的なものにそれを適用する場合のアポリアであろう。

21 この箇所へのカントの辛辣な注を見よ。「本来判断力の欠如は、一般に愚鈍さと呼ばれるものであり、そのような欠陥には手の施しようがない。適切な程度の悟性や悟性固有の概念だけが欠如しているような、無知なあるいは視野の狭い頭であれば、学ぶことを通じて、十分に〔悟性や概念を〕身につけさせることができるのであり、それどころか博識となることさえある。ところが、そうした人の場合には、判断力（ペトルスの第二部）をも持ち合わせてはいないのが普通なので、非常な学識を持ちながら、その知識を用いる際には、改善しようのない判断力の欠如を頻繁に見せつける男たちを見かけるのは、よくあることである」（Kant 1971=2001 B172-173）。「ペトルスの第二部」とは、カント全集第四巻の訳者によれば、ルネサンス期に執筆された論理学の教科書の、判断を扱った部分である（Kant 1971=2001: 456-457）。宮﨑（2009）もこの箇所に注目している。

22 この exemplarische Gültigkeit は、「実例としての妥当性」と訳してもよいだろう。

23 したがってカントは模範としての範例について述べているのではなく、実例について述べているのである。exemplar を「範例」と訳した、『カント政治哲学講義』の訳者は、アレントの趣旨に沿えば適切な訳語の選択を行っているといえる。

24 カントは『たんなる理性の限界内の宗教』において、私たちの道徳的な判断を助ける「原像 Urbild」としてのイエスについて論じているが、これは道徳的判断であるかぎりにおいて、規定的判断を助けるものと見なさなければならない（Kant 2003: 79=2000: 81）。

25 ただし、ブランダムはこのスコアキープの実践を「我-汝関係」で理解しているかぎりにおいて、趣味判断においてそうであるように、そこで「他者一般」が考慮されているわけではない。しかし筆者はこれに対して、「我-我々関係」がブランダムの理論を理解するのにより適切であることを大河内（2018）で論じた。

26 ただし、ロールズはカント哲学そのものとカント的であることを区別している（Rawls 1980: 517; Rawls 2005: 99）。

27 ただし、ブランダムはこうした合理性の歴史的な構想をこれ以上は展開してはいない（大河内 2012; 大河内 2018）。

28 ここでは詳述できないが、こうした規範の書き換えのモデルと言えるのが、「キリスト教の精神とその運命」と呼ばれる初期ヘーゲルの断片に記された福音書の解釈である。そこでは、イエスはカントのいうような、道徳的完全性の地上におけるモデルとしてではなく、ユダヤ教の律法を否定することなく、補うことによって（プレローマ）ユダヤ的＝カント的精神を脱構築していく改革者として描かれている（Hegel 2014=1997）。

参照文献

Albert, Hans（1980）*Traktat über kritische Vernunft*, Tübingen.（荻原能久訳『批判的理性論考』御茶の水書房、一九八五年。）

Apel, Karl-Otto（1973）*Transformation der Philosophie*, Bd.1/2, Frankfurt am Main.（磯江景孜他訳『哲学の変換』二玄社、一九八六年。）

——（1998）*Auseinandersetzungen, in Erprobung des transzendentalpragmatischen Ansatzes*, Frankfurt am Main.（舟場保之・久高將晃訳『超越論的語用論とは何か？　ハーバーマスと共にハーバーマスに反対して考える三つの試み』梓出版社、二〇一三年。）

Arendt, Hannah（1968）*Between Past and Future. Eight Exercises in Political Thought*, Penguin Books.（引田隆也・齋藤純一訳『過去と未来の間：政治思想への8試論』みすず書房、一九九四年。）

——（1977）*Lectures on Kant's Political Philosophy*, edited by Ronald Beiner, Chicago: The University of Chicago Press.（浜田義文監訳『カント政治哲学の講義』法政大学出版局、一九八七年。）

Beiner, Ronald（1977）Hannah Arendt on Judging. in: Arendt 1977=1987

——（1983）*Political Judgment*, Chicago: Universiy of Chicago Press.（浜田義文監訳『政治的判断力』法政大学出版局、一九八八年。）

Bernstein, Richard J.（1983）*Beyond Objectivism and Relativism. Science, Hermeneutics, and Praxis*, Philadelphia: University of Pennsylvania Press.（丸山高司他訳『科学・解釈学・実践：客観主義と相対主義を超えてⅠ／Ⅱ』岩波書店、一九九〇年。）

——（1992）*The New Constellation: the Ethical-political Horizons of Modernity/Postmodernity*, The MIT Press.（谷徹・谷優訳『手すりなき思考：現代思想の倫理―政治学的地平』産業図書、一九九七年。）

Brandom, Robert B.（2002）*Tales of Mighty Dead. Historical Essays in the Metaphysics of Intentionality*, Cambridge, Mass./London: Harvard University Press.

Davidson, Donald（1984）"Radical Interpretation", *Inquiries into Truth and Interpretation*, New York: Clarendon Press,

pp. 125–40.
Habermas, Jürgen（1995a）Was ist Universalpragmatik, in: *Vorstudien und Ergänzungen zur Theorie des kommunikativen Handelns*, Frankfurt am Main.
——（1995b）*Theorie des kommunikativen Handelns*, Bd.1/2, Frankfurt am Main.
Hegel, G.W. F.（1980）*Phänomenologie des Geistes*, in: *Georg Wilhelm Friedrich Hegels Gesammelte Werke* [GW]. In Verbindung mit der deutschen Forschungsgemeinschaft, herausgegeben von der Rheinisch-Westfälischen（später: Nordrhein-Westfälischen）Akademie der Wissenschaften, Bd. 9, Hamburg: Felix Meiner Verlag.（樫山欽四郎訳『精神現象学　上』平凡社ライブラリー、一九九七年。）
——（2014）[Der Geist des Christentums und sein Schicksal], in: GW, Bd. 2, S. 141–328.（伴博訳『キリスト教の精神とその運命』平凡社ライブラリー、一九九七年。）
Honneth, Axel（2001）*Leiden an Unbestimmtheit*, Stuttgart.（島崎隆ほか訳『自由であることの苦しみ：ヘーゲル『法哲学』の再生』未來社、二〇〇九年。）
Kant, Immanuel（1957）*Kritik der Urteilskraft*, in: Immanuel Kant Werke in sechs Bänden, hrsg. Wilhelm Weischedel, Bd. V, Darmstadt.（牧野英二訳『カント全集第八巻　判断力批判　上』岩波書店、一九九九年。）
——（1971）*Kritik der reinen Vernunft*, Hamburg.（有福孝岳訳『カント全集第四巻　純粋理性批判　上』、岩波書店、二〇〇一年。）
——（1999）*Grundlegung zur Metaphysik der Sitten*, Hamburg.（篠田英雄訳『道徳形而上学原論』岩波文庫、一九六〇年。）
——（2003）*Die Religion innerhalb der Grenzen der bloßen Vernunft*, Hamburg.（北岡武司訳「たんなる理性の限界内の宗教」『カント全集第十巻　たんなる理性の限界内の宗教』岩波書店、二〇〇〇年、所収。）
Korsgaard, Christine M.（1996）*The Sources of Normativity*, with G. A. Cohen, Raymond Geuss, Thomas Nagel and Bernard Williams, edited by Onora O'Neill, New York: Cambridge University Press.（寺田俊郎ほか訳『義務とアイデンティティの倫理学：規範性の源泉』岩波書店、二〇〇五年。）

Kuhlman, Wolfgang（1992）*Kant und die Transzendentalpragmatik*, Würzburg.

Okochi, Taiju（2012）"Freedom and Institution: Theory of Justice as Hegelian 'Sittlichkeitslehre' in A. Honneth's *Das Recht der Freiheit*", *Hitotsubashi Journal of Social Studies*, Vol. 44, No. 1, pp. 9–19.

Rawls, John（1980）"Kantian Constructivism in Moral Theory. Rational and Full Autonomy", *The Journal of Philosophy*, vol. 77, No. 9.

――（1999）*A Theory of Justice*, Revised Edition, Cambridge Mass.: The Belknap Press of Harvard University Press.（川本隆史・福間聡・神島裕子訳『正義論　改訂版』紀伊國屋書店、二〇一〇年。）

――（2000）*Lectures on the History of Moral Philosophy*, Cambridge, Mass./London : Harvard University Press.

――（2005）*Political Liberalism*, Expanded Edition, New York: Columbia University Press.

Rorty, Richard（1989）*Contingency, Irony, and Solidarity*, New York: Cambridge University Press.（齋藤純一ほか訳『偶然性・アイロニー・連帯：リベラルユートピアの可能性』岩波書店、二〇〇〇年。）

――（1991）"The Priority of Democracy to Philosophy", *Objectivity, Relativism, and Truth. Philosophical Papers Vol. 1*, New York: Cambridge University Press.

――（2009）*Philosophy and the Mirror of Nature*, Princeton/Oxford: Princeton University Press.（野家啓一監訳『哲学と自然の鏡』産業図書、一九九三年。）

大河内泰樹（2011）「近代社会の病理とコミュニケーション的自由――A・ホネットのヘーゲル『法哲学』解釈」、日本ヘーゲル学会編『ヘーゲル哲学研究』、第一七号、一〇六―一一四頁。

――（2012）「合理性の階梯――R・ブランダムにおけるヘーゲル主義への一視角」『一橋社会科学』第四巻、一―一二頁。

――（2015）「政治としての発話行為――規範性の文脈化と脱文脈化」『一橋社会科学』、第七巻別巻、一五一―一六五頁。

――（2016）「リベラリズム批判としての承認論――「正義」と「善」の関係をめぐって」田中拓道編著『承認：社会哲学と社会政策の対話』法政大学出版局。

――（2018）「規則と解釈――ブランダムと〈規則に従うこと〉のヘーゲル主義的モデル」『法の理論』第三六号、一二五―四九頁。
宮﨑裕助（2009）『判断と崇高：カント美学のポリティクス』知泉書館。

あとがき

本書は、このかん私たちが取り組んできた「ポスト基礎付け主義と規範の行方」研究会の成果である。過去のメールを遡ってみると、このプロジェクトが立ち上がったのは、二〇一四年の初夏頃であったらしい。その後、研究会の体をなんとか成していくなかで作成された「研究会趣旨文」には、次のようにある。せっかくなので再掲しておきたい。

かつて思想は、私たちの言説を枠付け、意味付ける「基礎付け」の存在を前提としてきた。そのもとでは、何が望ましいか、何を目指すべきかは概して自明であり、政治の目指すべきは自ずと明らかであった。しかしポスト構造主義と呼ばれた諸潮流、とりわけそこから派生したラディカル・デモクラシー、さらにプラグマティズムといった思想が批判したように、いまや私たちは素朴に「基礎付け」の存在を信じることのできない時代に生きている。

しかしここで問題が生じる。いかなる本質も真理も前提にできない時代においてあらゆる主張が等価であるのだろうか、言い換えれば、私たちは望ましさについて、あるいは規範的なものについて、どのように語ることができるのだろう。もしいかなる規範も論争的であるとすれば、たとえば昨今のヘイト・スピーチ問題がそうであるように、きわめてネガティブな「人民の意志」をも私たちには排除する手立てがないことになる。

このような状況を受けて、本研究会では規範をめぐる本質主義の瓦解のあとで、いわゆる相対主義に諦観することのない、新しい規範のあり方を検討する。それは民主主義、自由主義、社会主義、保守主義、フェミニズムなど、これまで規範の備給先とされたものそれ自体の再検討によって、政治と規範の新しい関係を模索するものである。

さて、いざ成果を刊行するにあたって、この無垢で爛漫、かつ性急でもある初志を貫徹しえたかどうかは甚だ心もとない。むしろ、本書で成しえなかったこと、扱えなかった主題、果たされなかった約束ばかりが目についてしまう。しかし、真摯な探求は、答えよりもいっそうの問いを、満足よりも不満を、高慢よりも謙遜を引き起こすものだろう。ひとまずは、私たちが得ることのできたささやかな収穫をここに分有し、さらなる探求への誘いとさせていただくほかはない。「ポスト基礎付け主義」とはおよそ、こうした手探りの前進であるほかないのだから——とは、あまりに都合が良すぎるだろうか?

いくつかの記録と感謝を。私たちは、名古屋、岡山、北九州、東京を行き来しつつ、また折々に、社会思想史学会や教育思想史学会にて研究成果を報告してきた。報告の機会を与えてくださった関係者の方々、および議論に参加してくださった皆さまに御礼申し上げる。とりわけ、以下の方々に特別の感謝を。本研究会の立ち上げ時から並走してくださり、見守ってくださった高山智樹先生（北九州市立大学）に、プラグマティズムにかんする貴重な示唆を与えてくださった大賀祐樹先生（聖学院大学）に、教育思想史学会にて司会を引き受けてくださった室井麗子先生（岩手大学）に、そして討論者を務めてくださった関根宏朗先生（明治大学）に。

最後に、私たちの未定形なアイデアに、見事な「基礎付け」を与えてくれたのは、勁草書房の関戸詳子さんである。関戸さんは、研究会にもなんども足を運んでいただき、抽象論に傾きがちな私たちの議論に、適切なタイミングで適切なアドバイスをしてくださった。本書がいくらかでも読むに堪えるものになっているとすれば、関戸さんのご尽力の賜物である。記して感謝したい。

編者を代表して　山本 圭

略　歴

田畑真一（たばた・しんいち）編者、序章、4 章
1982 年生まれ。日本学術振興会特別研究員。専門は政治理論、民主主義論。博士（政治学）。論文に「ハーバーマスにおける公共」（『思想』2019 年 3 月号）、「代表関係の複数性――代表論における構築主義的転回の意義」（『年報政治学』2017（I））、「普遍性に根ざした政治文化の生成――J・ハーバーマスにおける憲法パトリオティズム論の展開」（『社会思想史研究』第 38 号、2014 年）ほか。訳書に、ヤン＝ヴェルナー ミュラー『憲法パトリオティズム』（共監訳、法政大学出版局、2017 年）。

玉手慎太郎（たまて・しんたろう）編者、序章、2 章
1986 年生まれ。東京大学大学院医学系研究科特任研究員。専門は現代政治哲学、医療倫理学。博士（経済学）。著作に『権利の哲学入門』（共著、社会評論社、2017 年）、『支配の政治理論』（共著、社会評論社、2018 年）。訳書に、ヤン・エルスター『酸っぱい葡萄――合理性の転覆について』（勁草書房、2018 年）。論文に "External Norms and Systematically Observed Norms"（*Japanese Economic Review*, 66-2, 2015）ほか。

山本 圭（やまもと・けい）編者、1 章、あとがき
1981 年生まれ。立命館大学法学部准教授。専門は現代政治理論、民主主義論。博士（学術）。主な著作に『不審者のデモクラシー――ラクラウの政治思想』（岩波書店、2016 年）、『ポスト代表制の政治学』（共編著、ナカニシヤ出版、2015 年）、『つながりの現代思想』（共編著、明石書店、2018 年）ほか。訳書に、エルネスト・ラクラウ『現代革命の新たな考察』（法政大学出版局、2014 年）、ヤニス・スタヴラカキス『ラカニアン・レフト』（共訳、岩波書店、2017 年）、シャンタル・ムフ『左派ポピュリズムのために』（共訳、明石書店、2019 年）ほか。

田村哲樹（たむら・てつき）3 章
1970 年生まれ。名古屋大学大学院法学研究科教授。専門は政治学、政治理論。主な著作に『熟議民主主義の困難――その乗り越え方の政治理論的考察』（ナカニシヤ出版、2017 年）、『熟議の理由――民主主義の政治理論』（勁草書房、2008 年）、『ここから始める政治理論』（共著、有斐閣、2017 年）。論文（共著）に "Deliberative Democracy in East Asia: Japan and China," in A. Bächtiger, J. S. Dryzek, J. Mansbridge, and M. E. Warren（eds.）*The Oxford Handbook of Deliberative Democracy*（Oxford University Press, 2018）ほか。

寺尾範野（てらお・はんの）5 章
1981 年生まれ。早稲田大学社会科学総合学術院准教授。専門は政治思想史、社会思想史。論文に「「精神薄弱者」の隔離と幸福――軽度知的障害をめぐる世紀転換期イギリス優生思想の展開」（『共立国際研究』第 35 号、2018 年）、'Rights, Welfare and Morality: Re-appraising L.T. Hobhouse's Theoretical Contribution to the British New Liberalism'（*Inter-*

national Journal of Social Economics, Vol. 43, Issue 9, 2016）ほか。

市川秀之（いちかわ・ひでゆき）6章
1982年生まれ。千葉大学教育学部准教授。専門は教育哲学、道徳教育論。著作に『道徳教育論』（共著、一藝社、2014年）、主な論文に「クリティカル・ペダゴジーの美的側面」（『日本デューイ学会紀要』第59号、2018年）、「ヘンリー・ジルーのクリティカル・ペダゴジーにおける政治理論と教育理論のつながり――押しつけという批判に応答するために」（『教育哲学研究』第105号、2012年）。訳書に、マイケル・アップルほか編『批判的教育学事典』（共訳、明石書店、2017年）。

生澤繁樹（いざわ・しげき）7章
1977年生まれ。名古屋大学大学院教育発達科学研究科准教授。専門は教育哲学、教育思想史。著作に『共同体による自己形成――教育と政治のプラグマティズムへ』（春風社、2019年）、『道徳教育』（分担執筆、ミネルヴァ書房、2019年）。論文に“The Publicness of the Curriculum and the Ambiguity of the Shift to Participatory Politics: The Intersection of Politics and Education Regarding ‘Representation’”（*Educational Studies in Japan: International Yearbook*, 12, 2018）ほか。

柿並良佑（かきなみ・りょうすけ）8章
1980年生まれ。山形大学人文社会科学部専任講師。専門は現代フランス哲学、表象文化論。著作に『〈つながり〉の現代思想――社会的紐帯をめぐる哲学・政治・精神分析』（共著、明石書店、2018年）、『21世紀の哲学をひらく』（共著、ミネルヴァ書房、2016年）、*Making Sense: For an Effective Aesthetics*（共著、Peter Lang, 2011）。論文に「哲学の再描――デリダ/ナンシー、消え去る線を描いて」（『思想』2014年12月号）。訳書に、ピエール・ブーレッツ『20世紀ユダヤ思想家』（共訳、みすず書房、2011年）ほか。

大河内泰樹（おおこうち・たいじゅ）9章
1973年生まれ。一橋大学大学院社会学研究科教授。専門は近代ドイツ哲学および現代哲学。著書に *Ontologie und Reflexionsbestimmungen. Zur Genealogie der Wesenslogik Hegels*,（Würzburg: Königshausen & Neumann, 2008）。論文に「多元的存在論の体系――ノン・スタンダード存在論としてのヘーゲル『エンチュクロペディ』」（『思想』2019年1月号）、「規範と解釈――ブランダムと〈規則に従うこと〉のヘーゲル主義的モデル」（『法の理論』第36号、2018年）ほか。

人名索引

＊あ　行

アガンベン　Agamben, Giorgio　23, 42, 43, 229, 230

アダムズ　Addams, Jane　202

アーペル　Apel, Karl-Otto　129, 271, 272

アレント　Arendt, Hannah　14, 32, 248, 249, 251-258, 262, 264-267, 269, 274

アリストテレス　Aristotle　42, 252, 273

ウィリアムズ　Williams, Bernard　134

ウェスト　West, Conel　202

ヴェーバー　Weber, Max　133, 137, 154

ウェッブ　Webb, Beatrice　149, 150

ウォルツァー　Walzer, Michael　18, 72, 127, 128

ウォング　Wong, James K.　85-87, 96

エンゲルス　Engels, Friedrich　141, 142

オーウェル　Orwell, George　144

オークショット　Oakeshott, Michael J.　272

＊か　行

ガダマー　Gadamer, Hans-Georg　270

カント　Kant, Immanuel　14, 58, 108, 125, 126, 198, 235, 240, 242, 248-253, 255-259, 261-265, 267, 268, 271, 272-274

ギアツ　Geertz, Clifford　142

クック　Cooke, Maeve　34-36, 124, 126

クラート　Curato, Nicole　83-86, 95, 96

グラムシ　Gramsci, Antonio　142, 167

クリッチリー　Critchley, Simon,　16, 17

グリーン　Green, Thomas Hill　143, 150

クレポン　Crépon, Marc　241-243

ゴイス　Geuss, Raymond　134-139, 145, 146, 155

コノリー　Connoly, William E.　12, 37-41, 44

コブデン　Cobden Richard　146, 152

＊さ　行

サルトル　Jean-Paul Sartre　243, 270

サンデル　Sandel Michael J.　154

ジェイムズ　James, William　185-189, 191, 196

ジルー　Giroux, Henry　163, 166-172, 177

スペンサー　Spencer, Herbert　149, 150

スミス　Smith, Adam　58, 65, 146

セン　Sen, Amartya K.　13, 20, 47-61, 63, 65-67, 69, 70, 72, 73

＊た　行

ダーウィン　Darwin, Charles　148

タリッセ　Talisse, Robert B.　202

チェリーホームズ　Cherryholmes, Cleo　186, 187, 201

チェンバース　Chambers, Simone　85, 89, 90, 96

チェンバレン　Chamberlain, Joseph　147

チャーチル　Churchill, Winston　155

デイヴィッドソン　Davidson, Donald　256

デューイ　Dewey, John　14, 19, 183-185, 189, 191, 202-207, 209-213, 268

デリダ　Derrida, Jacques　230

ドゥウォーキン　Dworkin, Ronald　19

ドライゼク　Dryzek, John S.　79, 80, 82, 95

＊な　行

ナンシー　Nancy, Jean-Luc　14, 15, 219-225, 227-243

＊は　行

ハイデガー　Heidegger, Martin　15, 221, 223, 227, 228, 235, 242, 270
ハインドマン　Hyndman, Henry　151
ハーク　Haack, Susan　202
パース　Peirce, Charles Sanders　190-193, 196, 199, 200, 202, 210, 211
バタイユ　Bataille Georges　223, 240
ハーディ　Hardie, James Keir　151
バディウ　Badiou, Alain　15, 219, 229
パトナム　Putnam, Hilary　16
ハーバーマス　Habermas, Jürgen　7, 8, 13, 18, 25, 89, 90, 96, 97, 103, 104, 116-124, 126, 127, 129, 130, 272
バリバール　Balibar, Étienne　241
バーリン　Berlin, Isaiah　145
バーンスタイン　Bernstein, Richrad J. 191, 192, 200, 202, 206, 251
フォアスト　Forst, Rainer　109, 124-126, 129, 130
ブース　Booth, Charles　149
プライス　Price, Huw　202
ブライト　Bright John　146
ブランダム　Brandom, Robert B.　14, 202, 248, 249, 266-268, 270, 274
フリーデン　Freeden, Michael　133, 135, 139-143, 145-147, 150, 152, 153, 155
ブレア　Blair, Tony（Blair, Anthony C. L.）155
フレイレ　Freire, Paulo　164-167, 170-172, 174, 177, 178
ベーカー　Böker, Marit（=Hammond Marit）83-86, 91-93, 95-98
ベイナー　Beiner, Ronald.　251
ヘーゲル Hegel, G. W. F.　108, 249, 261, 268, 273, 274
ベル　Bell, Daniel　141
ベンサム　Bentham, Jeremy　146
ポズナー　Posner, Richard A.　202
ホネット　Honneth, Axel　127-129, 272
ポパー　Popper, Karl R.　141, 145
ホブスン　Hobson, John A.　150
ホブハウス　Hobhouse, L. T.　150-152

＊ま　行

マクベス　Macbeth, Danielle　202
マーヒャルト　Marchart, Oliver　3-5, 14, 15, 24, 26, 27, 29, 163, 168, 174, 219-234, 236-242
マルクス　Marx, Karl　5, 28, 104, 108, 127, 141, 142, 152, 166, 224
丸山眞男　Maruyama, Masao　35
マンハイム　Mannheim, Karl　142
ミサック　Misak, Cheryl　190, 193-203, 210
ミード　Mead, George Herbert　202
ミル　Mill, John Stuart　58, 143, 146, 150, 152
ミュラー　Müller, Jan-Werner　55, 57, 71
ミン　Min, John B.　85-87, 96
ムフ　Mouffe, Chantal　28, 30, 32, 34, 36-38, 68, 142, 143, 166, 167, 177, 230
メンドンサ　Mendonça, Ricardo F.　81

＊や・ら行

ラクラウ　Laclau, Ernesto　15, 25, 27-37, 68, 69, 73, 104, 127, 142, 143, 155, 163, 166-168, 174, 177, 219, 221, 230, 233
ラクー＝ラバルト　Lacoue-Labarthe, Philippe　241
ラマルク　Lamarck, Jean-Baptiste　149
ランシエール　Rancière, Jacques　172-174, 178, 180, 229, 240
ランデモア　Landemore Hélène　89, 90, 97
リカード　Ricardo, David　146
ルフォール　Lefort, Claude　15, 25, 27-30, 44, 219, 230

レヴィナス　Levinas, Emmanuel　16, 230, 243
ローティ　Rorty, Richard　4, 16, 17, 25, 26, 107, 128, 189-192, 195, 196, 200, 248, 253-258, 260, 262, 267, 268, 270, 272, 273
ロールズ　Rawls, John　58, 75, 89, 134, 138, 145, 154, 248, 257-262, 267, 268, 272-274

事項索引

政治において正しいとはどういうことか
ポスト基礎付け主義と規範の行方

2019年4月20日　第1版第1刷発行

編著者　田《た》畑《ばた》真《しん》一《いち》
　　　　玉《たま》手《て》慎《しん》太《た》郎《ろう》
　　　　山《やま》本《もと》圭《けい》

発行者　井村寿人

発行所　株式会社　勁《けい》草《そう》書房

112-0005 東京都文京区水道2-1-1　振替 00150-2-175253
（編集）電話 03-3815-5277／FAX 03-3814-6968
（営業）電話 03-3814-6861／FAX 03-3814-6854
三秀舎・牧製本

ISBN978-4-326-30277-2　Printed in Japan

＊落丁本・乱丁本はお取替いたします。
http://www.keisoshobo.co.jp

著者・訳者	書名	副題	判型	価格	ISBN
田村哲樹	熟議の理由	民主主義の政治理論	A5判	二八〇〇円	30174-4
J・エルスター 玉手慎太郎訳	酸っぱい葡萄	合理性の転覆について	四六判	四〇〇〇円	19970-9
A・セン 大庭健・川本隆史訳	合理的な愚か者	経済学＝倫理学的探究	四六判	三〇〇〇円	15217-9
A・セン 大門毅監訳 東郷えりか訳	アイデンティティと暴力	運命は幻想である	四六判	二二〇〇円	15416-6
C・ルフォール 渡名喜庸哲・太田悠介・平田周・赤羽悠訳	民主主義の発明	全体主義の限界	A5判	五二〇〇円	30254-3
J・ウルフ 大澤津・原田健二朗訳	「正しい政策」がないならどうすべきか	政策のための哲学	四六判	三二〇〇円	15440-1

＊表示価格は二〇一九年四月現在。消費税は含まれておりません。
＊ＩＳＢＮコードは一三桁表示です。

勁草書房刊